Gianfranco Ravasi

QUESTIONI DI FEDE

150 risposte ai perché di chi crede e di chi non crede

MONDADORI

Dello stesso autore
in edizione Mondadori

Antico Testamento
Il racconto del cielo
La Buona Novella
Il Dio vicino
Preghiere
Breve storia dell'anima
Ritorno alle virtù
Breviario laico
Le porte del peccato
Le parole e i giorni
500 curiosità della fede

Questioni di fede
di Gianfranco Ravasi
Collezione Saggi

ISBN 978-88-04-60470-9

I edizione settembre 2010

Saggi

Indice

Questioni di fede

Abbreviazioni dei libri biblici

Ab	Abacuc
Abd	Abdia
Ag	Aggeo
Am	Amos
Ap	Apocalisse
At	Atti degli Apostoli
Bar	Baruc
Col	Lettera ai Colossesi
1 2 Cor	Lettere ai Corinzi
1 2 Cr	Cronache
Ct	Cantico dei Cantici
Dn	Daniele
Dt	Deuteronomio
Eb	Lettera agli Ebrei
Ef	Lettera agli Efesini
Es	Esodo
Esd	Esdra
Est	Ester
Ez	Ezechiele
Fil	Lettera ai Filippesi
Fm	Lettera a Filemone
Gal	Lettera ai Galati
Gb	Giobbe
Gc	Lettera di Giacomo
Gd	Lettera di Giuda
Gdc	Giudici
Gdt	Giuditta
Ger	Geremia
Gio	Giona
Gl	Gioele
Gn	Genesi
Gs	Giosuè
Gv	Giovanni
1 2 3 Gv	Lettere di Giovanni
Is	Isaia
Lam	Lamentazioni
Lc	Luca
Lv	Levitico
1 2 Mac	Maccabei
Mc	Marco
Mic	Michea
Ml	Malachia
Mt	Matteo
Na	Naum
Ne	Neemia
Nm	Numeri
Os	Osea
Prv	Proverbi
1 2 Pt	Lettere di Pietro
Qo	Qohelet (o Ecclesiaste)
1 2 Re	Libri dei Re
Rm	Lettera ai Romani
Rt	Rut
Sal	Salmi
1 2 Sam	Libri di Samuele
Sap	Sapienza
Sir	Siracide
Sof	Sofonia
Tb	Tobia
1 2 Tm	Lettere a Timoteo
1 2 Ts	Lettere ai Tessalonicesi
Tt	Lettera a Tito
Zc	Zaccaria

La versione dei passi biblici citati nel volume è dell'autore.

Introduzione

Il fiore delle domande, il frutto delle risposte

«Le risposte sono capaci di darle tutti, a fare le vere domande ci vuole un genio.» Oscar Wilde, raffinato scrittore inglese dell'Ottocento, ma anche fulminante «battutista», coglieva con questa frase un aspetto della conoscenza umana che quasi un secolo prima aveva già intuito un autore moralista francese, il Duca di Lévis, nella sua raccolta di *Massime, precetti e riflessioni*: «L'ingegno di un uomo si giudica meglio dalle sue domande che dalle sue risposte». Ebbene, questo che il lettore ha tra le mani è soprattutto un libro di domande, non so quanto geniali ma certamente significative, che mi sono state rivolte lungo un ampio arco di anni da persone che non ho quasi mai incontrato direttamente, ma con le quali ho dialogato attraverso i giornali o la televisione proprio accogliendo i loro interrogativi religiosi o filosofici.

L'ars interrogandi

Spesso si trattava di quesiti inattesi che io stesso non mi ero mai posto e che persino, in qualche caso, mi sorprendevano. Altre volte erano questioni ai miei occhi del tutto marginali e secondarie che invece venivano considerate da molti rilevanti. Non di rado erano domande così radicali, fondanti e assolute da far confessare a me stesso l'insufficienza della mia risposta nell'atto di stenderla. C'erano, certo, anche interpellanze polemiche o provocatorie, talora striate di malizia. Sono anch'esse il sale del confronto. Noi non avremmo l'unico pronunciamento esplicito «politico-economico» di Gesù di Nazaret, divenuto capitale nella storia sociale dell'Occidente, se non ci fosse stata quella domanda lanciata «per coglierlo in fallo nel discorso» da farisei ed erodiani: «È lecito o no pagare il tributo a Cesare?» (*Mc* 12,13-17).

Ci sono stati anche non pochi interrogativi retorici, e non tanto perché la risposta fosse ovvia, quanto piuttosto perché chi scriveva cercava solo una conferma che collimasse con la sua idea, facendo quindi sospettare della sostanziale inutilità della risposta stessa. A questo proposito – sia pure in chiave spirituale – vale l'altra bella «battuta» di un collega novecentesco di Wilde, Clive Staples Lewis, morto nel 1963: «Spesso diciamo che Dio non risponde alle nostre domande; in realtà siamo noi che non ascoltiamo le sue risposte». Infine, nello spettro così variegato dei miei interlocutori si intravedeva talora una punta di sarcasmo che cercava di smitizzare la stessa domanda, forse per evitare di rifletterci seriamente e di scoprire elementi che costringessero a cambiare concezioni o scelte. È un po' quello che era accaduto ai discepoli di Cristo dopo che egli, spazzando via i sogni di un messianismo trionfale, aveva annunciato di andar incontro a un arresto, a un processo e a una fine ingloriosa: «Essi non capivano queste parole che restavano per loro così misteriose da non riuscire a coglierne il senso. Avevano, perciò, timore di interrogarlo su questo argomento» (*Lc* 9,44-45).

È, allora, giusto – sia pure in modo molto semplificato – interrogarci sull'interrogazione, per abbozzare una piccola grammatica o teoria della domanda, nella consapevolezza che essa è l'anima del dialogo e, quindi, della convivenza umana e sociale. Si scopre, così, che esiste una vera e propria *ars interrogandi* che conferma la sostanziale validità dell'asserto di Wilde. Già lo stesso lessico nelle varie lingue mostra le diverse iridescenze del tema: in italiano, ad esempio, domandare, chiedere, consultare, interpellare, postulare, indagare, cercare, scrutare e così via, non si coprono l'un l'altro e non sono sinonimi pieni tra loro. Suggestiva, ad esempio, era la distinzione latina, che imparavamo sui banchi di scuola, tra *quaerere*, «domandare per sapere», e *petere*, «chiedere per avere».

Certo è che alla radice della domanda sta la ricerca di senso che è strutturale allo stesso esistere umano, come diceva il celebre protagonista dell'*Apologia di Socrate* di Platone: «Una vita senza ricerca non merita di essere vissuta». È proprio per questo che il bambino è implacabile coi suoi «Perché?». In lui pulsa allo stato puro e non è ancora sterilizzato – come accade invece all'adulto superficiale o disincantato o deluso – il desiderio di sapere, l'ansia di capire, la curiosità della scoperta. Tutte le domande serie partecipano di questa esigenza radicale e in qualche modo esprimono l'interroga zione di fondo sul senso ultimo dell'esistenza, sulle scelte decisive, sui valori da ricercare. Senza il fiore delle domande, che sbocciano come tanti petali, non si ha poi il frutto (non sempre automatico e sicuro) delle risposte, che indicano una strada o una meta nell'itinerario della vita.

Proprio per questo la domanda è l'anima della religione, non solo perché la preghiera è supplica, richiesta, invocazione di aiuto o di rivelazione: si pensi ai Salmi biblici o alla prassi arcaica dell'interrogazione oracolare della divinità, anche nel caso di richieste molto concrete, come una guerra da intraprendere (*1 Sam* 14,37) o l'esito di una malattia (*2 Re* 8,8). C'è un'altra e più profonda motivazione nella domanda religiosa ed è quella di sondare il mistero di Dio, la sua trascendenza e «incomprensibilità». Straordinario, a questo riguardo, è il libro biblico di Giobbe, che è un'ideale ininterrotta interrogazione lanciata verso un cielo apparentemente muto: «Interrogami pure» dice Giobbe al Signore «e io risponderò, oppure domanderò io e tu ribatterai» (13,22). Alla fine Dio spezza il suo silenzio e ironicamente interpella così il suo interlocutore: «Se sei un uomo valoroso, cingiti i fianchi, io ti interrogherò e tu mi istruirai!» (38,3). E l'approdo sorprendente sarà appunto in un imponente discorso epifanico divino, presente nei capitoli 38 e 39 del libro e paradossalmente costruito su una sequenza di domande che il Signore rivolge a Giobbe e che in sé custodiscono *in nuce* la risposta attesa.

È curioso questo ricorso all'interrogativo per formulare una soluzione. Certo, in sé può anche essere un metodo per esaltare l'insondabilità del mistero o almeno la sua inesauribilità. Si è soliti dire che un ebreo risponde a una domanda opponendo un'altra domanda. Attraverso la via dell'interrogazione si celebra però la dinamicità della ricerca religiosa per cui, come dice il Salmista, «nella luce si vede altra luce» (36,10), in un crescendo che conosce tappe di rivelazione acquisita, ma spinge anche a un ulteriore e insonne procedere in avanti. Un po' come accade in amore, ove la conquista è sempre «in-finita» perché infinita è l'esperienza e infinito è l'oggetto. Il Cantico dei Cantici, il poema biblico dell'amore, si conclude non con l'abbraccio, ma con un'ulteriore corsa: «Fuggi, amato mio, simile a gazzella o a cerbiatto, sopra i monti dei balsami!» (8,14).

Talvolta, però, la domanda rivolta a Dio ricade su chi la lancia verso l'alto. Resta, così, come un artiglio – richiamato in qualche modo dal segno grafico occidentale del punto interrogativo – che lacera carne e anima. È il caso tipico delle domande che si levano dai sofferenti e che hanno il loro modello in questo avvio del Salmo 13: «Fino a quando, Signore, continuerai a dimenticarmi? Fino a quando mi nasconderai il tuo volto? Fino a quando nell'anima mia addenserò pensieri, tristezza nel mio cuore tutto il giorno? Fino a quando su di me prevarrà il mio nemico?». Sono le domande della sofferenza, del male di vivere, della desolazione e della disperazione che spesso si raggrumano nel semplice e lacerante «Perché?», parallelo al «Fino a quando?», reiterato quattro volte dal Salmista. L'interrogazione può, dunque, avere connotati esistenziali forti e può allargarsi sino ai fondamenti della propria identità. Significativa, ad esempio, è la domanda che Cristo lascia serpeggiare tra i suoi seguaci: «Ma voi chi dite che io sia?» (*Mt* 16,15). Un quesito analogo a quello che ciascuno può rivolgere a se stesso – «Ma tu chi sei?» – nell'intimità esclusiva della propria coscienza. Sono, questi, gli interrogativi che possono scompigliare la vita, o spettinare l'ordinata banalità quotidiana, o sommuovere il quieto vivere delle abitudini.

A epilogo della riflessione sul valore alto della domanda, è necessario aggiungere una considerazione che riguarda tutte le scienze, sia tecniche sia umanistiche. È ciò che spiega in modo nitido un altro scrittore, il romanziere francese Honoré de Balzac, nella sua opera *La pelle di zigrino* (1831): «La chiave di tutte le scienze è indiscutibilmente il punto di domanda. Dobbiamo la maggior parte delle grandi scoperte al *Come?* E la saggezza nella vita consiste forse nel chiedersi, a qualunque proposito, *Perché?*».

L'accrescimento del sapere si fonda su una continua interrogazione alla quale subentra una risposta che contiene, a sua volta, la possibilità di un'altra domanda, ed è su questa piramide altissima che si riesce a contemplare spazi sempre più vasti della realtà. È significativo che la stessa tradizione religiosa di Israele si fondi su un continuo «interrogarsi-rispondere» delle generazioni, come accade nella celebrazione della Pasqua: «Quando verranno i vostri figli vi interrogheranno: Che significato ha per voi questo rito?, voi direte loro...» (*Es* 12,26-27). E la risposta è, certo, commemorativa di un passato, ma è anche la giustificazione di un presente di libertà e l'apertura di uno scenario futuro, verso la piena liberazione messianica. È quello che in ebraico si chiama *zikkarôn*, «memoriale», nel quale il figlio interroga il padre per «ricordare i giorni del tempo antico e meditare gli anni lontani» (*Dt* 32,7), ma soprattutto per raccogliere un testimone che lo condurrà verso un nuovo orizzonte di comprensione, di speranza e di salvezza.

L'ars respondendi

«L'arte di interrogare non è facile come si pensa. È più arte da maestri che da discepoli. Bisogna già aver imparato molte cose per saper domandare ciò che non si sa.» Questa acuta osservazione di Jean-Jacques Rousseau nella sua *Nuova Eloisa* (1761) riassume il primo movimento della nostra riflessione sull'*ars interrogandi*, un esercizio della mente e della vita assolutamente necessario per crescere intellettualmente e spiritualmente. Ora, però, dobbiamo scendere anche lungo l'altro versante del dialogo: alla domanda deve succedere la risposta. Anzi, come sopra facevamo sospettare, spesso già nell'interrogativo si cela il germe della soluzione. Franz Kafka nei suoi *Diari*, pubblicati postumi, giungeva al punto di affermare che «le domande che non si rispondono da sé nel nascere non avranno una risposta».

È un po' quello che i nostri maestri ci suggerivano quando ci invitavano, prima di metterci a scrivere il compito d'esame, a leggere accuratamente il titolo del tema o la formulazione del problema o l'enunciato della tesi da dimostrare. Kafka, però, faceva anche intuire che ci sono domande senza risposta: esse, infatti, ci rivelano il nostro limite creaturale, sono una sferzata che fustiga l'arroganza dell'onniscienza o dell'*hybris*, cioè della sfida all'arbitrio supremo nel decidere bene e male, vero e falso, giusto e ingiusto secondo risposte dettate da convenienza o da mera vanità e superficialità. Tuttavia, c'è un'altra assenza di risposta che ha una genesi più immediata. «Guardai» dice il profeta Isaia «ma non c'era nessuno, tra costoro proprio nessuno capace di consigliare, nessuno da interrogare per avere una risposta» (41,28).

La fine dei maestri, come la cosiddetta «morte del padre» e l'estinguersi delle ideologie, ha introdotto nella società contemporanea l'orrore per le risposte nette e definite, lo sberleffo per la certezza, la passione per il relativo. «La verità, qualunque essa sia, non vi farà liberi» affermava la filosofa contemporanea Sandra Harding, ribaltando il celebre detto di Gesù nel Vangelo di Giovanni (8,32). In questa prospettiva non ci sono risposte «vere» ma probabili e, quindi, le domande fondamentali vengono esorcizzate, evitate e persino disprezzate proprio perché esigono repliche basate sulle categorie di un pensiero forte e sostanziale.

C'è, però, anche una più modesta assenza di risposta: essa nasce dall'aumento esponenziale delle persone sgarbate e superficiali che negano ogni approccio serio, che si tuffano nell'ottundimento dei luoghi comuni e che scelgono il rigetto di tutto ciò che inquieta la calma piatta della loro coscienza e della loro mente.

«L'uomo sapiente sa quel che dice, mentre lo stupido dice quel che sa» ironizza un aforisma giudaico. Con questa consapevolezza, che è anche certezza dei propri limiti, la persona saggia offre le risposte che conosce in modo puntuale e completo, essenziale e documentato. Emblematica è la figura del re Salomone che alla regina di Saba «rispose a tutto quanto gli chiedeva; non ci fu parola o realtà tanto nascosta che Salomone non riuscisse a spiegarle» (*2 Cr* 9,2). Talvolta, però, ci può essere anche la giusta negazione di una risposta, e non tanto per il riconoscimento del limite della nostra sapienza e conoscenza. È interessante notare che nel nostro ordinamento giudiziario esiste «la facoltà di non rispondere». Gesù stesso si avvale di tale facoltà davanti al tribunale del Sinedrio che lo interroga: «Anche se vi rispondo, non mi crederete e, se vi dovessi interrogare io, non mi rispondereste» (*Lc* 22,67-68).

C'è un silenzio da opporre allo stupido: «Non rispondere allo stolto secondo la sua stoltezza per non divenire anche tu simile a lui» (*Prv* 26,4), anche se subito dopo lo stesso autore sapiente di Israele ribadisce la necessità della risposta in altri casi o contesti: «Rispondi allo stolto secondo la sua stoltezza, perché egli non si creda saggio» (26,5). Così, Gesù – che pure aveva replicato a chi lo voleva «cogliere in fallo», come sopra si è visto – oppone un gelido silenzio non solo al tribunale giudaico («egli taceva e non rispondeva nulla», *Mc* 14,61) ma anche a Pilato, stando almeno all'evangelista Marco che, a differenza di Giovanni (il quale, nei vv. 18,33-38 del suo Vangelo, riferisce invece una più articolata risposta di Gesù), annota: «Pilato gli domandò: Tu sei il re dei Giudei? Ed egli rispose: Tu lo dici! I capi dei sacerdoti lo accusavano di molte cose. Pilato lo interrogò di nuovo: Non rispondi nulla? Vedi di quante cose ti accusano! Ma Gesù non rispose più nulla, tanto che Pilato rimase stupito» (15,2-5). La stessa scena muta si ripete di fronte al volgare e banale re Erode Antipa davanti al quale Cristo è trascinato: «Lo interrogò facendogli molte domande, ma Gesù non rispose nulla» (*Lc* 23,9).

Possiamo, infine, notare che ci dev'essere un certo stile nel rispondere: chiarezza, essenzialità, rigore. Lo ricordava già un sapiente biblico del II secolo a.C., il Siracide, in una sua lezione rivolta a un ideale discepolo: «Parla, o giovane, se c'è bisogno di te, non più di due volte se sei interrogato. Compendia il tuo discorso: molte cose in poche parole» (32,7-8). Ha origine da qui il lapidario motto popolare latino *Intelligenti pauca*, divenuto proverbiale anche nell'italiano «A buon intenditore poche parole». La brevità, allora, sarà anche la costante delle nostre risposte, affidate a un profilo sintetico della questione più che a un approfondimento sistematico, che pure è legittimo ma in altri contesti e secondo altri generi letterari (si pensi solo a quei capolavori supremi che sono i *Dialoghi* di Platone). Gli antichi Latini erano convinti che *Dictum sapienti sat est*, cioè che «Al sapiente una sola parola basta» (così Plauto nel suo *Persa*, v. 729 e nel *Truculentus*, v. 644, e anche Terenzio nel *Phormio*, v. 541). Similmente san Colombano (540 circa-615) esortava: *Cum sapiente loquens perpaucis utere verbis* (*Carmen monostichum*, v. 46). Sì, dialogando con chi è intelligente si devono usare poche parole. E la persona intelligente capirà che, anche nelle nostre risposte, esistono ampi spazi di ulteriore approfondimento personale.

«E non cessiamo di interrogarci ancora e ancora»

Eccoci ora davanti alle domande dei nostri lettori, domande di natura teologica o, più genericamente, religiosa e morale. Certo, le risposte sono segnate da una prospettiva chiara: è quella del cristianesimo con le sue radici ebraiche, che getta luce su interrogativi non sempre esclusivi di questa fede, ma spesso condivisi da altri Credo, anche se talora aperti ad approdi diversi. Sono non di rado domande universali, che attanagliano il cuore dell'uomo e della donna in quanto tali e che hanno ricevuto risposte anche in altre sedi, secondo prospettive di natura puramente razionale o filosofica. Sicuro è che le nostre risposte, proprio perché ancorate al cristianesimo e a quel «grande codice» della nostra cultura occidentale che è la Bibbia, non condividono il pessimismo che esprimeva il celebre scrittore tedesco dell'Ottocento Heinrich Heine nel suo *Lazzaro*: «E non cessiamo di interrogarci / ancora e ancora, / finché una manciata di terra / ci chiude la bocca... / Ma questa è una risposta?».

Noi guarderemo – almeno per quanto concerne la risposta finale e definitiva – oltre la pala del becchino e il silenzio soffocante della morte, consapevoli però che è necessario «non cessare di interrogarci ancora e ancora» sul vivere e sul morire. Vorremmo, allora, porre a suggello di questa lunga premessa, prima di intraprendere il nostro itinerario all'interno della piccola foresta di domande e risposte che stanno davanti a noi nelle pagine che seguiranno, un bellissimo paragrafo tratto dalla *Notte* (1958) dello scrittore ebreo Elie Wiesel: «L'uomo si eleva verso Dio per mezzo delle domande che gli pone. Ecco il vero dialogo: l'uomo interroga e Dio risponde. Ma le sue risposte non si comprendono, non si possono comprendere perché vengono dal fondo dell'anima e vi rimangono fino alla morte. Le vere risposte, Eliezer, tu non le troverai che in te. Domandai allora a Mosheh: E tu, perché preghi? Mi rispose: Prego Dio di darmi la forza di potergli fare delle vere domande».

I
Le domande «prime»

Impegnarsi a pensare bene: questo è il principio della morale.
BLAISE PASCAL, *Pensieri* n. 264 (ed. Chevalier)

«Pensare liberamente è bello; ma pensare giustamente è ancor più bello.» Così sta scritto su un'epigrafe dell'università svedese di Uppsala. L'originale è in latino perché si tratta di un motto antico che, però, ben s'adatta a ogni epoca. Si centra uno degli aspetti primari della ricerca, che è quello della corretta metodologia. Per tale motivo, abbiamo intitolato questa prima sezione con la formula «domande prime»: non sono i primi interrogativi, ma le questioni primarie che reggono la corretta impostazione delle domande successive e delle rispettive risposte.

Siamo, quindi, di fronte a quella disciplina che un po' solennemente viene definita «ermeneutica» e che già nella prima delle nostre domande-risposte cercheremo di illustrare. È lo sforzo di elaborare uno statuto, una regola, un metodo, appunto, per «interpretare» sia la realtà sia un testo in modo fondato, coerente e compiuto. Spesso in sede religiosa molti asserti e persino alcune scelte di vita si basano su cattive interpretazioni dei rispettivi testi sacri: esemplare in questo caso, come vedremo, è il fondamentalismo; ma lo è anche il puro soggettivismo che conduce al relativismo della verità.

Cerchiamo, allora, non attraverso un'arida sequenza di regole o di leggi «ermeneutiche», ma basandoci su una nutrita serie di interrogativi tematici, di offrire una guida che permetta di vagliare e di verificare il proprio pensare e conoscere in sede teologica. Un importante autore spirituale del IV secolo, Evagrio Pontico, nelle sue *Massime* (o *Sentenze sulla conoscenza*) affermava: «Cerca di essere il portinaio del tuo cuore, non lasciar entrare nessun pensiero senza interrogarlo». Il suo era un consiglio di taglio etico; tuttavia, può essere fruttuosamente applicato anche in ambito intellettuale e conoscitivo. È ciò che vorremmo fare con queste domande «prime» e le relative risposte.

Il segreto dell'«ermeneutica»

Si ripete spesso a noi credenti di leggere la Bibbia. Si invitano ormai anche i non credenti a non ignorare le Scritture ebraiche e cristiane perché sono il «grande codice» culturale dell'Occidente, ossia il nostro punto di riferimento ideale e artistico, prescindendo dalle scelte di vita individuali. Ma come interpretare tante pagine datate, scandalose, immorali che infestano l'Antico Testamento? Anche il Nuovo, però, non scherza: si provi a leggere l'Apocalisse o a vedere la fine che è «caritatevolmente» assegnata da san Pietro ai coniugi Anania e Saffira, colpevoli di fare ciò che tutti i cristiani tranquillamente oggi fanno, dal momento che non versano di certo tutti i loro beni nelle casse della Caritas (si legga At 5,1-11*).*

La questione aperta dal nostro interlocutore, in apparenza semplice, costituisce in verità uno dei nodi più complessi che stringono la mente e il cuore di chi vuole seriamente accostarsi alla Bibbia. Tecnicamente si è soliti parlare di «questione ermeneutica», ossia dei criteri per una corretta interpretazione delle Sacre Scritture (il termine, di matrice greca, rimanda al dio Ermes, interprete della volontà e degli oracoli degli dèi). Esse infatti – teologicamente parlando – per il credente presentano per così dire due nature, come il Verbo cantato da san Giovanni nel prologo del suo Vangelo. Da un lato, sono parola eterna divina; d'altro lato, sono «incarnate» in una storia, in un linguaggio umano e in tre lingue concrete (l'ebraico, l'aramaico, il greco). È, perciò, chiaro che duplice dev'essere anche l'approccio interpretativo.

Come parola di Dio, la Bibbia esige che ci sia una guida trascendente, capace di far cogliere la verità di fede e di vita che è deposta nel testo storico-letterario. È per questo che Cristo, riguardo alla comprensione piena delle sue stesse parole, promette l'aiuto dello

Spirito Santo che «insegnerà ogni cosa, vi ricorderà tutto ciò che vi ho detto ... e vi guiderà alla verità tutta intera» (*Gv* 14,26; 16,13). Nell'affermare le verità fondamentali della fede, la Chiesa è, allora, sostenuta e condotta dallo «Spirito di verità» donato dal Padre e dal Cristo risorto. Queste verità trascendenti sono state, però, rivelate all'interno di eventi storici e di parole umane.

È, quindi, necessaria anche una strumentazione storico-critica adatta a sciogliere i nodi delle vicende e del linguaggio umano, legato a coordinate temporali, spaziali e culturali differenti da quelle in cui nei secoli successivi i lettori sono vissuti. Non è possibile adottare solo uno dei due criteri interpretativi, pena la frattura dell'unità divino-umana delle Scritture. Se infatti ne ignoro l'«incarnazione» nella storia e nella loro civiltà, scegliendo una lettura «letterale» (cioè così come suona il testo), immaginando che quella sia la verità «evidente» che la Bibbia vuole comunicarmi, posso giungere a risultati fuorvianti, perché il linguaggio allora usato aveva canoni differenti dai nostri, e così mi sfugge anche la vera intenzione dell'autore ispirato, e quindi di Dio.

Se invece ignoro l'ausilio dello Spirito Santo per penetrare nel livello profondo di rivelazione del mistero e della verità di Dio, riduco le Scritture a meri testi letterari dell'antico Vicino Oriente, da accostare alle altre letterature. Com'è evidente, il processo «ermeneutico» esige una verifica su due piani, quello trascendente e quello storico, secondo criteri precisi che sono stati codificati sia in sede teologica sia in sede storico-critica. Dato che a usarli ci sono uomini fallibili, è chiaro che si possono avere deviazioni. Ma è a questo punto che lo Spirito di verità ha il compito di impedire la degenerazione della verità sostanziale della fede, ferma restando la fragilità delle interpretazioni di cornice, dei corollari, delle stesse formulazioni contingenti di quella verità nella storia della cristianità.

Gli autori sacri si sono mossi con la loro concezione della storia, con la loro mentalità e cultura nel descrivere i grandi eventi di salvezza (creazione, esodo, riflessioni sapienziali, miracoli, vita e parole di Cristo). Ma al tempo stesso lo Spirito di Dio che li «ispirava» faceva sì che essi «insegnassero con certezza, fedelmente e senza errore la verità che Dio, *a causa della nostra salvezza*, voleva che fosse consegnata nelle Sacre Scritture» (così il Concilio Vaticano II nella *Dei Verbum*, n. 11). Si noti che la verità di Dio ha come meta non tanto un insegnamento scientifico o storiografico, che nella Bibbia può essere datato e superato, ma ciò che diventa «causa della nostra salvezza».

Lo sconcertante caso di una coppia cristiana

Interpretare le Scritture, per non cadere nel fondamentalismo, che attecchisce nell'islam ma non risparmia neanche certe sette o gruppi cristiani, è necessario e va bene, soprattutto di fronte alle palesi incrostazioni storico-tribali dell'Antico Testamento. Ma quando siamo nel Nuovo Testamento, sotto il regime dell'amore, come «eroicamente» riuscire a superare lo sconcertante caso di Anania e Saffira, coppia cristiana tutto sommato colpevole solo di essere oculata nei suoi risparmi e così brutalmente eliminata da Dio dopo una sorta di maledizione emessa da san Pietro?

Alla riflessione generale cui ci aveva condotto la precedente domanda accostiamo ora un quesito «ermeneutico» molto più preciso e circoscritto che introduce una coppia delle origini cristiane. Essa aveva già fatto capolino nella riflessione antecedente sull'interpretazione della Bibbia. Ebbene, la reazione di sorpresa del lettore comune della Bibbia di fronte alla storia di Anania e Saffira, caduti stecchiti dopo una fiera reprimenda dell'apostolo Pietro, è stata condivisa anche da qualche studioso che ha fatto notare un'incongruenza a prima vista sconcertante: come è possibile che la «buona novella» cristiana si presenti alla ribalta nei suoi primi passi con un miracolo di morte, procedendo in senso contrario rispetto all'agire di Cristo che faceva risorgere i morti?

È indubbio che – almeno a livello di narrazione e di ricostruzione dell'episodio – Luca, autore degli Atti degli Apostoli, voglia allusivamente evocare qualche scena anticotestamentaria, ad esempio quella della rivolta di Core, Datan e Abiram, destinata a sfociare in un esito macabro sotto la maledizione di Mosè: «Il suolo si sprofondò sotto i loro piedi, la terra spalancò la bocca e li inghiottì ... scesero vivi agli inferi essi e quanto a loro apparteneva e la terra li ricoprì» (si legga il cap. 16 del libro dei Numeri).

Ma torniamo alla nostra coppia di giudeo-cristiani gerosolimitani, Anania – nome ebraico comune portato da almeno dieci personaggi biblici (il cui significato «Il Signore mi ha concesso la sua grazia» suona quasi ironico nel nostro racconto) – e Saffira, un nome che rimanda allo zaffiro o al lapislazzulo. Che cosa avevano fatto di tanto infame da meritare una simile fine tragica? Per capire la gravità della loro colpa, descritta nel capitolo 5 degli Atti degli Apostoli (vv. 1-11), bisogna delineare il fondale della vita della prima comunità cristiana di Gerusalemme.

Poche righe prima, infatti, si legge che «la moltitudine di coloro che erano venuti alla fede aveva un cuore solo e un'anima sola e nessuno considerava sua proprietà quello che gli apparteneva, ma ogni cosa era fra loro comune ... Nessuno tra loro era bisognoso perché quanti possedevano campi o case li vendevano, portavano il ricavato di ciò che era stato venduto e lo deponevano ai piedi degli apostoli; poi veniva distribuito a ciascuno secondo il suo bisogno» (4,32-35). Era quella che lo stesso Luca chiama in greco la *koinonía*, la «comunione fraterna» dei beni, la condivisione che cancella ogni proprietà privata e personale.

Ora, i nostri due sposi avevano venduto un loro podere e avevano tenuto per sé una parte della somma, mentre il resto era stato consegnato da Anania a Pietro per la comunità. L'Apostolo s'accorge dell'inganno e reagisce con veemenza: «Anania, perché mai Satana si è così impossessato del tuo cuore che tu hai mentito allo Spirito Santo e ti sei trattenuto parte del prezzo del terreno?» (5,3). E a quel punto scatta la condanna terrificante, sul modello appunto di certi giudizi divini anticotestamentari: «Anania cadde a terra e spirò» (5,5).

La stessa vicenda si ripete per la moglie Saffira che, ignara dell'accaduto, si presenta tre ore dopo, ribadendo la medesima versione data dal marito e ricevendo un'identica condanna da parte di Pietro che la lascia morta sul terreno (5,7-10). Di per sé la scena può avere un suo nucleo di verità storica: forse Luca ha narrato, interpretandolo in senso religioso, il dramma della morte improvvisa, avvenuta a distanza ravvicinata, di due coniugi cristiani «chiacchierati» per un loro comportamento egoistico.

Tuttavia, se stiamo allo stile biblico e all'uso delle particolari modalità espressive tipiche dei racconti scritturistici, dobbiamo sottolineare che Luca vuole soprattutto esaltare il significato profondo e simbolico di quella vicenda. Chi viola, per smania di possesso e per egoismo, il precetto della carità operosa nei confronti del prossimo è uno «scomunicato», è come se fosse morto per la comunità, si è posto fuori del cerchio vitale della comunione ecclesiale e della grazia divina. Qualcosa del genere dichiarerà anche san Paolo condannando un incestuoso della comunità di Corinto (*1 Cor* 5,5: «Questo individuo venga consegnato a Satana a rovina della carne, affinché lo spirito possa essere salvato nel giorno del Signore»). È dunque un racconto esemplare di giudizio sul male che, però, non cancella la costante certezza della Bibbia riguardo alla conversione-rinascita e al perdono-risurrezione.

Scritti «canonici»?

Non capisco perché certi libri sono considerati apocrifi. Che cosa permette di capire se un libro è o no ispirato da Dio? Ho sentito che gli apocrifi sono stati esclusi dalla Bibbia perché fondati su leggende e perché troppo fantasiosi. Ma sotto questo aspetto Genesi e Apocalisse non sono da meno.

Questo interrogativo riguarda, tecnicamente parlando, il problema della «canonicità» delle Sacre Scritture, una questione che ha tormentato la Chiesa dei primi secoli e che era legata alla necessità di elaborare un'unità di misura teologica – donde la parola «canone», che in greco rimanda alla canna per effettuare misurazioni, una specie di metro primordiale – per identificare l'autentica parola di Dio espressa per scritto. Tale verifica non doveva essere solo storico-letteraria, come ritiene il nostro interlocutore quando afferma che alcuni libri, chiamati poi «apocrifi», cioè «nascosti», e quindi relegati ai margini della comunità ecclesiale, furono espulsi perché fondati su leggende e perché troppo fantasiosi. Se questo fosse il metro o canone di misurazione, si potrebbe a ragione dubitare di altre pagine ritenute «canoniche» che contengono elementi mitici (anche se rielaborati), usano la fantasia attraverso racconti o parabole per insegnare la verità che vogliono comunicare, amano i colori accesi e così via.

Il metro non è neppure quello della «spiritualità»: nei cosiddetti apocrifi giudaici e cristiani ci sono pagine di forte tensione mistica, di grande moralità e di ascesi (pensiamo ai cosiddetti «scritti gnostici»). Discriminante non è neppure di per sé la storicità, non solo perché i Vangeli canonici stessi sono storia e fede fuse insieme, ma anche perché alcuni Vangeli apocrifi contengono probabili memorie storiche autentiche di Gesù di Nazaret (come, ad esempio, alcuni detti di Cristo conservati nel *Vangelo di Tommaso*). Si tratta, quindi, di una scelta condotta secondo criteri teologici ed ecclesiali rigorosi che coinvolgono questioni affini quali l'«ispirazione» divina delle Scritture, la Tradizione della Chiesa, la presenza dello Spirito Santo come interprete vivo della parola di Dio.

Cerchiamo prima di tutto di vedere in che modo la Chiesa è arrivata a definire il Canone biblico. Il problema si era posto anche nel giudaismo per le Sacre Scritture ebraiche. La Diaspora giudaica, infatti, aveva aggiunto ai libri biblici, scritti in ebraico, altre sette opere composte o a noi giunte in lingua greca (Tobia, Giuditta, Primo e Secondo libro dei Maccabei, Sapienza, Siracide e Baruc), oltre ad alcuni brani greci allegati ai libri ebraici di Ester e Daniele. È questo il cosiddetto «Canone alessandrino», perché collegato all'antica versione in greco della Bibbia eseguita ad Alessandria d'Egitto. Questo Canone più ampio fu accolto definitivamente dalla Chiesa cattolica nel Concilio di Trento (1546), mentre le Chiese protestanti optarono per quello esclusivamente «ebraico». Pochi decenni dopo un teologo, Sisto Senese, chiamò quei sette libri «deuterocanonici» (cioè canonici in seconda battuta), mentre i protestanti li definirono come «apocrifi», relegandoli quindi in una categoria inferiore extracanonica.

A questo punto ci poniamo due interrogativi. Il primo è di tipo storico: la Tradizione cristiana antica quale Canone ha accolto? Delle 350 citazioni anticotestamentarie presenti nel Nuovo Testamento, ben 300 sono direttamente desunte dall'antica versione greca, detta dei Settanta: si può dedurre, allora, che gli autori neotestamentari considerassero come ispirati anche i sette libri deuterocanonici appartenenti a quella Bibbia. Questa posizione fu condivisa da tutta la Chiesa dei primi tre secoli, a eccezione di un autore del II secolo, Melitone di Sardi, fermo al Canone ebraico. Uno scrittore importante come Origene, nel III secolo, affermava esplicitamente il dovere di usare anche i deuterocanonici come parola di Dio.

Questa armonia venne infranta nel IV secolo, allorché alcuni Padri della Chiesa – Atanasio, Cirillo di Gerusalemme, Ilario di Poitiers e soprattutto Girolamo, il traduttore in latino della Bibbia – ritornarono al Canone ebraico, alla *Hebraica veritas*, cioè alla radice ebraica delle Scritture, come diceva lo stesso Girolamo. In seguito, però, prevalse nella Chiesa la precedente posizione, ma rimasero tensioni, risolte dal Concilio di Trento per la Chiesa cattolica e in modo differente dalla Riforma, come sopra si è detto.

Eccoci alla seconda e decisiva domanda: su quale fondamento un libro è riconosciuto come ispirato da Dio, e quindi «canonico» e fonte della Rivelazione divina? Nella visione cattolica un libro è tale quando la Tradizione della Chiesa, illuminata e guidata dallo Spirito Santo nel custodire il patrimonio della Rivelazione, ha accolto quel libro come ispirato da Dio, e lo ha fatto attraverso la sostanziale continuità dell'insegnamento, al di là di alcune esitazioni temporanee come quelle sopra indicate. La fede ecclesiale, quindi, nella sua globalità e continuità e con la presenza in essa dello Spirito Santo, diventa pietra di paragone teologica.

Diversa è la posizione luterana: «La Scrittura non va interpretata contro il Cristo, ma per il Cristo» scriveva Lutero «pertanto delle due una: o dev'essere riferita a lui, oppure non può essere considerata come vera Scrittura». Questa via «cristologica» è importante ma rischiosa perché tende a ignorare la lenta progressione storica delle Scritture, a partire dall'Antico Testamento, attraverso un lungo processo evolutivo dalle molteplici ramificazioni pur nella finale tensione messianica e quindi cristologica. Calvino, invece, considerava segno della canonicità di un libro biblico la testimonianza diretta dello Spirito Santo all'interno del credente, esplicitata e confermata dai frutti spirituali che essa produce. Pur riconoscendo che lo Spirito illumina i singoli fedeli, questa visione rischia però di essere «soggettiva» e di far selezionare come canoniche solo le pagine «spirituali».

Il fascino segreto degli «apocrifi»

Mi è bastato solo scorrere qualche pagina di un'antologia di scritti cristiani apocrifi per rimanere conquistato dal fascino dei loro racconti, ma anche per avere il sospetto che sia in azione, in quelle pagine, la forza creatrice della pietà, della devozione e persino dell'esaltazione religiosa. Non sarebbe, allora, possibile fare un bilancio fondato di questo patrimonio letterario, storico e tradizionale che, come un fiume, ha percorso i primi secoli cristiani?

Se una donna di nome Anna volesse oggi identificare il passo esatto dei Vangeli in cui entra in scena la sua celebre omonima, madre di Maria, e magari volesse anche scovarvi quello del padre della Vergine, Gioacchino, vanamente sfoglierebbe le pagine di Matteo, Marco, Luca e Giovanni. E se si volesse dimostrare che Gesù è nato in una grotta, riscaldato dall'alito di un bue e di un asino, che i Magi erano tre re iranici, che Longino era il nome del soldato romano che inferse un colpo di lancia nel costato di Cristo, che Veronica, una donna gerosolimitana, ha deterso il volto di Gesù in marcia verso il Calvario ricevendone in cambio una sua immagine sul lino, invano si cercherebbe un fondamento nei quattro Vangeli.

Queste e altre notizie sono, infatti, reperibili solo in quella vasta letteratura dei primi secoli cristiani catalogata col termine greco di *apocrifi*, cioè «i [libri] nascosti», che la Chiesa contrappose ai libri «canonici» e «ispirati» del Nuovo Testamento. Questo processo di definizione delle Scritture Sacre fu complesso e delicato, condotto dalla Chiesa attraverso il sostegno dello Spirito Santo: si tratta, quindi, di un atto ecclesiale e teologico in senso stretto, come abbiamo già precisato nella precedente risposta. Da questo catalogo o «Canone» furono appunto esclusi molti scritti, alcuni decisamente antichi (I-II secolo): pensiamo, ad esempio, al prezioso *Vangelo di Tommaso* che conserva 114 detti di Gesù (alcuni presenti anche nei Vangeli, altri esterni a essi ma con una buona attendibilità storica), oppure si ricordi il *Vangelo di Pietro*, il più antico racconto non canonico della passione di Cristo, o ancora il cosiddetto *Protovangelo di Giacomo*, che si interessa della nascita, dell'adolescenza di Maria e del suo matrimonio con Giuseppe.

Le raccolte degli apocrifi occupano, perciò, grossi volumi, coprono tutti i generi del Nuovo Testamento (ci sono, quindi, Atti di vari apostoli, Lettere e Apocalissi apocrife) e contengono anche testi cronologicamente più recenti. Essi sono fioriti spesso nel terreno fertile della pietà popolare e non mancano di riflettere la devozione o la fantasia e persino le deviazioni dottrinali dell'ambito ecclesiale da cui provengono. Talvolta, però, gli apocrifi sono anche espressione di ceti intellettuali più ristretti, come i testi gnostici egiziani. Non di rado, poi, conservano dati, notizie, memorie di eventi e detti di Cristo probabilmente autentici e non registrati nei Vangeli canonici. Non si dimentichi, infatti, che gli stessi Atti degli Apostoli riferiscono una frase di Gesù citata da san Paolo e ignota ai Vangeli canonici: «Vi è più gioia nel dare che nel ricevere!» (20,35). L'evangelista Giovanni è consapevole che «vi sono molte cose compiute da Gesù che, se fossero scritte una per una, penso che il mondo stesso non basterebbe a contenere i libri che si dovrebbero scrivere» (21,25).

Con le loro notizie vere o presunte, gli apocrifi hanno esercitato, comunque, un forte influsso sulla storia dell'arte cristiana, sulla stessa liturgia (ad esempio, la festa della presentazione di Maria al tempio, celebrata il 21 novembre, è «apocrifa», offerta dal citato *Protovangelo di Giacomo*) e persino sulla teologia. Certo è che, frammiste a una massa di fili narrativi colorati e liberi, si scoprono nelle pagine degli apocrifi pagliuzze d'oro storiche che permettono di ricostruire memorie arcaiche su Gesù e persino di Gesù. Ma soprattutto in questi scritti emerge la vita della Chiesa dei primi secoli, il suo fervore e la consapevolezza della grandezza dell'evento cristiano. In un apocrifo egiziano, il *Vangelo di Filippo*, si legge: «Se dici: Sono ebreo! nessuno si commuove. Se dici: Sono romano! nessuno s'impressiona. Se dici: Sono greco, barbaro, schiavo, libero! nessuno si agita. Ma se dici: Sono cristiano! il mondo trema».

«La lettera uccide...»: il fondamentalismo

Ogni volta che sentiamo risuonare la parola «fondamentalismo», spontaneamente associamo il vocabolo con l'aggettivo «islamico». E questa è una semplificazione, non solo perché non tutti i musulmani sono riconducibili sotto questa classificazione (sebbene la loro lettura «critica» del Corano sia di là da venire), ma anche perché esiste un fondamentalismo biblico cristiano che ha la sua espressione in vari gruppi religiosi soprattutto protestanti e che lambisce pure certi movimenti cattolici. Potrebbe, allora, approfondire questo approccio specifico?

Il tema proposto si situa all'interno del più vasto orizzonte della corretta interpretazione (o «ermeneutica») di un testo, soprattutto quando esso ha le caratteristiche di scritto sacro o «ispirato» da Dio com'è la Bibbia. Cerchiamo, allora, di risalire alla genesi di questa degenerazione interpretativa biblica che è il fondamentalismo, degenerazione a prima vista paradossale perché sembrerebbe essere il massimo della fedeltà al testo.

A Fort Niagara (nello Stato americano di New York) nel 1895 si riunì il Congresso biblico americano, costituito dagli esegeti protestanti a prevalenza conservatrice. Alla fine dei lavori venne emesso un documento in cui si formalizzavano cinque verità bibliche «fondamentali» del tutto imprescindibili e indiscutibili: l'inerranza verbale o verità letterale delle Scritture, la divinità di Cristo, la sua nascita verginale, la dottrina dell'espiazione vicaria del peccato umano da parte di Gesù, la sua e nostra risurrezione corporale (per l'umanità alla seconda venuta di Cristo).

Proprio questo ricorso ai «fondamentali» della fede dette origine al termine «fondamentalismo», applicato poi ad altre correnti religiose e successivamente, per analogia, soprattutto al mondo musulmano. La proposta di Fort Niagara fu sostenuta tra il 1905 e il 1915 con una diffusione capillare di dodici volumetti intitolati *I fondamenti: una testimonianza alla Verità*, in particolare tra i pastori delle varie denominazioni protestanti americane. Nacque così, nel 1919, l'Associazione fondamentalista cristiana mondiale. L'interesse per la questione si estese anche al più vasto pubblico nel 1925, in occasione del cosiddetto «processo della scimmia», allorché i fondamentalisti denunciarono in sede giudiziaria un professore di una scuola superiore di Dayton (Tennessee), tale John Scopes, perché insegnava la teoria evoluzionista che, a loro avviso, militava contro la dottrina creazionista insegnata dalle Scritture.

Il movimento creò una divisione nelle stesse Chiese protestanti americane e progressivamente entrò in crisi, soprattutto a causa dello scontro radicale ingaggiato con la scienza. Attorno agli anni Settanta del secolo scorso si registrò, però, una forte rinascita del fondamentalismo sia con l'uso dei mezzi televisivi (i cosiddetti «telepredicatori»), sia attraverso intrecci con la politica (la «maggioranza morale» e, più recentemente, i «teo-conservatori»), sia col contributo di forti gruppi religiosi come i Testimoni di Geova e persino di sette marginali ma economicamente prospere, sia in forme più blande, come nei movimenti di taglio spiritual-carismatico o tra i cosiddetti «evangelicali». Frattanto il fondamentalismo si era diffuso anche in Europa, Africa, Asia e in modo vigoroso in America Latina.

Pur partendo da un'esigenza autentica di fedeltà dottrinale e spesso da buona fede personale, questo approccio al testo sacro è metodologicamente erroneo perché imbocca la via della negazione dell'Incarnazione e quindi della storicità della Rivelazione cristiana. Infatti se «il Verbo si è fatto carne», questo significa che la parola di Dio è stata espressa in un linguaggio umano ed è stata redatta, sotto l'ispirazione divina, da autori umani che si esprimevano secondo le coordinate storico-culturali in cui erano inseriti, usando modelli linguistici, visioni del mondo datate, generi letterari, fraseologie e simbologie condizionate da una determinata epoca storica. Ignorando questa dimensione «incarnata», assumendo alla «lettera» i passi biblici, respingendo ogni corretta interpretazione e analisi storico-critica si può non solo stravolgere la genuina comunicazione che la Bibbia vuole proporre con il suo linguaggio ma anche, paradossalmente, raggiungere esiti antitetici.

Per stare ai Vangeli, i fondamentalisti ignorano che quei testi non sono solo la presentazione diretta del Gesù storico, ma che la loro formazione coinvolge anche l'intervento della fede pasquale della Chiesa e le prospettive teologiche dei vari evangelisti: con questo atteggiamento come possono spiegare – poniamo – la diversità tra le «Beatitudini» riferite da Matteo (5,3-12) e quelle di Luca (6,20-26)? O scegli le prime e rigetti le seconde (che, tra l'altro, comprendono anche le «maledizioni») o viceversa. In realtà esse rispecchiano un fenomeno storico e teologico che manifesta proprio l'incarnazione e l'attualizzazione della parola di Gesù nel contesto storico-ecclesiale della comunità cristiana delle origini. In questa luce si può dire che le lontane radici del fondamentalismo sono da ricercare alle stesse sorgenti della Riforma protestante col principio della *sola Scriptura*. Adottato meccanicamente, questo principio cancellava l'interpretazione della Bibbia nella Tradizione. Per questo non di rado il fondamentalismo è anti-ecclesiale e si sviluppa appunto in ambiti spesso isolazionistici che considerano come diabolico tutto ciò che è fuori dal loro perimetro asettico.

Certo, se l'interpretazione non segue canoni specifici e rigorosi sia di indole storico-critica sia di taglio teologico, si possono elidere e dissolvere, col rivestimento storico-letterario, anche i «fondamenti». Questo, però, non giustifica la negazione della realtà vera delle Scritture, parola di Dio in parole umane che esigono decifrazione e comprensione e che non sono frutto di un «dettato» divino vocabolo per vocabolo. Come osservava la Pontificia Commissione Biblica nel suo documento sull'*Interpretazione della Bibbia nella Chiesa* (1993), «il fondamentalismo invita, senza dirlo, a una forma di suicidio del pensiero. Mette nella vita una falsa certezza, perché confonde inconsciamente i limiti umani del messaggio biblico con la sostanza divina dello stesso messaggio». Anche se san Paolo usa questa frase in un'altra prospettiva, potremmo riconoscere che per il fondamentalismo non di rado accade che «la lettera uccide», mentre è «lo Spirito che dà la vita» (*2 Cor* 3,6).

Trasfusione di sangue e Testimoni di Geova

Si affacciano caparbiamente (ma anche esemplarmente per la loro costanza) alle porte delle nostre case, stringendo tra le mani la loro Bibbia e la loro rivista «Torre di guardia»: i Testimoni di Geova sono una presenza effettiva anche nel nostro panorama religioso. Essi appaiono nelle cronache dei giornali soprattutto quando un giudice deve sottrarre qualche loro figlio minorenne alla giurisdizione paterna perché i genitori rifiutano che gli sia praticata una trasfusione di sangue. Senza entrare nel merito del loro fondamentalismo biblico e senza voler ricostruire la loro storia già piuttosto lunga, essendosi generata nell'Ottocento, quali sono le principali riserve che i cattolici avanzano nei loro confronti, riserve spiegate senza troppi pudori ecumenici?

Risponderò «senza pudori ecumenici» al quesito del nostro interlocutore, anche perché il dialogo con i Testimoni di Geova è messo in crisi dalla difficoltà pura e semplice di trovare un orizzonte comune ove svolgerlo. Si dirà che c'è la Bibbia come base per l'incontro: è soprattutto per questa via che si sviluppa l'ecumenismo tra le varie Chiese e denominazioni cristiane. Ma anche qui i Testimoni di Geova alzano una barriera che è difficilmente sormontabile perché è di principio e di metodo.

Cerchiamo di spiegarci. Molti sono convinti che la questione riguardi soltanto le traduzioni bibliche più o meno manipolate, e questo ha un suo fondamento. I Testimoni hanno già una componente ingiustificabile nel loro nome, perché «Geova» è un assurdo linguistico per indicare il nome divino *Jhwh* che gli Ebrei non pronunciano sostituendolo con *'Adonai*, «Signore» (la pronuncia antica più probabile era forse *Jahweh*). Inoltre la versione biblica dei geovisti italiani è condotta sull'inglese e non sull'originale ebraico e greco. Non esiste nessuno studioso qualificato e rigoroso dell'esegesi biblica di fede geovista. Non mancano, poi, interventi discutibili sui testi. Un esempio per tutti: «Prendete e mangiate. Questo è il mio corpo» (*Mt* 26,26) diventa nella loro Bibbia: «Prendete e mangiate. Questo *significa* il mio corpo» (si tratta ovviamente di una libera interpretazione del testo originale).

Si potrebbero fare molti altri esempi di queste operazioni di «ritocco» su traduzioni peraltro di modesta qualità, anche nella versione americana da cui partono tutte le altre, compresa l'italiana. Ma la questione vera è un'altra: i Testimoni adottano un metodo di lettura che è inaccettabile in partenza. Si tratta di quel «fondamentalismo» su cui siamo già intervenuti. Ribadiamo, comunque, l'essenziale. Ignorando che la Bibbia è, sì, parola di Dio ma espressa in parole umane e legata a una storia, a una cultura, a un tempo e a uno spazio e a un suo sviluppo (in altri termini, legata all'Incarnazione), essi la leggono non nel valore che quelle parole avevano, ma così come esse suonano e spesso nella loro traduzione nelle lingue moderne! È noto e dimostrabile, ad esempio, che il numero 12 nel linguaggio semitico è un simbolo di pienezza e il 1000 di immensità: i 144.000 eletti dell'Apocalisse (7,4) sono un'allusione alle 12 tribù di Israele giunte a pienezza, è il popolo di Dio approdato alla salvezza definitiva, mentre per i geovisti è il numero reale «matematico» degli eletti.

Le conseguenze di una lettura letteralista e fondamentalista della Bibbia possono essere anche gravi, sia pur salvaguardando la buona fede di chi le accoglie: si pensi al divieto della trasfusione di sangue. Certo, nell'Antico Testamento si proibisce alla lettera di toccare e «mangiare» il sangue di una creatura vivente, ma nel linguaggio e nelle culture d'Oriente il sangue era il segno della vita, considerata intangibile e sotto il sigillo divino (si veda, ad esempio, *Gn* 9,6 o *Lv* 17,10-14). Il senso reale del divieto è quello di rispettare e tutelare la vita ovunque essa si presenti: paradossalmente la trasfusione – che secondo una lettura letteralista o fondamentalista sembrerebbe violare il precetto biblico – in realtà sostiene e favorisce proprio la vita. Per dirla in maniera non eufemistica, i Testimoni, che spesso conoscono in maniera approssimativa la Bibbia, selezionano i passi secondo il loro «interesse»: a essere coerenti dovrebbero dare un'interpretazione letteralista anche ai cosiddetti testi «violenti», poligamici e datati (ad esempio, il geocentrismo) delle Scritture!

Il più delle volte, però, essi usano un numero ristretto di citazioni frammentarie, estrapolate dal loro contesto e, quando fa comodo, interpretate non più letteralisticamente ma molto liberamente. È il caso di Genesi 1,1: «In principio Dio creò il cielo e la terra». Per essi il cielo è una metafora che rimanda agli angeli capeggiati da Lucifero, mentre la terra indica Adamo ed Eva sempre metaforicamente. Si tratta, quindi, di una lettura confusa e arruffata, ora rigida, ora evanescente e allegorica, che ignora la sequenza dei testi, li smembra e li unisce secondo le proprie necessità. Divertente, ad esempio, è la miscela di tre passi autonomi e di epoche differenti come Daniele 4,7-23, Apocalisse 12,6.14 ed Ezechiele 4,6, miscela destinata a produrre la data del 1914 come anno della fine del mondo. Data opportunamente dilazionata con altri marchingegni interpretativi per salvare la faccia. È chiaro che con una simile impostazione di principio e di metodo è difficile, per non dire impossibile, dialogare in modo costruttivo non solo da parte del fedele ma anche da parte del biblista serio, cattolico, ortodosso, protestante o «laico».

Storia, leggenda o simbolo?

Si suol dire che quella biblica è una religione storica. Ma i racconti dell'Antico Testamento hanno almeno un nucleo di verità storica o sono da assumere come narrazioni simbolico-teologiche? Insomma, ci dobbiamo accostare a essi sperando di reperirvi «razionalmente» qualche fondamento storiografico o dobbiamo affrontarli come parabole da seguire con l'«ingenuità» dell'adesione di fede (e sia ben chiaro che io non disprezzo questa «ingenuità», che è pur sempre una forma di conoscenza come lo è quella d'amore)?

Storia o immagine? Ingenuità o razionalismo? Chi ci interpella col suo quesito ha ben costruito il suo dilemma, certo di non lasciarci via di scampo. E molti optano per uno dei due «corni» del dilemma senza esitazione. Ci sono apologisti irriducibili per i quali i racconti biblici (antico e neotestamentari) sono rigorosamente autentici persino nei loro particolari e non solo in un «nucleo». Ma ci sono anche studiosi che menano fendenti storiografici sui materiali biblici, riducendoli a pure e semplici metafore teologiche e in non pochi casi a pure e semplici leggende. Non per il gusto di scegliere un improbabile «centrismo» esegetico o di coniugare gli impossibili, ma per un più compiuto rispetto ai dati biblici, bisognerebbe considerare i due estremi appena descritti come due poli in tensione necessaria ma positiva, più o meno come accade per il negativo e il positivo dell'elettricità.

Le premesse indispensabili sono due. La prima: la concezione della storia propria dell'antico Israele era ovviamente ben diversa da quella della moderna storiografia documentaria. Non si possono, perciò, usare i dati offerti dalla Bibbia alla stregua di testimonianze storiche ineccepibili, di ricerche confezionate coi criteri «scientifici» attuali. La seconda: è ovvio che qualsiasi testo storico è sempre una ricostruzione dell'evento accaduto e non può escludere il soggetto che rielabora i dati, vaglia e seleziona le testimonianze, ricompone il profilo dell'evento. Ebbene, l'Antico Testamento dichiara senza esitazione in tutte le sue pagine quale sia la sua prospettiva. Proponiamo un esempio emblematico, rimandando al cosiddetto «Credo storico» d'Israele che troviamo citato in forme diverse a più riprese (ad esempio, *Dt* 26,5-9; *Gs* 24,1-13; *Sal* 136).

In questo «Credo» la Bibbia afferma che Dio si rivela all'interno della storia: la vicenda dei patriarchi, l'esodo dalla schiavitù d'Egitto, la conquista della terra promessa e i vari eventi iscritti in queste tappe della storia nazionale sono narrati non storiograficamente ma «profeticamente». Il profeta biblico, infatti, non è tanto colui che indovina un ipotetico futuro – come spesso si crede – ma colui che interpreta la storia passata e presente vedendovi i segni di un altro attore oltre all'uomo e intuendone gli sviluppi trascendenti. Detto in termini più rigorosi, la Bibbia offre un'interpretazione teologica della storia. Da un lato, infatti, l'autore biblico deve badare al dato storico perché la sua fede afferma che Dio non si rivela tanto nei cieli cristallini della trascendenza quanto piuttosto all'interno del groviglio delle vicende umane. Dall'altro lato, però, il suo interesse è ben altro che raccontare, ordinare, documentare storicamente quegli eventi; è invece quello di individuare in essi uno spessore segreto, un valore ulteriore, un'interpretazione di altra qualità.

Ad esempio, se l'interesse nel narrare l'esodo dall'Egitto fosse stato storico, la Bibbia avrebbe dovuto raccogliere le coordinate cronologiche e spaziali, le conferme esterne, le coerenze interne e così via, come fa uno storico. Invece, si è accontentata di rimandare qua e là a dati raccolti in passato, talora persino divergenti fra loro (gli studiosi parlano, infatti, di due esodi distinti), e li ha ricomposti in un quadro generale teologico, che era lo scopo ultimo della sua narrazione. Come canta il Salmo 78, «ciò che i nostri padri ci hanno raccontato, lo diremo alla generazione futura ... perché pongano in Dio la loro fiducia e non dimentichino le opere di Dio» (vv. 3-4.7). La storia è quindi sorgente di fede, è scoperta delle «opere di Dio», è «storia della salvezza». In questo senso si può affermare che i racconti storici dell'Antico Testamento sono contemporaneamente «storici», nel senso proprio a quell'epoca e a quell'ambito, e «simbolici», perché dell'evento sommariamente evocato non si cerca la ricostruzione storiografica ma il senso teologico, il valore ulteriore, il significato salvifico.

Certo, è possibile usare le pagine bibliche per costruire una «storia d'Israele» in modo scientifico (e tanti volumi lo fanno). Non ci si deve stupire, però, se lo studioso talora ridimensiona drasticamente i documenti biblici, perché non resistono a un vaglio rigoroso, o privilegia alcune pagine dell'Antico Testamento e ne esclude altre. Rimane comunque indiscutibile il fatto che la Bibbia presenta una storia «profetica», una storia narrata per il suo valore di segno, una storia fortemente interpretata. È solo con questa consapevolezza che si evitano le ingenuità apologetiche o il disprezzo razionalistico.

Occhi e sguardi diversi sulle pagine bibliche

Ho sentito che vi sono contrasti nello studio della Bibbia. Che valore dare alle diverse scuole di pensiero, a metodi e strumenti di studio? È possibile adottare nuovi approcci rispetto a quelli tradizionali, tenendo conto dell'evoluzione subita dalla cultura contemporanea? Le nuove istanze, come, ad esempio, quella del femminismo, possono avere spazio in una corretta interpretazione di un testo «maschilista» qual è la Bibbia, soprattutto nell'Antico Testamento?

Con data 15 aprile 1993, a cinquant'anni dall'enciclica *Divino afflante Spiritu* di Pio XII, considerata la «Magna Charta» degli studi scritturistici in ambito cattolico, la Pontificia Commissione Biblica emanava un documento, che abbiamo già avuto modo di citare, intitolato *L'interpretazione della Bibbia nella Chiesa*, un volumetto di 125 pagine pubblicato dalla Libreria Editrice Vaticana. In quel testo si rispondeva in modo articolato ma essenziale proprio ai quesiti che ci vengono qui rivolti. È a quel documento, in particolare alla sua prima parte intitolata «Metodi e approcci per l'interpretazione», che desideriamo rinviare tutti coloro che vogliono approfondire la questione. Noi ci accontenteremo ovviamente di offrire solo un profilo sintetico.

Se stiamo all'epoca moderna, la via maestra dell'esegesi (cioè dell'investigazione scientifica) biblica è il *metodo storico-critico*. Oggetto di recenti contestazioni soprattutto da parte di quanti vorrebbero una lettura biblica immediata, solo «spirituale» e talora «fondamentalista», vale a dire ferma alle parole così come suonano, ma criticato anche per certi eccessi nel suo uso, questo metodo è «storico» perché cerca di definire il processo di formazione dei testi biblici in fasi e tempi successivi; ed è «critico» in quanto opera col ricorso agli strumenti e ai criteri scientifici propri delle discipline usate, come la storiografia, la critica letteraria, l'analisi stilistica. I commenti esegetici ai vari libri della Bibbia, disponibili nelle librerie, seguono prevalentemente questo metodo ed è leggendone uno che si possono comprendere le modalità seguite nell'esame del testo biblico.

Non bisogna mai dimenticare, infatti, e lo abbiamo già sottolineato, che per il credente la Bibbia è, sì, parola di Dio, ma espressa in parole umane, le quali possono e devono essere vagliate secondo criteri propri. Potremmo dire che la Scrittura riflette il mistero dell'Incarnazione: è divina nella sua origine e nella sua meta ultima (il messaggio), ma è rivestita di carne, cioè si esprime in eventi storici precisi e datati e nel linguaggio proprio di un'epoca, di una cultura. Il fondamentalismo, di cui abbiamo parlato più diffusamente e che attecchisce ai nostri giorni in certi gruppi e sette, ignora questa verità teologica capitale e, perciò, nega l'Incarnazione, come si può comprendere anche attraverso le precedenti risposte da noi offerte. In questa luce è chiara la necessità di una ricerca storico-critica sulle Scritture Sacre, ma anche della sua collocazione all'interno di un più ampio approccio teologico generale.

Negli ultimi decenni, però, sulla spinta di nuove discipline o differenti sensibilità, la Scrittura è stata sottoposta a nuovi filtri di analisi testuali. Alcuni di questi metodi sono di tipo letterario, si fermano cioè sullo studio del testo in quanto tale. Pensiamo all'*analisi retorica*, che studia il modo in cui gli autori biblici non solo «informavano», ma «formavano», convincevano, coinvolgevano i loro uditori-lettori. Scoprire tali meccanismi di comunicazione per «evangelizzare» e convertire è indispensabile non solo per comprendere i contenuti dei testi sacri, ma anche per renderli trasparenti nel loro messaggio al lettore di oggi.

C'è poi l'*analisi narrativa*: la Bibbia racconta la storia della salvezza e lo fa spesso con le tecniche della narrazione (i Vangeli sono emblematici al riguardo come «racconti» di una «buona notizia»). È quindi necessario adattare alle attuali modalità delle narrazioni questa forma di presentazione del messaggio biblico.

C'è, infine, il *metodo semiotico*, che analizza il testo biblico nella sua superficie letteraria, come se fosse un tessuto (la parola latina *textus* significa «tessuto»), individuandone i legami, le strutture, le unità, le trame, con esami molto accurati.

Altri approcci si basano, invece, su diverse scienze umane. Pensiamo all'*analisi sociologica*, che cerca di identificare le coordinate socioculturali entro cui i testi biblici sono sorti e dalle quali sono illuminati e talora spiegati. Pensiamo agli *approcci psicologici o psicoanalitici*, che hanno avuto in epoca recente molto rilievo in Germania e che riflettono l'esigenza di capire le radici profonde di molti simboli o temi biblici.

C'è, poi, una serie di altre analisi che sono sorte sulla base delle sensibilità e dei problemi del nostro tempo e che in passato erano ignorate. È facile citare la *lettura femminista* della Bibbia, che cerca di «smitizzare» l'aspetto patriarcale e maschilista dominante nell'orizzonte ebraico-cristiano antico, per cogliere il messaggio dell'unità di tutta l'umanità in Dio e in Cristo. Si può anche evocare la «teologia della liberazione», con la sua lettura della Scrittura come stimolo e sorgente di impegno esistenziale per la giustizia e la libertà degli oppressi.

Il nostro è stato solo un elenco, e incompleto (ci sono metodi che si basano sulla tradizione esegetica rabbinica o patristica e altri che considerano la Bibbia nella sua unità «canonica» terminale, quando i 73 libri divennero un solo testo ispirato). Non possiamo fare di più e, come già detto, a coloro che vogliono approfondire il discorso è aperta la possibilità della lettura di quel prezioso documento vaticano.

Ci permettiamo in conclusione solo una nota generale. Questi vari metodi nuovi sono tutti utili solo se non si pongono come esclusivi e radicali. Essi sono come uno sguardo lanciato su una città da una particolare prospettiva: è necessario, per averne la mappa e la rappresentazione intera, percorrerne l'intero circuito. Purtroppo spesso chi si abitua a stare in una posizione non è disposto neanche a sentire la descrizione degli altri; la sua visione diventa parziale e può persino risultare falsata.

Un Dio dal volto umano: l'antropomorfismo

A un lettore della Bibbia rimane sempre aperta la questione interpretativa che, a mio avviso, ha almeno due profili. Da un lato, deve rendere conto della qualità «ispirata», cioè divina, delle Sacre Scritture, e questo è un problema che deve premere ai credenti. D'altro lato, però, ci sono non pochi nodi da sciogliere. Io qui vorrei proporne uno solo, quello delle pesanti immagini umane del divino offerte dalla Bibbia. Il cosiddetto «antropomorfismo» non è un altrettanto pesante ostacolo a considerare come trascendente la «Rivelazione» biblica? E gli Ebrei di allora erano consapevoli di questo meccanismo mentale o leggevano «materialmente» quelle rappresentazioni antropomorfiche?

Come dice la parola stessa, di matrice greca, l'antropomorfismo è una rappresentazione divina in forma umana. Compare in tutte le culture in modo ampio e con notevoli varianti: ad esempio, nell'antico Egitto si preferiva lo zoomorfismo per raffigurare la divinità (si pensi al coccodrillo sacro o al bue Api) e così avveniva nella religione degli indigeni della Terra santa, i Cananei, per i quali il toro era il simbolo di Baal, il dio della fecondità (il cosiddetto vitello d'oro che gli Ebrei erigono nel deserto era in realtà un torello, su imitazione cananea).

Ma se stiamo all'antropomorfismo in senso stretto, vediamo che il Dio biblico copre in pratica tutte le caratteristiche della persona umana, a partire dal corpo: ha braccia, mani, piedi, volto, cuore, occhi, bocca e persino naso (in ebraico l'«ira» è espressa con un termine, *'af*, che evoca lo sbuffare delle narici). Ha anche «viscere» materne, segno di amore istintivo, e in questa linea prova tutta la gamma delle emozioni e passioni umane: dalla collera alla tenerezza, dalla gelosia all'amicizia, dal pentimento alla fedeltà, dalla paternità alla maternità, dall'innamoramento al rifiuto.

Come un vasaio, plasma l'uomo o, come un tessitore, stende la pelle sul corpo umano; è un pastore che guida il suo gregge, un sovrano che passeggia a sera nel suo parco reale o che sta assiso sul trono, un padre di famiglia che cuce le vesti per i suoi figli, uno scriba che sulla pietra incide la legge, un nomade che dispiega i teli della sua tenda celeste, un generale che comanda il suo esercito, un eroe assonnato ed ebbro, pronto, una volta sveglio, a riprendere la lotta e così via, per decine di immagini che toccano anche il Nuovo Testamento ove, tra l'altro, si ha l'importante zoomorfismo dell'agnello applicato a Cristo.

A questo punto sorgono due interrogativi. Il primo verte sulla legittimità di questa via rappresentativa di Dio, che non solo è possibile ma necessaria: per parlare di ciò che ci trascende, infatti, dobbiamo ricorrere a ciò che conosciamo, trasponendolo verso un Oltre e un Altro superiore, portandolo verso la pienezza e la perfezione. È ciò che fa il simbolo, che dalla realtà concreta e nota sale fino a tentare di raffigurare l'ignoto. È in pratica una sorta di ascensione «all'etterno dal tempo», come dice Dante in un verso del *Paradiso* (XXXI, 38). È quello che il Libro della Sapienza (seguito dalla teologia medievale classica) definisce come «analogia»: «Dalla grandezza e bellezza delle creature per analogia si conosce l'Autore» (13,5), idea accolta da san Paolo nella Lettera ai Romani (1,20).

La stessa concezione è ripresa con un percorso inverso (da Dio all'uomo) nella tesi dell'uomo e della donna come «immagine e somiglianza di Dio», tesi presente nella Genesi (1,26-27). Essa, però, ha la sua piena attuazione nell'Incarnazione quando Dio non solo è come l'uomo ma è uomo, offrendoci un'inedita possibilità: «Dio nessuno mai l'ha visto» si legge nel prologo del Vangelo di Giovanni «ma proprio il Figlio unigenito che è nel seno del Padre [e che si è fatto carne], lui lo ha rivelato» (1,18).

Il secondo quesito è questo: gli Ebrei, quando ricorrevano all'antropomorfismo, capivano il discorso appena fatto, cioè erano consapevoli del fatto che si trattava di una via simbolica per indicare una pienezza trascendente? La risposta è sì e no al tempo stesso. È un po' quello che accade ai nostri giorni con la civiltà dell'immagine e della comunicazione di massa: quante volte si oscilla tra comprensione ed equivoco, tra verità e illusione, tra dato e inganno, e il fruitore non riesce a sceverare immagine e realtà. O per fare un esempio più circoscritto: quando si usa l'ironia, si dà un significato ulteriore alle frasi, ma molti le interpretano alla lettera e si precipita nella confusione.

Ora, nella Bibbia si attacca spesso l'idolatria: ebbene, essa è proprio l'incomprensione del vero valore dell'antropomorfismo. Ci si ferma all'immagine senza capire che essa è un «segno» (san Giovanni chiama così i miracoli) che ci conduce oltre, verso l'Alto e l'Altro trascendente. Esemplare è il citato episodio del vitello d'oro, ove si scambia un simbolo della benedizione feconda di Dio proprio con Dio stesso. E se volessimo indicare un antropomorfismo perfetto, il più alieno da equivoci? La scelta, a nostro avviso, dovrebbe cadere sul giovanneo «Dio è amore» (*1 Gv* 4,8.16; si veda anche *2 Cor* 13,11, ove si parla del «Dio d'amore»).

Dio padre e madre?

Giovanni Paolo I disse che Dio è madre. Le femministe americane cancellano dalla Bibbia le forme «maschiliste». D'altra parte la Bibbia forse non è così radicale nella supremazia maschile, e Giovanni Paolo II ha parlato di «reciprocità e complementarità» dei sessi, partendo proprio dalle Sacre Scritture. Perché, allora, temere di dire che Dio è papà e mamma?

La studiosa tedesca Hanna-Barbara Gerl, in un saggio dal titolo significativo, *Gott – Vater und Mutter* (Dio, Padre e Madre), elencava, accanto a un'ottantina di immagini maschili di Dio offerte dalla Bibbia, almeno una ventina di rappresentazioni femminili. Ecco solo due esempi dal libro di Isaia: «Si dimentica forse una donna del suo bambino, così da non commuoversi per il figlio delle sue viscere? Anche se queste donne si dimenticassero, io invece non ti dimenticherò mai» (49,15); «Come una madre consola un figlio, così io vi consolerò» (66,13). Ripetutamente nell'Antico Testamento sono attribuite a Dio «viscere materne» (*rahamim*), segno di amore spontaneo, istintivo, assoluto.

È quindi legittimo parlare di una dimensione «materna» di Dio, ricordando però che si tratta sempre di un antropomorfismo, di un simbolo, come quello paterno, per esprimere l'ineffabile mistero divino e per raffigurare la realtà dell'Inconoscibile. La Bibbia, essendo parola di Dio *incarnata*, privilegia il volto paterno di Dio anche per i condizionamenti culturali dell'orizzonte in cui si è manifestata. È lecito, perciò, ridimensionare certe letture troppo letterali della «maschilità» di Dio, senza però negare i valori che essa esprime, come è necessario collocare Gesù nel suo tempo storico senza per questo negare la sua «maschilità», e come è giusto trascrivere un certo linguaggio ecclesiale eccessivamente legato a moduli e forme «maschiliste».

La moderna sensibilità sulla «reciprocità e complementarità» dei sessi, esaltata a più riprese soprattutto da papa Giovanni Paolo II, ha stimolato questa operazione di interpretazione dei testi biblici. Naturalmente non potevano mancare le degenerazioni, specialmente nei paesi anglosassoni, ove si è consolidato un femminismo cristiano piuttosto aggressivo. Alcune studiose sono giunte fino al rifiuto totale della Bibbia come testo «fallocratico»; altre hanno imboccato strade di ribaltamento radicale, arrivando a banalità come la trascrizione della Trinità in «Madre-Figlio-Nipote» (!); altre hanno introdotto un processo, non sempre sereno, di «depatriarcalizzazione» della tradizione ebraico-cristiana. Emblematica in questo senso è l'opera *In memoria di lei* (pubblicata nel 1983) della teologa Elisabeth Schüssler Fiorenza. D'altronde, già nel 1895 negli Usa era apparsa *The Woman's Bible* (La Bibbia della donna) di taglio polemico.

L'Antico Testamento, comunque, riguardo alla femminilità offre un insegnamento molto più aperto di quanto s'immagini. Certo, l'«incarnazione» della parola di Dio fa emergere il contesto socioculturale dell'antico Israele, come quando il Siracide, sapiente del II secolo a.C., scrive che è «meglio la cattiveria di un uomo che la bontà di una donna» (42,14). Ma si pensi anche all'incidenza di figure femminili come Sara, Rachele, Debora, Rut, Anna, Giuditta, Ester, la donna del capitolo 31 dei Proverbi, o la straordinaria protagonista del Cantico dei Cantici, o Maria e la Sposa dell'Apocalisse nel Nuovo Testamento.

Anche la bipolarità sessuale è celebrata nella sua pienezza, soprattutto nella Genesi. La famosa «costola» di Adamo non è il segno di una dipendenza, ma di un'identità di natura, tanto che in sumerico un unico vocabolo, *ti*, significa contemporaneamente «costola» e «femminilità» e, d'altra parte, il canto finale di Adamo è: «Essa è carne dalla mia carne, ossa dalle mie ossa ... I due saranno una carne sola», espressione appunto di identità strutturale. Non per nulla si ricorrerà a un libero gioco etimologico per spiegare i due termini ebraici che indicano «uomo» e «donna»: essi sono *'ish* e *'isshah*, in pratica la stessa parola al maschile e al femminile (*Gn* 2,23-24).

Altrettanto suggestivo è l'altro celebre asserto della Genesi: «Dio creò l'uomo a sua immagine; a immagine di Dio lo creò; maschio e femmina li creò» (1,27). La costruzione del testo secondo le regole stilistiche ebraiche identifica l'«immagine» divina che c'è in noi con l'essere «maschio e femmina», non perché Dio sia sessuato, ma per il valore simbolico della sessualità, cioè la sua capacità d'amare e di procreare (la generazione) attraverso la comunione tra uomo e donna, capacità che la rende un'analogia del Dio creatore. A questo proposito è significativo quanto Giovanni Paolo II affermava nella *Mulieris dignitatem* (1988): «L'immagine e somiglianza di Dio nell'uomo, creato come uomo e donna (per l'analogia che si può presumere tra il Creatore e la creatura), esprime anche l'unità dei due nella comune umanità. Questa unità dei due, che è segno della comunione interpersonale, indica che nella creazione dell'uomo è stata inscritta anche una certa somiglianza della comunione divina».

Concludendo, possiamo affermare la legittimità di una nuova interpretazione della Bibbia e della Tradizione, che semplifichi le incrostazioni socioculturali, ma che conservi il valore teologico della paternità e della maternità di Dio, della maschilità e della femminilità umana e della loro unità e diversità. Goethe molto acutamente affermava che «noi possiamo parlare di Dio antropomorficamente (in modo umano) perché noi stessi siamo teomorfi (fatti in forma divina)».

Il Dio delle stragi

Non si può restare indifferenti quando si aprono le pagine dell'Antico Testamento e si leggono le stragi ordinate da Dio e zelantemente e gioiosamente perpetrate dai suoi messaggeri. Ecco un esempio nel libro di Giosuè. È una frase che riassume una lunga lista di sacre efferatezze descritte nei capitoli 6-10: «Giosuè non lasciò nessun superstite e votò allo sterminio ogni essere che respira, come aveva comandato il Signore» (10,40). Che dire, poi, della «beatitudine» finale del Salmo 137,9: «Figlia di Babilonia, beato chi afferrerà i tuoi piccoli e li sfracellerà contro la pietra!»? E la pena di morte contemplata nel «Codice dell'Alleanza» dell'Esodo (21,12-17), comprendente talora la lapidazione oppure, come si legge nel libro del Levitico (20,14; 21,9), l'incinerazione col fuoco? E lo stesso Cristo che ci invita a prendere la spada perché «non sono venuto a portare la pace»?

Nella mia ormai lunga carriera di biblista impegnato in conferenze, incontri, scritti e interventi televisivi la domanda sollevata dal lettore mi è stata proposta centinaia di volte. Effettivamente, se stiamo a una statistica elaborata da uno studioso tedesco, Raymund Schwager, nella Bibbia ci si imbatte in almeno seicento passi che ci informano sul fatto che «popoli, re e singoli individui hanno attaccato altri, li hanno annientati o uccisi»; in più di mille passi è l'ira di Dio a scatenarsi «punendo con la morte, la rovina, col fuoco divorante, giudicando, vendicando e minacciando l'annientamento», e in oltre cento passi è il Signore stesso a «ordinare espressamente di uccidere uomini».

È evidente che il principio «C'è nella Bibbia e quindi è da credere» diventa pericoloso quando è adottato in modo meccanico e letteralistico. È questo il cosiddetto «fondamentalismo» – già da noi trattato – che, partendo anche da una personale buona fede e da un desiderio di fedeltà assoluta, sconfina nel paradosso, per non dire nell'assurdo o nel drammatico. Il discorso, perciò, è ancora una volta quello generale della corretta interpretazione delle Scritture tenendo presenti, da un lato, una componente letteraria che è quella del linguaggio, del modo di esprimersi, dei «generi» e così via, dall'altro lato, una componente teologica capitale. La Bibbia – Antico e Nuovo Testamento – non è infatti un'asettica collezione di tesi o teoremi astratti da accettare e praticare automaticamente. Com'è evidente in ogni sua pagina, è una storia della salvezza. Dio si rivela entrando nella vicenda dell'umanità, grondante peccato e miserie, e lentamente, progressivamente e con pazienza, conduce l'uomo verso orizzonti di verità e di amore più alti e perfetti.

La Rivelazione, quindi, non è una parola sospesa nei cieli e comunicabile solo con l'estasi, ma è concepita come un seme o un germe che si apre la strada sotto il terreno sordo e opaco dell'esistenza terrena. Noi, allora, non dobbiamo fermarci al singolo passo: esso è un'espressione della paziente e lunga educazione di Dio nei confronti della «durezza di cuore» o del «collo indurito» dell'uomo (e questo vale anche per le violenze dell'epoca cristiana, nonostante l'evidente collisione di questo comportamento col Vangelo).

Ma, anche senza voler mostrare la meta a cui ci conduce Cristo – «nostra pace», come lo definisce san Paolo, colui che ci invita persino a «porgere l'altra guancia» –, già nell'Antico Testamento è presentato un Dio che perdona fino alla millesima generazione (*Es* 34,7), che scommette sulle possibilità di conversione del peccatore, che persino cambia parere e impedisce alla sua giustizia di irrompere sul male perpetrato dall'umanità (*Es* 32,14). Vorremmo a questo proposito citare solo due testi emblematici. Il primo è nel libro del profeta Ezechiele: «Forse che io ho piacere della morte del malvagio – dice il Signore Dio – o non piuttosto che desista dalla sua condotta e viva? ... Io non godo della morte di chi muore» (18,23.32). Il secondo è del Libro della Sapienza: «Tu, padrone della forza, giudichi con mitezza, ci governi con molta indulgenza ... Con tale modo di agire hai insegnato al tuo popolo che il giusto deve amare l'umanità» (12,18-19).

Una nota particolare merita poi la frase di Gesù evocata dal nostro interlocutore: «Non crediate che io sia venuto a portare la pace sulla terra; non sono venuto a portare la pace, ma una spada» (*Mt* 10,34). Anche in questo caso l'interpretazione «letterale» è stravolgente. Il vero senso della frase è lineare: Cristo, attraverso l'immagine della spada, si presenta come «segno di contraddizione» (*Lc* 2,34), come colui che esige una presa netta di posizione nei confronti del suo messaggio. Esso è tutt'altro che indifferente e inoffensivo per quanto riguarda l'esistenza e le scelte morali e vitali di chi decide di seguirlo. La conferma della corretta interpretazione di quel detto di Gesù è nelle parole che egli ripete ai discepoli l'ultima sera della sua vita terrena, quando li esorta così: «Chi non ha spada, venda il mantello e ne compri una». Di fronte alla reazione «letteralistica» e ottusa dei discepoli che gli dicono: «Signore, ecco qui due spade!», Gesù sconsolato grida: «Basta!» (*Lc* 22,35-38).

L'ira è un vizio, lo sdegno una virtù

Ci è stato da sempre insegnato che l'ira è un vizio capitale. E allora un Dio permanentemente corrucciato, com'è quello che ci viene incontro nella maggior parte dei testi anticotestamentari, che giudizio merita? È molto più «divino» il volto di Cristo, «mite e umile di cuore», che alla condanna preferisce la grazia, alla collera il perdono. Come, dunque, interpretare un'immagine divina così robustamente passionale e irritabile com'è quella delle Scritture Sacre ebraiche?

Spesso, nel nostro linguaggio comune, i vocaboli «ira, collera, rabbia, sdegno, indignazione, furore, bile, fiele» sono considerati come sinonimi. In realtà bisognerebbe operare una distinzione, non soltanto nella gradazione del turgore di sentimenti che sono collegati a questa attitudine, quanto piuttosto nei contenuti e nelle intenzioni. C'è infatti una rabbia cieca che sconfina nella violenza e che detesta l'altro e la sua opera con veemenza, fino al punto di giungere alla cecità della vendetta e persino dell'assassinio. E c'è, d'altra parte, l'indignazione di fronte a una palese e documentata ingiustizia. Potremmo semplificare dicendo che l'ira è un vizio capitale, mentre lo sdegno può essere una virtù.

Certo è che il discrimine tra questi due ambiti morali è tutt'altro che stabile e netto, e facilmente si può sconfinare dall'una all'altra regione. Questa distinzione è, però, fondamentale per comprendere appunto l'«ira di Dio», che non poco spazio ha nella Bibbia. Come abbiamo già avuto occasione di segnalare in una precedente risposta, è curioso notare che in ebraico la parola «ira» è di solito espressa con un vocabolo onomatopeico, *'af*: esso letteralmente indica il «naso» e vorrebbe, perciò, quasi sonoramente evocare lo sbuffare delle narici di una persona furente. È ovvio, quindi, che – se viene applicato a Dio – questo termine si rivela come un «antropomorfismo», cioè un modo umano per raffigurare Dio.

Il Signore non è nella Bibbia un'entità oscura e indecifrabile, «un groviglio di fili di cui non si trova il bandolo», come diceva un'antica preghiera sumerica rivolta al dio Enlil. Il Signore è un Dio morale, che non è indifferente di fronte al bene e al male e irrompe nella storia col suo giudizio, in tempi e momenti non pianificati dall'uomo ma concepiti secondo la sua visione più vasta e generale della realtà creata. Pensiamo, ad esempio, allo «sconvolgimento di Sodoma e Gomorra ... distrutte dalla sua ira e dal suo sdegno» (*Dt* 29,22). Tuttavia la sua non è una collera cieca: costante è il tentativo «pedagogico» di Dio di condurre il peccatore alla conversione.

È per questo che il Signore si presenta, da un lato, come un Dio giusto ed esigente che «non lascia senza punizione, castigando la colpa dei padri nei figli e nei figli dei figli fino alla terza e quarta generazione», ma che è anche «misericordioso e pietoso, lento all'ira e ricco di amore e fedeltà, conservando la sua grazia per mille generazioni» (*Es* 34,6-7). Un Dio giusto, quindi, in modo perfetto (la terza e quarta generazione è un segno di pienezza), ma anche un Dio che è soprattutto amore, tant'è vero che perdona fino alla millesima generazione, simbolo di infinito. Egli, infatti, come abbiamo già altrove sottolineato, «non ha piacere della morte del malvagio, ma che desista dalla sua condotta e viva» (*Ez* 18,23).

Cristo stesso, che pure si presenta come «mite e umile di cuore» e che riserva una beatitudine ai miti, rivela anche il suo sdegno sia in atti sia in parole. Si pensi solo alla «sferza di cordicelle» che egli impugna flagellando con indignazione i mercanti nel tempio, «cacciandoli fuori con le pecore e i buoi, gettando a terra il denaro e rovesciando i banchi» (*Gv* 2,15-16): la sua è una scelta per la purezza della fede e per la vera giustizia. Si provi, così, a leggere il capitolo 23 di Matteo con la sequenza di quei sette «Guai!», che sono minacciosi attacchi di Gesù contro i comportamenti perversi, nello stile degli antichi profeti (si veda *Is* 5,8-25). Tuttavia, come osserva san Paolo, la missione ultima di Cristo è proprio quella di «salvarci dall'ira [divina] per mezzo del suo sangue» (*Rm* 5,9), svelandosi e rivelando così in ultima istanza il Dio d'amore (*1 Gv* 4,8.16).

Ma l'Antico Testamento è proprio necessario al cristiano?

Ammiro lo sforzo dei teologi cristiani di esaltare anche l'Antico Testamento; comprendo che esiste una tradizione della Chiesa che ha proposto ai suoi fedeli di leggere nella liturgia le Scritture ebraiche, interpretandole però alla luce del Nuovo Testamento. Certo, in esse ci sono pagine letterariamente nobili e altre valide pure per noi cristiani (penso ai Salmi e a qualche testo profetico), ma siamo sinceri: a noi cristiani non basta il Vangelo? Perché dobbiamo investire tante risorse teologiche per giustificare capitoli e capitoli dell'Antico Testamento pieni di sante crudeltà e immoralità, non molto diversi da tante sure del Corano?

Perché perder tempo a spiegare l'Antico Testamento, a interpretarlo per «giustificarlo» nelle sue pagine difficili e sconcertanti, quando abbiamo la limpida luminosità del Nuovo Testamento che potrebbe sostituirlo? Ecco, il termine esplicito o sottinteso a questa domanda è proprio quello che suppone la «sostituzione»: la Nuova Alleanza, siglata in Cristo, non subentra e si sostituisce a quella sinaitico-mosaica, facendola decadere? Questa tesi è antica ed è stata formalizzata nel II secolo da un teologo di nome Marcione, che giungeva al punto di proporre un dualismo tra il Dio crudele anticotestamentario e il Dio dell'amore annunciato da Cristo. È significativo notare che, fin dalle origini, la Chiesa ha reagito aspramente a questa teoria condannandola attraverso la penna dei suoi primi grandi pensatori (Ireneo, Tertulliano, Origene e così via). Eppure, l'idea è rimasta nei secoli, persino nell'arte: ad esempio, sul portale della cattedrale di Strasburgo, la Sinagoga è personificata in una donna bendata che lascia cadere dalle mani le tavole della Legge e regge una lancia spezzata, mentre la Chiesa avanza radiosa con la croce e il calice.

Che questa concezione sollevi perplessità non è solo per ragioni di dialogo interreligioso, caro al Concilio Vaticano II, ma lo è già a causa di una frase lapidaria di Cristo: «Non crediate che io sia venuto ad abolire la Legge o i Profeti: non sono venuto ad abolire ma a portare a pienezza» (*Mt* 5,17). Certo, egli poi affermerà: «È stato detto agli antichi ... Ma io vi dico...». Tuttavia, a ben guardare, quelle «antitesi» che sono riferite da Matteo (5,21-48), più che una negazione del passato, sono lo sforzo di liberare da un minimalismo letterale gli antichi precetti per mostrarne la carica radicale positiva, conducendoli a un «oltre» di pienezza: ad esempio, condannare non il solo uccidere ma anche ogni offesa contro il prossimo. Lo stesso san Paolo combatte non la Torah, la Legge biblica – che, anzi, dichiara «santa» e «pedagoga» per condurre al Cristo –, ma la sua interpretazione legalistica e volontaristica presente in certi ambiti del giudaismo di allora. È lui a ricordare che l'alleanza divina con Israele non è mai stata definitivamente revocata perché «i doni e la chiamata di Dio sono irrevocabili» (*Rm* 11,29).

E allora come accogliere correttamente entrambi i Testamenti da parte del cristiano? Bisogna considerarli come espressione di un'unica storia di salvezza, che – proprio perché storia e, quindi, successione temporale e progressività – comprende tappe diverse, ma che è parte di un progetto unitario trascendente, di salvezza appunto. Ogni fase di questo itinerario ha un suo valore e una sua efficacia, ma all'interno di una tensione globale verso il futuro, cioè Cristo. Come l'ebraismo è proteso verso il futuro della pienezza messianica, così il cristianesimo si fonda sul passato salvifico di Israele, che spiega il significato del presente cristologico che si sta vivendo. È ciò che accade in un dialogo: non si ha pienezza di comunicazione e di comprensione della battuta finale conclusiva senza aver seguito l'intera sequenza del colloquio nelle sue frasi precedenti.

Leggendo la Bibbia si ha, allora, un costante duplice processo: da un lato, l'apertura del passato anticotestamentario verso l'«oltre» del messianismo e, quindi, il presente cristiano e, d'altro lato, la retrospezione del presente cristiano per ritrovare radici e motivazioni affermate e compiute nel passato profetico di Israele. E questo avviene perché entrambi i Testamenti sono «teo-logia», ossia un unico «discorso» (*lógos*) dell'unico Dio (*Theós*). Un discorso trascendente divino, ma distribuito e dilatato nella sequenza del tempo e della storia e quindi progressivo, scandito da elementi legati alle vicende umane, a linguaggi contingenti, al realismo della cosiddetta «Incarnazione» per cui Dio si rivela non nella purezza dei cieli della trascendenza, ma nella pesantezza del terreno della storia dell'umanità. Ecco perché quel cammino ha tappe difficili e transitorie, proprie di un itinerario storico in sviluppo e in tensione verso una purificazione e una pienezza. Tappe che, però, custodiscono al loro interno sempre un germe di salvezza, di verità, di luce, perché partecipi di un unico e unitario progetto divino trascendente.

Mani e Marcione: chi erano costoro?

Per «salvare» l'Antico Testamento da tante sue pagine scandalose, si investe – soprattutto da parte dei cristiani – una dose massiccia di intelligenza interpretativa. E va bene. Ma, ancora per noi cristiani, non sarebbe il caso di fermarci al Nuovo Testamento, imitando gli antichi Mani e Marcione? A proposito: perché non farli conoscere di più, liberandoli dalla condanna dell'oblio a cui furono votati dai Padri della Chiesa ufficiale?

Il nostro interlocutore si muove sostanzialmente nella scia di chi ha posto il precedente quesito, puntando però su due figure molto particolari ed emblematiche. Ora, dei due personaggi evocati, Mani è di gran lunga quello più misterioso e intrigante, tanto da aver sollecitato, anni fa, la fantasia dello scrittore libanese Amin Maalouf che gli dedicò una biografia romanzata (*Giardini di luce*). Cominciamo dunque con lui, accontentandoci di pochi cenni (tutti i dizionari di storia delle religioni gli riservano largo spazio). Nato in Mesopotamia nel 216, Mani fu il fondatore di una Chiesa *sui generis*, dotata di una sua struttura e di scritture sacre proprie che s'intrecciavano con quelle bibliche. Esse sono venute alla luce a partire dalla fine dell'Ottocento a Turfan, nel Turkestan cinese, in traduzioni in lingue locali, e in Egitto, in testi in lingua copta (soprattutto a Medinet Madi nel 1930), oltre che indirettamente nelle varie testimonianze di Padri della Chiesa e di storici antichi cristiani e musulmani, spesso in polemica con questa dottrina.

Mani, che si considerava successore di personaggi biblici come Seth, Enoc, Sem e dello stesso Gesù Cristo, ma anche di Buddha e Zarathustra, nella storia della liberazione del mondo dal male, si presentava come il Paraclito (cioè lo Spirito Santo) preesistente, annunciato da Cristo, e offriva una religiosità di stampo sincretista che miscelava in modo originale ma anche molto complesso dottrine persiane, buddhiste, misteriche e cristiane. Non ci è possibile ovviamente descrivere questo complicato sistema di pensiero spesso affidato a immagini, a simboli e a figure, capace però di conquistare intellettuali e gente semplice al punto da diffondersi fino in Cina ma anche in Occidente.

Significativo, a tale proposito, è sant'Agostino il quale, a partire dai 19 anni, si trovò per un decennio coinvolto in questo movimento che, tra l'altro, col suo potere e la sua influenza lo aiutò, quando nel 384 (a 30 anni) si trasferì a Roma, a ottenere la cattedra di retorica a Milano. Ma fu proprio allora che il celebre Padre della Chiesa abbandonò quella fede, narrando nelle *Confessioni* la sua conversione al cristianesimo autentico e iniziando una contestazione aspra di quella dottrina: basti leggere l'opera *De utilitate credendi*, indirizzata all'amico Onorato perché abbandonasse il manicheismo.

Il nucleo centrale di questa forma religiosa organizzata in una vera e propria Chiesa era di stampo dualistico. La storia, in pratica, è retta dallo scontro tra il Dio della luce e il non-Dio delle tenebre. Nella vicenda umana si verifica una tragica mescolanza di bene e male ma alle origini, nella creazione, e alla fine dei tempi si ha una netta e radicale separazione tra i due princìpi e i relativi adepti. Compito dei fedeli di Mani era quello di segnalare e combattere il male e le tenebre. L'Antico Testamento, pur assunto solo in alcune sue componenti, veniva visto prevalentemente sotto il segno della negatività e quindi rigettato rispetto alla luce del Nuovo che, come si diceva, per Mani era profezia della sua venuta come Paraclito.

Perseguitato già durante la sua vita e morto in carcere nel 277 in un piccolo regno persiano (il suo corpo fu decapitato e la sua testa esposta in pubblico), Mani fu condannato come «nemico dell'impero» cristiano di Bisanzio da Teodosio nel 382, da vari sinodi locali, come quello di Braga nel 561, e dai documenti ecclesiali che colpirono, tra l'XI e il XIII secolo, i vari movimenti «catari» (ad esempio gli albigesi) che si ispiravano alle dottrine dualistiche manichee. Dottrine che esercitarono spesso un certo fascino in ambito cristiano, sia per il loro esoterismo complesso sia per la facile semplificazione della realtà in bene e male, luce e tenebre.

Cristiano in senso stretto, invece, era Marcione, figlio del vescovo di Sinope (sul Mar Nero), uomo ricco e teologo in proprio, già da noi evocato nella risposta precedente. Giunto a Roma nel 140-144, ebbe inizialmente qualche successo, ma in seguito fu scomunicato per eresia e fondò allora una sua Chiesa che gli sopravvisse (morì nel 160 circa) per quasi tre secoli. Partendo da san Paolo e dalla sua antitesi Legge-Vangelo, Marcione, come Mani, aveva sostenuto la contrapposizione tra due divinità, il Demiurgo creatore del mondo, una divinità crudele, che si rivela nell'Antico Testamento, e il «Padre della misericordia» rivelato da Cristo.

Come Scrittura ispirata da questo Dio Padre, Marcione identificò una parte del Nuovo Testamento purificato da ogni elemento giudaico, in particolare il Discorso della Montagna, il Vangelo di Luca e dieci Lettere di san Paolo. La replica della Chiesa nei suoi confronti fu netta e severa. Policarpo, vescovo di Smirne, lo interpellò sbrigativamente così: «Riconosco in te il primogenito di Satana»; il noto scrittore cristiano africano Tertulliano scrisse un trattato *Contro Marcione* attraverso il quale si riesce a ricostruire l'opera *Antitesi* di Marcione, che è giunta a noi solo in piccoli frammenti; anche sant'Agostino scrisse contestando il suo pensiero, mentre la Chiesa fu stimolata da questa eresia a definire il Canone delle Scritture ispirate, comprendenti anche l'Antico Testamento.

«Che cos'è la verità?»

Si sente spesso ripetere ai nostri giorni che non esiste la verità, ma solo le sue interpretazioni. La filosofia classica e quella cristiana si sono mosse con ben altra impostazione, riconoscendo il primato della verità che è preesistente e in sé data e costituita e che, quindi, rappresenta il referente obbligato dell'interpretazione. Quest'ultima, proprio perché è di sua natura soggettiva, può avere differenti forme che, però, si devono confrontare con quel «dato» che è la verità. Ciò vale in modo particolare per la teologia. Certo è che nella cultura contemporanea il Quid est veritas? *di Pilato è ripetuto con lo stesso scetticismo, per non dire con sarcasmo. È questa la realtà del nostro tempo «relativistico»? E noi ci dobbiamo adeguare?*

L'argomento aperto da chi mi interpella è decisivo per ogni riflessione filosofica o religiosa, ma è anche così ampio e complesso da ammettere, nella brevità di una risposta essenziale, solo un abbozzo o un percorso, sul quale si possono certamente abbattere molte obiezioni, interrogazioni e contestazioni. Nella grande tradizione classica e cristiana il vero è visto come un *primum* che ci precede e verso il quale la ricerca dell'uomo tende, un po' come affermerà simbolicamente Robert Musil nel romanzo *L'uomo senza qualità* (pubblicato incompiuto tra il 1930 e il 1943): «La verità non è un cristallo che si può mettere in tasca, è un mare sconfinato in cui ci si immerge». Similmente il filosofo tedesco Theodor W. Adorno, nei *Minima moralia* (1951), riconoscerà che, come accade per la felicità, «la verità non la si ha ma ci si è».

Nella concezione filosofica greca, come l'*eunomía*, cioè il riferimento alla giustizia «oggettiva» in sé stante, è fonte della norma etica, così l'*alétheia* antecede come meta di orientamento l'attività dell'intelletto, rendendo la filosofia nella sua intima essenza ricerca e servizio della verità che la trascende e ne costituisce l'oggetto. La modernità, invece, ha impresso a questa visione una netta torsione, proponendo un modello alternativo, a partire dal positivismo legislativo del *Leviatano* (1651) del filosofo inglese Thomas Hobbes, col celebre asserto «*Auctoritas non veritas facit legem*». Alla verità intrinseca si opponeva, dunque, l'autorità civile o religiosa che poteva sancire norme prescindendo da quella verità, elaborandole secondo le diverse situazioni o convenienze.

Da allora si è giunti fino all'insofferenza nei confronti della verità intesa nel senso «classico» sopra evocato, nella convinzione che essa sia una remora nella ricerca intellettuale. «*Truth, whatever that is, definitely takes the hindmost*» ammoniva la filosofa Patricia Smith Churchland: la verità, qualunque essa sia, non deve chiaramente più occupare il primo posto di riferimento ma dev'essere relegata nelle retrovie, come retroguardia e zavorra del pensiero. Anzi, c'è chi la ritiene nociva alla retta e libera ricerca. Abbiamo già citato la filosofa Sandra Harding che, ribaltando il famoso detto del Cristo giovanneo «La verità vi farà liberi», dichiarava: «La verità, qualunque essa sia, non vi farà liberi», e il filosofo Michel Foucault aveva segnalato come grave pericolo dell'intelletto proprio il concetto di verità, ritenuto esclusivo, impositivo, alla fine schiavizzante.

In questo particolare contesto si colloca, in controtendenza, l'insistito «ritorno alla verità» già inaugurato dall'enciclica *Fides et ratio* (1998) di Giovanni Paolo II, ove, ad esempio, si leggeva che «è necessaria una filosofia di portata autenticamente metafisica, capace di trascendere i dati empirici per giungere, nella sua ricerca della verità, a qualcosa di assoluto, di ultimo, di fondante» (n. 83). Ma è soprattutto con Benedetto XVI che questo itinerario si allarga sempre più, a partire dall'ormai celebre discorso di Regensburg (2006), nella sua tesi centrale secondo la quale il papa può affermare che «l'ethos della scientificità è volontà di obbedienza alla verità». Si supera, così, una concezione della scienza come mera «tecnica», ferma alla semplice fenomenologia e alla funzionalità, si travalica «la limitazione autodecretata dalla ragione a ciò che è verificabile nell'esperimento», ed è qui che si apre il confronto con l'orizzonte più vasto della verità «metafisica». È entro queste coordinate generali che teologia e scienza, filosofia ed etica – con i propri statuti metodologici – possono confrontarsi e dialogare.

II
Le domande «laiche»

> Della cultura non si dà ricetta: ma poiché la cultura non è l'erudizione, cultura diviene solo quella che, entrando a far parte della conoscenza, accresce la coscienza.
>
> CESARE BRANDI, *Dialoghi*

Perdendo la sua tradizionale connotazione, che era paradossalmente religiosa perché designava il credente semplice, del «popolo» (dal greco *laós*), rispetto al sacerdozio e ai ministri del culto, il termine «laico» ai nostri giorni è divenuto il vessillo dell'alternativa alla fede, all'istituzione ecclesiale, al pensiero teologico. Noi lo assumiamo ora in senso più generico e «moderato», individuando nella persona «laica» chi non appartiene all'orizzonte cristiano ma a esso si rivolge con le sue domande, anche provocatorie. Ecco, dunque, spiegato il significato del titolo di questa sezione.

Il profilo più alto di questo «laico» potrebbe essere tracciato con le parole di uno dei maggiori scrittori svedesi del Novecento, Stig Dagerman, morto suicida a soli 31 anni nel 1954. Egli confessava nel suo libro *Il nostro bisogno di consolazione*: «Mi manca la fede e, quindi, non potrò mai essere un uomo felice, perché un uomo felice non può avere il timore che la propria vita sia solo un vagare insensato verso una morte certa. Non ho ereditato il ben celato furore dello scettico, il gusto del deserto caro al razionalista o l'ardente innocenza dell'ateo». È per questo che il verbo capitale del «laico» (ma non solo, perché tutti sperimentiamo in certi momenti il «vagare insensato») dovrebbe essere il «cercare», il domandare appunto.

Tre sono i percorsi di una simile ricerca all'interno delle pagine che seguiranno. Il primo è la via della cultura, che s'interroga sul suo rapporto coi valori religiosi che spesso ne sono stati sostanza e alimento. Il secondo itinerario è quello che vede camminare insieme, ma su versanti distinti e distanti, fede e scienza. La terza e ultima strada è quella che conduce alla piazza della città ove si raccoglie la società coi suoi quesiti esistenziali. Cultura, scienza e società interpellano la fede e attendono che il credente «sappia sempre rispondere a chiunque chieda ragione della speranza che è in lui, ma questo sia fatto con dolcezza e rispetto» (*1 Pt* 3,15-16).

Abramo, Mosè, Giobbe e Gesù a scuola?

Perché nelle scuole si studiano i classici greci con i loro miti e si dà poco spazio invece alla Bibbia, fondamentale per capire arte e cultura occidentali? La domanda in sé è semplice. Ma implica varie considerazioni, non ultima quella volta a evitare ogni confusione con l'«ora di religione». Infatti qui non si tratterebbe di lasciare opzionale l'insegnamento, ma di renderlo obbligatorio a tutti come insostituibile componente di una conoscenza necessaria.

Qualche tempo fa Umberto Eco ha scritto in un settimanale una frase, spesso citata, che sembra anticipare il quesito che ci è posto: «Perché i ragazzi nelle scuole devono sapere tutto degli dèi di Omero e quasi nulla di Mosè? Perché la *Divina Commedia* e non il *Cantico dei Cantici*?». Ma già nell'Ottocento un altro «laico» come Francesco De Sanctis, nella sua opera *La giovinezza*, si meravigliava che «nelle nostre scuole, dove si fanno leggere tante cose frivole, non sia penetrata un'antologia biblica, attissima a tener vivo il sentimento religioso che è lo stesso sentimento morale nel suo senso più elevato».

Il discorso non riguarda l'ora di religione – che pure dovrebbe avere come punto di riferimento capitale la Bibbia – ma la formazione culturale umana ed etica generale che la scuola offre. Infatti, come aveva sottolineato un critico letterario canadese, Northrop Frye (1912-1991), la Sacra Scrittura è «il grande codice» (questo il titolo della sua opera sul tema, pubblicata nel 1982 e tradotta in italiano nel 1986), cioè la chiave fondamentale di comprensione della civiltà occidentale. È per questo che è necessario uno studio approfondito dell'Antico e del Nuovo Testamento per riuscire a capire le proprie radici letterarie, artistiche, civili.

Tanto per limitarci a un settore come le arti figurative: è possibile decifrare i soggetti e cogliere le allusioni e i messaggi di secoli di arte occidentale, senza risalire a quell'immenso repertorio iconografico che sono le pagine bibliche? Marc Chagall dichiarava che la Bibbia è «l'alfabeto colorato in cui non solo io ma quasi tutti i pittori nei secoli hanno intinto il loro pennello». La Scrittura, infatti, come l'aveva definita il poeta Thomas S. Eliot, è «un giardino di simboli, di immagini e di storie», affollato di personaggi e soprattutto illuminato dalla luce del mistero. In questo giardino sono entrati mille e mille poeti, scrittori, scultori, filosofi e persino, ai nostri giorni, registi (si pensi al *Vangelo secondo Matteo* di Pier Paolo Pasolini o alla *Genesi* di Ermanno Olmi).

Certo, l'interpretazione e la resa delle parole bibliche non sono sempre state perfette. Anzi, in alcuni casi si è fatto degenerare e forse si è ribaltato il senso genuino di un testo scritturistico. Per fare un esempio, basterebbe rimandare a Giobbe che l'arte ci ha mostrato solo come un modello di pazienza nella sofferenza, ignorando il corpo centrale del libro che è una drammatica meditazione sul rischio della fede e sul mistero del vero volto di Dio.

Tuttavia, è indiscutibile che l'arte, la letteratura e la cultura in genere abbiano spesso avvicinato, attualizzato e persino trasfigurato le pagine bibliche, facendole rivivere nell'esistenza di milioni di persone in tutta la loro forza e fragranza. Gli esempi sarebbero infiniti e ognuno di noi potrebbe aggiungere una sua testimonianza a tutte quelle che potremmo elencare. Vorrei solo evocare la potenza della musica nel rendere viva e incisiva, ad esempio, la passione di Cristo narrata in un Vangelo come quello di Matteo (come non citare Bach?) o nel rendere intensa e pura la preghiera dei Salmi (come non pensare al gregoriano?).

Ma c'è un'osservazione che va oltre il problema che ci è stato proposto dal quesito. Un'analisi della Bibbia sul piano estetico non serve solo per comprendere la storia della cultura (come spiegare la *Divina Commedia* ignorando la Sacra Scrittura?), ma consente anche una migliore valorizzazione della Bibbia stessa. Infatti essa si presenta, nella molteplicità dei 73 libri di cui è composta, come un'opera letteraria che conosce tutte le risorse, i generi, i simboli, le forme della letteratura. Non è un trattato schematico o una fredda collezione di verità, ma è la storia di una Rivelazione divina che si esprime in un tempo, in uno spazio, in un linguaggio.

Ebbene, quanto più si conoscono le parole concrete nei loro significati e sfumature, quanto più si penetra nella bellezza di quel linguaggio, tanto più si riesce a far sfolgorare la Parola divina. Si ripete ciò che accade nell'Incarnazione: in Cristo, umanità e divinità sono intrecciate nell'unica persona. Così, nella Bibbia, parole e Parola, carne e Spirito, linguaggio e Mistero sono fusi insieme, ed è incontrando le parole che io scopro l'Altro divino che esse cercano di rivelare.

La *via pulchritudinis*, come spesso ha dimostrato nei suoi scritti il teologo Hans Urs von Balthasar, cioè la via della bellezza che brilla nella Bibbia e si riflette nella cultura, è una strada privilegiata per raggiungere Dio. Lo stesso Gesù Cristo nel Vangelo di Giovanni si definisce letteralmente come il pastore «*kalós*», cioè il «bel pastore», e in questa bellezza si fondono fascino e bontà. È attraverso la bellezza pura che si può raggiungere la luce, la bontà la verità divina.

L'augurio è, dunque, duplice. Da un lato, si riscoprano nella Bibbia le nostre radici culturali. Un filosofo ateo come Friedrich Nietzsche, negli appunti preparatori per la sua opera *Aurora* (1881), riconosceva che «per noi Abramo è più di ogni altra persona della storia greca o tedesca». D'altro lato, l'approfondimento della qualità estetica della Bibbia non può che condurci alla scoperta più intensa della bellezza del suo messaggio e del suo ultimo autore, Dio, anche perché – come affermava lo scrittore tedesco Hermann Hesse nella sua opera *Klein e Wagner* (pubblicata nel 1919 e tradotta in italiano nel 1931) – «arte significa: in ogni cosa mostrare Dio».

La Bibbia, «grande codice» della cultura d'Occidente

Spesso si ribadisce la tesi della Bibbia come «grande codice» della cultura d'Occidente. Lungi da me l'idea di ritenere irrilevante la cultura ebraico-cristiana per la nostra civiltà occidentale, ma mi sembra che ogni ottimismo sia eccessivo. Infatti è altrettanto vero che esiste un fermo rigetto di quello stesso «grande codice» da parte di più di un filone della cultura occidentale e che si ha persino un'aggressività contro il pensiero o l'etica giudaico-cristiana (si pensi al filosofo Nietzsche). Anzi, non è forse vero che spesso lo stesso patrimonio biblico è sottoposto a usi impropri e deformanti, a partire dagli stessi Padri della Chiesa che strattonavano i testi sacri dove a loro pareva, con vere e proprie degenerazioni del messaggio biblico?

Il nostro interlocutore ha ragione. La formula «grande codice» è stata resa di dominio comune – come si è già avuto occasione di dire – dal critico Northrop Frye, ma fu coniata dal noto artista visionario William Blake (1757-1827). Ebbene, nelle differenti declinazioni della Bibbia all'interno della cultura occidentale, non di rado si è in presenza di un «modello degenerativo». D'altronde, spesso l'interpretazione di un testo parte da precomprensioni che si trasformano in lenti interpretative deformanti. Lasciando tra parentesi il rigetto aggressivo, polemico e dissacrante di facile documentazione – talvolta fin pittoresco (si dice che in un certo periodo della sua vita Henry Miller si facesse incidere due croci sotto le suole delle scarpe per calpestare questo segno cristiano capitale) –, vorrei esemplificare alcune degenerazioni persino «sante», sulla scia anche dei Padri della Chiesa e delle loro letture allegoriche della Bibbia.

Il testo biblico, proiettato verso altri significati (forse anche mistici), si trasforma in un pretesto per dire persino il contrario del senso autentico. È il caso, come abbiamo accennato, della figura e della vicenda di Giobbe che già il Nuovo Testamento (*Gc* 5,11), seguito da una secolare tradizione tuttora vigorosa, sfigura e trasfigura in una lezione sulla pazienza, e questo solo sulla base del racconto dei primi due capitoli in prosa, ignorando la torrenziale protesta degli altri quaranta capitoli poetici, la sua radicale contestazione della teologia ottimistica del tempo e persino le punte di blasfemia che talora occhieggiano nella trama del dramma.

Sempre per stare a questo capolavoro biblico, pensiamo alla rilettura sconcertante, anche se acuta, che ne ha fatto Carl Gustav Jung con la sua *Risposta a Giobbe* (1952), descrizione dell'evoluzione psicologica di *Jahweh*, satanicamente tentato contro il giusto Giobbe dalla sua irrefrenabile onnipotenza che non ha vincoli morali estrinseci rispetto al suo intrinseco volere. Sarà proprio Giobbe con la sua protesta a suscitare in Dio il senso morale che nascerà in lui attraverso Cristo, Dio e uomo, capace di coniugare in sé onnipotenza e moralità. Cristo è dunque la vera «risposta a Giobbe», perché è l'unico che può efficacemente ergersi contro l'onnipotenza amorale del Padre, ricordandogli di «non indursi in tentazione ma di liberarsi dal male». È chiaro che qui siamo fuori da ogni perimetro interpretativo storico-critico del libro di Giobbe.

Qualcosa del genere accade con l'altro padre della psicoanalisi, Sigmund Freud, e il suo trittico saggistico su *L'uomo Mosè e la religione monoteistica* (1934-38). In esso è Mosè, principe egizio, a imporre agli Ebrei schiavi il dio del suo faraone fallito, il «monoteista» Akhnaton, principio di identità e di coagulo nazionale per quell'accozzaglia tribale, la quale però, una volta resa cosciente di sé, compie un «parricidio» rigettando Mosè attraverso la ribellione nel deserto e creando un nuovo dio etico, astratto, intangibile. In questa scia potremmo collocare una curiosa trasposizione cinematografica dell'incompiuta opera (rappresentata postuma nel 1957) *Mosè e Aronne* di Arnold Schönberg, operata da Jean-Marie Straub e Danièle Huillet (1974). Nel film si confrontano due concezioni di Dio: quella di Aronne «*in Bildern*», in immagini, demagogica e alienante nella follia orgiastica, e quella «*in Begriffen*», in concetti, di Mosè con un Dio astratto, apparentemente liberatore ma pronto a schiavizzare con la sua morale. Per questo il film diventa un invito a sbarazzarsi di ogni divinità e a prendere in mano autonomamente il proprio destino.

Ebbene, queste e altre interpretazioni degenerative confermano paradossalmente la tesi del «grande codice», attestando sempre la forza del messaggio e dell'immaginario biblico, la sua fecondità ideale, la sua capacità di provocazione e di adattamento, la sua imprescindibilità per la cultura d'Occidente, tant'è vero che sarà proprio il filosofo tedesco Friedrich Nietzsche, fiero avversario della religione biblica, a confessare nei materiali preparatori ad *Aurora*: «Tra ciò che sentiamo alla lettura dei Salmi e ciò che proviamo alla lettura di Pindaro e di Petrarca c'è la stessa differenza [che c'è] tra la patria e la terra straniera».

Acculturazione o inculturazione?

Siamo in un tempo che gli ottimisti chiamano di «multiculturalità» o di «interculturalità». In realtà il colonialismo, prima, o il fondamentalismo, oggi, ci mostrano che forse aveva ragione lo storico romano Tito Livio quando nella sua Storia di Roma *affermava che «guerra esiste e sempre esisterà tra i barbari e tutti i greci» (31, 29). Non è poi quello che ha ribadito ai nostri giorni il politologo statunitense Samuel Huntington nel suo famoso saggio del 1996* Lo scontro delle civiltà e il nuovo ordine mondiale? *A questo punto ha senso operare l'«inculturazione» (o «acculturazione» che dir si voglia) del cristianesimo attraverso l'evangelizzazione, correndo il rischio di imporre una nuova forma di colonialismo spirituale su culture che sono lontane e fin aggressive nel rinato desiderio di autonomia identitaria?*

Una premessa. Il vocabolo «cultura» è entrato nell'uso comune a partire dal Settecento tedesco ed è stato orientato in senso selettivo e aristocratico, esaltando l'ambito «intellettuale», considerato più nobile, della ricerca umana. Nella classicità si adottavano termini più globali come il greco *paideia*, che alludeva alla formazione piena della persona, o il latino *humanitas*, che rimandava al soggetto umano nei suoi valori di fondo, in pratica a quella che poi si denominerà «civiltà». Si capisce, allora, perché ai nostri giorni si tende a superare il concetto illuministico di «cultura» – «il peggior concetto mai formulato», secondo il sociologo Niklas Luhmann – e a ritornare a una visione più generale e trasversale che comprenda tutte le capacità umane e sociali (ad esempio, si afferma l'esistenza di una «cultura industriale»...). Per questo si parla di una visione «antropologica» della cultura che comprende tutte le espressioni simboliche sottese alla vita comune.

È dunque comprensibile l'atteggiamento sospettoso con cui si accolse un nuovo termine, «acculturazione», coniato nei primi decenni del secolo scorso. Stando a una sorta di manifesto della disciplina elaborato da tre antropologi statunitensi nel 1935 sulla rivista «American Anthropologist», l'acculturazione comprenderebbe «tutti quei fenomeni che hanno luogo quando tra gruppi di individui con culture diverse intercorrono per lungo tempo dei contatti primari, provocando una trasformazione nei modelli culturali di un gruppo o di entrambi i gruppi». Tendenzialmente il termine volse verso un'accezione negativa: la cultura egemone non si piega a un'osmosi, ma cerca di imporre il suo marchio a quella più debole, creando uno shock degenerativo e una vera e propria forma di colonialismo. Nell'*Enciclopedia Europea*, ad esempio, il vocabolo «acculturazione» è inteso nel senso negativo di assorbimento e dissoluzione distruttiva delle diversità etnico-culturali dei vari popoli in un unico modello globalizzante.

Se si vuole essere meno astratti, si pensi all'ideologia eurocentrica che ha imposto al «sistema mondo» non solo la sua «eredità epistemologica», cioè la sua visione della realtà e lo stesso metodo per elaborarla, ma anche il suo modello pratico ed economico, rivelandosi spesso in Africa e in Asia come l'interfaccia del colonialismo. In questo processo anche il cristianesimo fu trascinato a diventare una delle componenti acculturanti. Si comprende, così, il fenomeno di reazione costituito dai movimenti «revivalisti» o da forme di etnocentrismo, nazionalismo, indigenismo, fenomeno così vigoroso da aver spinto non pochi osservatori a variare la terminologia da «globalizzazione» in «glocalizzazione».

È con questa riserva che si spiega perché la Chiesa contemporanea abbia preferito evitare il termine «acculturazione», sostituendolo con «inculturazione», per descrivere l'opera di evangelizzazione. Giovanni Paolo II, nella *Slavorum Apostoli* del 1985, definiva l'«inculturazione» come «incarnazione del Vangelo nelle culture autoctone e insieme introduzione di esse nella vita della Chiesa».

Un duplice movimento dialogico di scambio, quindi, per cui – come lo stesso papa aveva detto ai vescovi del Kenya nel 1980 – «una cultura, trasformata e rigenerata dal Vangelo, produce dalla sua propria tradizione espressioni originali di vita, di celebrazione, di pensiero cristiano». Il vocabolo «inculturazione» si è, così, connotato soprattutto a livello teologico come segno di compenetrazione tra cristianesimo e culture in un confronto fecondo, gloriosamente attestato dall'incontro tra la teologia cristiana dei primi secoli e la poderosa eredità classica greco-romana.

Questa impostazione – come sottolineava il papa – appartiene alla stessa logica dell'Incarnazione. Non solo perché il messaggio evangelico dev'essere sale, lievito, seme, luce, per usare note metafore bibliche, ma anche perché la parola di Dio non è un aerolito piombato dal cielo, uno scrigno di teoremi teologici preconfezionati, una fredda pietra preziosa da custodire, bensì un seme che è cresciuto nella *sarx*, ossia nella carne della storia e della cultura umana. Si pensi solo al confronto dinamico che intercorre tra la Rivelazione anticotestamentaria e le varie civiltà, dalla nomadica alla fenicio-cananea, dalla mesopotamica all'egizia, dall'hittita alla persiana e alla greco-ellenistica, mentre il cristianesimo si è vivacemente confrontato e anche affrontato col giudaismo palestinese e della Diaspora, con la cultura greco-romana, con le forme gnostiche e cultuali pagane. Giovanni Paolo II, nel 1979, affermava davanti alla Pontificia Commissione Biblica che, ancor prima di farsi carne, «la stessa Parola divina s'era fatta linguaggio umano, assumendo i modi di esprimersi delle diverse culture che da Abramo al Veggente dell'Apocalisse hanno offerto al mistero adorabile dell'amore salvifico di Dio la possibilità di rendersi accessibile e comprensibile alle varie generazioni, malgrado la molteplice diversità delle loro situazioni storiche».

La scelta dell'inculturazione non è, quindi, di tattica missionaria o al massimo di larga strategia pastorale, ma è strutturale alla stessa fede cristiana. La Rivelazione biblica è, infatti, frutto del congiungimento tra *Lógos* e *sarx*, tra Parola e carne, tra divino e umano, tra il trascendente e la storia, in analogia a quanto avviene nel Cristo, Figlio di Dio e figlio dell'umanità. Diventano, così, molto meno paradossali certe espressioni dei Padri, come quella della *Prima Apologia* di san Giustino che nel II secolo affermava: «Del Lógos divino fu partecipe tutto il genere umano e coloro che vissero secondo il Lógos sono cristiani, anche se furono giudicati atei, come, fra i Greci, Socrate ed Eraclito e altri come loro» (46, 2-3). È naturale che questa imprescindibile inculturazione deve, però, custodire l'autenticità del messaggio, senza deformarlo o stingerlo col rischio di estinguerlo. In questa luce si comprende quanto sia al tempo stesso necessario, ma anche rischioso e delicato, il processo di evangelizzazione interculturale.

Il teatro condannato?

La Chiesa ha sempre riservato agli attori un giudizio negativo. Eppure pregare non è, in fondo, recitare? L'attore, in effetti, deve credere in quello che fa, così come chi prega deve credere in ciò che fa. Si può sostenere che anche Gesù e persino il Dio biblico abbiano talvolta recitato? Dio, nella Genesi, chiede ad Adamo, dopo che questo ha peccato: «Dove sei?». Perché fece finta di non sapere dove fosse l'uomo? È forse la sapienza acquisita attraverso il frutto proibito che induce l'uomo a «recitare»?

Innanzitutto una premessa: la Chiesa non ha sempre condannato il teatro, tant'è vero che ha assegnato persino un patrono agli attori, sia pure leggendario. Infatti, san Genesio, festeggiato il 25 agosto, è in realtà un martire cristiano di Arles, decapitato sulle rive del Rodano perché si era rifiutato di registrare, nella sua funzione di cancelliere imperiale, un decreto anticristiano di Massimiano. A questa figura storica, martirizzata attorno al 303, fu sovrapposta quella leggendaria di un Genesio mimo, attore romano che si sarebbe convertito proprio durante una rappresentazione satirica pubblica del battesimo (l'episodio fu attribuito anche ad altri martiri cristiani).

Ma entriamo nel cuore delle domande. Dobbiamo innanzitutto ricordare che nella stessa Bibbia non mancano tracce di drammaturgia, almeno a livello letterario. Così, ad esempio, il Cantico dei Cantici mette in scena un Lui e una Lei che dialogano e agiscono, mentre ogni tanto fa capolino un coro che interviene nella vicenda. Similmente accade anche per il libro di Giobbe, ove si ha una sorta di prologo a sipario chiuso, a cui subentra un dialogo tra il protagonista e tre amici (in tre atti); si ha poi l'improvvisa irruzione di un quarto amico che prepara l'atto finale ove è Dio stesso a intervenire e a suggellare il dramma. Proprio per questo c'è stato chi, come Horace M. Kallen, ha comparato quest'opera biblica a una tragedia di Euripide, e chi ha parlato esplicitamente di rappresentazione tragico-eroica (John F. Genung).

Il discorso si fa però più complesso quando si entra nel merito diretto della questione. La critica dei Padri della Chiesa al teatro si fondava sul fatto che allora esso era appannaggio ed espressione della cultura pagana: si trattava, quindi, di un'operazione pastorale-apologetica. Diversa è la riflessione sulla struttura «drammatica» in sé considerata. «Ogni dramma inventato riflette un dramma che non s'inventa» scriveva nel suo *Diario* lo scrittore cattolico francese François Mauriac, mentre il poeta tedesco Novalis, nei *Frammenti*, definiva il teatro come «attiva riflessione dell'uomo su se stesso». Perciò, non è mera finzione, ma tipizzazione della realtà e, come tale, diventa messaggio, interpretazione, «performazione».

Ma c'è un aspetto ulteriore e più radicale: il rito religioso stesso rivela un aspetto «drammatico» e il termine «dramma» ha qui tutto il suo valore di «azione» potente e performativa. La parola e il gesto rappresentano e attuano la verità che vogliono comunicare. Emblematico nel cristianesimo è il «sacramento», nel quale si ha una rappresentazione rituale efficace della salvezza. Ad esempio, nella narrazione della cena di Cristo, il pane e il vino della mensa, le parole del sacerdote trasformano la «recita» in evento, la memoria narrativa in presenza, la rievocazione in eucaristia. In questa linea si muoveva già lo *zikkarôn*, ossia il memoriale della Pasqua ebraica. Attraverso la sequenza rituale «drammatica» dell'agnello immolato non si commemorava solo l'evento passato dell'esodo di Israele dall'Egitto e della relativa liberazione, ma lo si rendeva ancora vivo, presente, operante, salvifico e liberante. Alla luce di queste considerazioni, il dramma nel senso più nobile del vocabolo non è solo segno e prefigurazione, ma appartiene al rito, alla liturgia, al sacro.

Fede e scienza in dialogo

Fede e scienza per lungo tempo sono state considerate in opposizione. Da un lato, c'erano gli «sgambetti» ecclesiastici (Galileo è solo un esempio, divenuto però un simbolo permanente) nei confronti della scienza. D'altro lato, la scienza riteneva la teologia un reperto polveroso di un passato acritico. Ora è certo che le due realtà hanno metodi e percorsi differenti ma – e questa è la domanda – è possibile che possano incrociarsi e talora dialogare con vantaggio reciproco, senza cadere in confusioni tra campi diversi o in prevaricazioni o interferenze con esiti deprecabili?

Nel 1878 Nietzsche scriveva in *Umano, troppo umano*: «Fra religione e scienza non esistono né parentele né amicizia ma neppure inimicizia: vivono in sfere diverse». Questo asserto, come giustamente osserva chi ci interpella, se rispettato, permette di evitare «confusioni, prevaricazioni, interferenze». Esso è stato riformulato in tempi più recenti dallo scienziato statunitense Stephen J. Gould con la famosa formula dei *Non-Overlapping-Magisteria* (Noma), ossia della non-sovrapponibilità dei percorsi della conoscenza filosofico-teologica e della conoscenza empirico-scientifica perché esse, incarnando due diversi livelli metodologici, epistemologici e linguistici, non possono intersecarsi, sono tra loro incommensurabili, risultano reciprocamente intraducibili e proprio per questo si rivelano non conflittuali.

Questa distinzione o autonomia è da custodire e difendere perché la scienza si dedica ai dati, ai fatti, al «come», mentre la metafisica e la religione si consacrano ai valori, ai significati ultimi, al «perché». Detto questo, si può proporre un passo ulteriore, senza per questo cedere alla tentazione di facili concordismi «sincretistici». Infatti, scienza e teologia non di rado si sono già scambiate componenti linguistiche e schemi interpretativi: tanto per esemplificare, si pensi al ricorso ad altri linguaggi e a modelli simbolici nella scienza. Le due discipline, poi, hanno in comune l'oggetto della loro investigazione (l'uomo, il cosmo, l'essere). Ha, perciò, ragione lo studioso polacco Michał Heller, Premio Templeton 2008, quando nel suo saggio *Nuova fisica e nuova teologia* osserva che «esistono alcuni tipi di asserzioni che si lasciano trasferire dal campo delle scienze sperimentali a quello filosofico e viceversa senza confondere i livelli».

Anzi, gli esiti possono essere fecondi: si pensi, ad esempio, al contributo che la filosofia ha offerto alla scienza riguardo alle categorie «tempo» e «spazio», in particolare nell'ambito della teoria della relatività. Inoltre, continua Heller, «la distinzione dei livelli non dovrebbe legittimare l'esclusione aprioristica della possibilità di qualsiasi sintesi». È così che sta prendendo vigore, accanto alla sempre valida (a livello di metodo) «teoria dei due livelli», a cui sopra si accennava, una nuova sussidiaria e significativa «teoria del dialogo». Essa è stata delineata soprattutto da Józef Tischner, il quale ha fatto leva sull'unità della persona umana nel nodo ultimo della sua autocoscienza, per cui la molteplicità dei canali di conoscenza tende a una sintesi finale dotata di coerenza. La conoscenza umana, infatti, non è monodica, non è solo razionale, sperimentale o logico-formale, ma simbolica, intuitiva, affettiva, estetica.

In conclusione, da un lato, si deve riconoscere la complessità del reale: il «fenomeno», a cui si dedica la scienza, ossia la «scena» (come si usa dire), non è indipendente dal «fondamento» profondo che la sottende e, quindi, fisica e metafisica sono distinte ma non separate e incomunicabili. D'altro lato, la conoscenza umana è altrettanto complessa e allora, per dirla con Pascal, è necessario evitare «due eccessi: escludere la ragione, non ammettere che la ragione» (*Pensieri* n. 3, secondo l'edizione Chevalier).

Fede ed evoluzione biologica

Nella storia del pensiero occidentale si confrontano due opposti estremismi tra il Dio laborioso che, una volta creato il mondo, continuerà in seguito a mettervi mano per apporvi delle modifiche (posizione che contrasta con il fissismo creazionista) e il Dio ozioso, quello che, per dirla con Leibniz, ha creato il miglior mondo possibile che non necessita di nessun altro intervento dopo la creazione. Tenendo conto del capitolo 1 della Genesi, quale atteggiamento si deve assumere, soprattutto per quanto riguarda l'evoluzione dell'essere umano, riferendoci anche all'affermazione contenuta in una relazione preparatoria al Concilio Vaticano I secondo cui «è turpe quella dottrina che indica gli inizi del genere umano da un irsuto scimmione»?

Innanzitutto un paio di premesse. La prima: se si argomenta sulla base di testi polemici, sia apologetici sia razionalisti, non si va molto avanti. Si pensi, ad esempio, che proprio negli stessi anni del Vaticano I (che, comunque, non prese in considerazione la questione) un teorico evoluzionista come Ernst Heinrich Haeckel chiamava Dio senza imbarazzo «il Vertebrato aeriforme»! Seconda premessa: al di là del tono ironico, il nostro interlocutore convoca in realtà questioni tutt'altro che semplici e comprimibili in una risposta sintetica ed essenziale. Ci sono, infatti, aspetti esegetici: i testi della Genesi, ad esempio, non sono né pagine «storiche» né tanto meno proposte scientifiche, bensì, usando modelli culturali contingenti e datati, essi vogliono offrirsi come eziologie sapienziali metastoriche. In termini più semplici, sono analisi di antropologia filosofico-teologica, per cui ogni lettura fondamentalista applicata alle scienze è fuorviante. Ci sono inoltre altri complessi aspetti interpretativi, metodologici e sistematici da affrontare.

A questo punto vorrei restringere il discorso al secondo quesito, riguardante il problema della compatibilità tra evoluzione e creazione, fermandomi solo all'antropologia. Già l'enciclica *Humani generis* di Pio XII, di solito vista come un «altolà» a ogni confronto, in realtà affermava la legittimità della «discussione da parte degli studiosi di ambedue i campi» (scienza e teologia) sulla teoria dell'evoluzione, «in quanto essa fa ricerche sull'origine del corpo umano, che proverrebbe da materia organica preesistente; per quanto riguarda le anime, invece, la fede cattolica ci obbliga a ritenere che sono state create immediatamente da Dio». Ancor più chiaro Giovanni Paolo II nel suo discorso rivolto nel 1996 alla Pontificia Accademia delle Scienze: «Le scienze dell'osservazione descrivono e valutano con sempre maggiore precisione le molteplici manifestazioni della vita e le iscrivono nella linea del tempo. Il momento del passaggio all'ambito spirituale non è oggetto di un'osservazione di questo tipo, che comunque può rivelare, a livello spirituale, una serie di segni molto preziosi della specificità dell'essere umano. L'esperienza del sapere metafisico, della coscienza di sé e della propria riflessività, della coscienza morale, della libertà e anche l'esperienza estetica e religiosa sono però di competenza dell'analisi e delle riflessioni filosofiche, mentre la teologia ne coglie il senso ultimo secondo il disegno del Creatore».

La lunga citazione ci permette – sempre fermandoci all'ambito metodologico – di comprendere (almeno in linea di principio) che non c'è di per sé contrasto tra l'evoluzione e la dipendenza da un Dio creatore, non c'è antitesi tra strutture biologiche dinamiche dell'uomo e la sua trascendenza spirituale, non ci dovrebbe essere dunque opposizione in questo campo tra scienza e fede, ossia tra evoluzione e creazione. Quest'armonia è, certo, delicata perché affidata a una severa e rigorosa distinzione dei rispettivi ambiti di ricerca, a una riconosciuta differenza di metodi e prospettive nelle analisi dello scienziato e del teologo, entrambi invitati, per usare la suggestiva espressione del filosofo tedesco ottocentesco Friedrich W.J. Schelling, a «custodire castamente la propria frontiera», senza tentazioni prevaricatrici.

Sono dunque da evitare gli opposti sconfinamenti. Da un lato, ci sono le letture «scientifiche» dei testi sacri, basate su interpretazioni letteralistiche e concordistiche, desiderose di dimostrare «scientificamente» l'evento diretto della creazione per smentire le argomentazioni evoluzionistiche. D'altro lato, c'è la posizione «scientista» che, adottando un uso ideologico dell'evoluzione, respinge e sbeffeggia qualsiasi interpretazione metafisica, spirituale e teologica della realtà umana come infondata, primitiva, vana e irrazionale. Lo scienziato deve stare, invece, nel suo ambito e al massimo può confessare quello che riconosceva un noto astrofisico di

Cambridge del secolo scorso, Arthur Eddington: «L'armonia delle leggi naturali trae la sua origine dai numeri: compito della nostra ricerca è scoprirla; noi possiamo cogliere la melodia, ma non l'autore della musica».

Muoversi seguendo il proprio versante senza tentazioni di prevaricazione non è cosa pacifica: lo scienziato, che indaga sulle leggi naturali e sulla loro coerenza intrinseca e immanente, e il teologo, che va alla ricerca dell'autore della realtà e del suo significato trascendente, sono due attori indipendenti le cui vie, però, spesso s'incrociano, creando non di rado tensione o sconfinamento. Il punto dialogico di sintesi – pur sempre delicato – potrebbe essere formulato eventualmente nella forma indicata da uno scienziato che è anche un ecclesiastico, Fiorenzo Facchini dell'università di Bologna: «Si può ritenere che la scintilla della coscienza di sé [o se si vuole, nel linguaggio tradizionale, dell'«anima»] si sia accesa per un intervento superiore in un ominide il cui organismo ha potuto rappresentare un supporto biologicamente idoneo», attraverso appunto la traiettoria evoluzionista.

Evoluzione e peccato originale

L'evoluzione di tutti gli organismi viventi è un fatto. La teoria darwiniana è ormai universalmente accettata in ambito scientifico e quindi è molto più di un'ipotesi. Dal momento della separazione dalle scimmie antropomorfe, abbiamo, in sequenza, diverse specie di ominidi. La domanda, forse ingenua, è questa: premesso che il philum *evolutivo è un* continuum *e ogni classificazione di generi è puramente convenzionale, quale di questi nostri progenitori deve essere considerato destinatario della redenzione insegnata dalla dottrina cristiana?*

L'interrogativo è molto significativo per rappresentare le interconnessioni che possono stabilirsi quando si affrontano questioni che coinvolgono scienza e fede. Potrei rispondere in modo molto semplificato, citando l'ultima frase di un curioso e suggestivo album in cui il grande paleoantropologo Yves Coppens spiegava le *Origini dell'uomo* ai ragazzi: «Quale che sia il colore della loro pelle, la loro statura e la forma degli occhi, tutti gli uomini che popolano la nostra Terra appartengono all'unica specie *Homo sapiens*, uscita dall'unico genere *Homo*, nata in Africa tre milioni di anni fa».

Questo è, anche in senso generale, il soggetto della redenzione operata da Cristo, secondo la teologia. Se volessimo, però, approfondire il discorso, due sono i percorsi da sviluppare. Il primo si colloca sul versante strettamente scientifico e risponde alla domanda lapidaria: «Quando si ha l'uomo?». L'ominizzazione è di difficile demarcazione proprio a causa della continuità evolutiva. Mezzo secolo fa si parlava di una sorta di frontiera cerebrale, una teoria per cui la soglia dell'ingresso nell'identità umana sarebbe stata verificabile sulla base dell'evoluzione della capacità cranica. Da allora si sono adottati altri criteri per operare una certa identificazione del livello «umano»: penso al francese Jean Piveteau che si è basato sulla categoria «cultura». Così ci si è attestati sull'*Homo habilis/rudolfensis*; altri, invece, sono scesi sino all'*Homo erectus* africano, rispedendo l'*Homo habilis* ancora fra le forme australopitecine.

Ormai è comune l'idea che l'identità specifica dell'uomo sia da collegare a componenti culturali, come il linguaggio che è segno di un'attività cognitiva e che procede verso tipologie simboliche. Queste ultime sono forse la marcatura più netta dell'ominizzazione: esse, infatti, rivelano un certo superamento della sfera delle azioni primarie necessarie, vincolate alla mera sussistenza, e introducono appunto una dimensione «estetica» indipendente e libera (anche se non si può parlare di arte o religiosità in senso stretto). Qui, però, entrerebbe in scena il contributo di altre discipline come l'antropologia culturale, la stessa analisi sociologica e persino la psicologia (si pensi al discorso sull'autocoscienza). L'ominizzazione si manifesta, dunque, a un livello almeno minimale di soggettività «metafisica», che si apre progressivamente alla coscienza di sé, dell'altro e del mondo e alle relazioni conseguenti.

A questo punto penso si possa passare sul versante teologico e mettere sul tappeto un tema arduo, non di rado affidato a stereotipi. Intendo riferirmi sia al «peccato originale» sia appunto alla redenzione. Sul primo argomento, che ha alle spalle secoli di elaborazione teorica, voglio solo notare che il peccato è intimamente interagente con la finitudine della creatura e della sua libertà, perciò è una componente costitutiva dell'antropologia teologica cristiana. Lo stesso capitolo 3 della Genesi, che è il referente testuale capitale, mette in scena *ha-'adam* che in ebraico, come è evidente dall'articolo, non è un nome proprio (Adamo) ma comune, ossia l'Uomo. Si tratta, quindi, della radicale fragilità morale dell'intera umanità a partire dalla sua prima manifestazione e che si esprime poi nella personale storia di peccato di ciascuno. La redenzione ha, quindi, la funzione di offrire alla libertà umana creaturale il sostegno della grazia divina che la spinge al bene, senza però elidere le diverse possibilità della scelta.

Tuttavia, il concetto cristiano di redenzione, come è sottolineato da san Paolo, è *pollô mallon*, «molto di più» (*Rm* 5,17) rispetto a questa capacità di escludere l'opzione peccatrice. È una trasformazione della creatura umana che viene elevata a una dignità più alta, quella di figlio adottivo di Dio stesso, e posta nella condizione di giungere alla comunione col divino e, quindi, di trascendere la stessa finitudine creaturale, entrando nell'eterno e nell'infinito (è questo il senso della «risurrezione» escatologica del credente). Ci fermiamo qui, consapevoli di avere solo aperto uno squarcio su orizzonti molto più complessi e vasti di scienza e di teologia.

Il «Rubicone» dell'umanità

Molti hanno affrontato la difficile questione della linea di demarcazione tra il primate e l'essere umano, ricorrendo a «marcatori» di tipo culturale, concludendo che l'ominizzazione si manifesta a un livello almeno minimale di autocoscienza e di relazione col proprio simile e col mondo. Bisognerebbe, però, rimandare a un altro tipo di «marcatura» conseguente, quella etica, in particolare all'intuizione di un pensatore come Pascal, il quale distingueva un triplice livello: l'ordine della carne, l'ordine dello spirito e quello della carità (così nei Pensieri *n. 829, secondo l'edizione Chevalier). Ora, l'ordine della carità con la sua gratuità va oltre il meccanismo non solo della carne, ossia della corporeità, già superato dall'ordine dello spirito, ma, come scriveva il filosofo, trascende «tutti gli spiriti insieme e tutte le loro produzioni», aprendo l'uomo all'infinito e all'eterno, in pratica a Dio.*

Con tale considerazione, il nostro interlocutore ci pone in continuità col discorso che abbiamo svolto nella precedente risposta. Sì, è vero: c'è un altro profilo dell'ominizzazione unitamente a quello «culturale». Quest'ultimo si potrebbe formalizzare non solo nell'attività simbolico-estetico-sacrale, ma anche nella capacità che l'uomo rivela di giustificare criticamente i principi primi della sua conoscenza: l'organismo biologico, come sistema materiale, funziona obbligatoriamente secondo le norme del sistema formale che lo regge e non sa rendere ragione della «non contraddizione» dei propri principi, cosa che l'uomo invece riesce a fare attraverso il metodo già delineato da Aristotele della «ritorsione», ossia con la dimostrazione della falsità delle tesi contrarie, confermando l'efficacia operativa e la coerenza dei suoi principi primi.

Ma lasciamo questa complessa riflessione per entrare in un altro orizzonte antropologico, quello etico, così ben illustrato da Pascal e citato da chi ci interroga. Lo stesso filosofo, in una celebre battuta, ricordava che «l'uomo supera infinitamente l'uomo» e questo trascendimento lo si scopre proprio nella gratuità creativa dell'amore, che va oltre ogni rigida connessione biologica e anche contro la stessa logica dello spirito che riflette e argomenta. Si pensi alla grandiosa libertà etica esaltata dal cristianesimo con l'esortazione a perdonare le offese, proteggere gli ultimi, aiutare anche il nemico o l'estraneo, «dare la stessa vita per la persona amata» (*Gv* 15,13). Questo atteggiamento, che fiorisce proprio dall'alta moralità dell'amore e da una scelta libera, smentisce nettamente quell'applicazione rigida e un po' caricaturale della teoria evolutiva nota come «darwinismo sociale»: l'esempio più emblematico di tale concezione è nelle teorie di Herbert Spencer o di William G. Sumner, che giustificarono le diseguaglianze sociali e le ingiustizie come esiti necessari della selezione naturale e stabilirono un parallelo meccanico tra evoluzione biologica ed evoluzione sociale.

La gloriosa e drammatica grandezza etica dell'uomo, intessuto di miseria e di splendore, capace di «bestialità» e di eroismo, è il segnale più esplicito dell'«umanità», il «Rubicone» che lo separa dal primate, molto più del cosiddetto «Rubicone» cerebrale basato sull'evoluzione quantitativa della scatola cranica e del suo contenuto, come si è già indicato nella precedente risposta. Non è possibile ricondurre questa complessità e originalità sconcertante nel bene e nel male, tipica della creatura umana, questo «ordine della carità», affermata o negata, a una mera risultanza biologica, fermo restando che tutto questo non esclude i dati scientifici della paleontologia, della sistematica e della biologia molecolare, che confermano l'evoluzione progressiva delle varie forme strutturali del vivente («l'ordine del corpo», sempre per usare il linguaggio pascaliano).

Il gesuita proibito

Ricordo un libro intitolato Il gesuita proibito, *scritto dal saggista e critico Giancarlo Vigorelli nel 1963 e dedicato alla straordinaria figura di Pierre Teilhard de Chardin, sacerdote, scienziato, filosofo, teologo, artefice di un importante tentativo di unire scienza e fede proprio sul terreno dell'evoluzionismo. Condannato dal Sant'Uffizio, come era costume di questa strana istituzione ecclesiastica, fu poi progressivamente riabilitato e persino citato da papa Benedetto XVI. Sarebbe interessante avere anche un suo giudizio, tenendo conto del fatto che cultura e fede si stanno ora confrontando nell'orizzonte dell'evoluzione e la proposta del «gesuita proibito» potrebbe essere un'importante base di dialogo.*

Tra i regali che ricevetti quando fui ordinato sacerdote nel lontano 1966 c'erano proprio tutte le opere in francese (fino ad allora pubblicate) del celebre gesuita che era morto una decina d'anni prima a New York, nel 1955. Ricordo di averle lette non solo con gusto, ma anche affascinato da un dettato stilisticamente incantevole (cito solo come esempi *Il fenomeno umano, L'ambiente divino, L'inno dell'universo*). Conosco, quindi, dal vivo il suo pensiero, che ebbe estimatori di qualità come i due grandi teologi e cardinali Daniélou e de Lubac, ma anche critici severi come gli altrettanto grandi Gilson, Maritain e von Balthasar. Il 30 giugno 1962 l'allora Sant'Uffizio pubblicò un *monitum* «contro errori e ambiguità contenute negli scritti di Teilhard de Chardin».

La fluidità del suo progetto ideale che intrecciava filosofia, teologia, biologia e cosmologia (com'è noto, il gesuita era soprattutto un paleoantropologo che aveva condotto ricerche in Cina, in Etiopia e in India) rende ardua l'elaborazione di una sintesi, anche a causa del linguaggio spesso simbolico da lui adottato. Il cuore del suo pensiero sta, comunque, nel tentativo di coniugare pienamente fede e scienza, operando – spesso senza rispettarne gli statuti metodologici specifici – su tre piani differenti che sintetizziamo nella forma suggerita da uno dei suoi migliori interpreti, il teologo Rosino Gibellini. A un *Omega* meta del processo di evoluzione e maturazione cosmologica si accosta un *Omega* divino, personale e trascendente, motore del processo evolutivo, raggiungibile in sede filosofica, mentre un *Omega* che raccorda i due precedenti, ponendoli in armonia, è quello cristologico, umano e divino, attingibile per fede e aperto all'indagine teologica.

Se vogliamo adottare il suggestivo e originale linguaggio di Teilhard de Chardin, il Cristo *évoluteur*, come egli lo definiva, è il vertice dell'intera evoluzione cosmica. Egli conduce a pienezza in sé lo sviluppo dinamico sia dell'*hylesfera*, cioè della materia, della biosfera, ossia della vita, sia dello stesso spirito, la *noosfera*, così che in Cristo «Dio sia tutto in tutti», per ripetere la celebre formula paolina (*1 Cor* 15,28). Lo studioso, infatti, ricorreva volentieri a passi e a temi dell'Apostolo, come quello di *plèroma*, la «pienezza» in Cristo della trasformazione creatrice, scandita dall'evoluzione dell'universo. Per usare una formula sintetica, la cosmogenesi e l'antropogenesi trovano il loro compimento-pienezza nella cristogenesi. All'evento Cristo, che è l'*Omega* personale e trascendente, materiale e spirituale, umano e divino, tendono e sono attratti tutto il cosmo e l'umanità.

L'impostazione è certamente molto suggestiva e getta ponti tra scienza, filosofia e teologia in modo originale. Lo stesso Joseph Ratzinger, nella sua *Introduzione allo spirito della liturgia* (2001), dopo aver riassunto il pensiero di Teilhard «sullo sfondo della moderna concezione evoluzionistica», ne sottolinea un aspetto particolare, ossia la sua reinterpretazione del culto cristiano: «L'ostia transustanziata è per lui l'anticipazione della trasformazione della materia e della sua divinizzazione nella "pienezza" cristologica. L'eucaristia indica, per così dire, la direzione del movimento cosmico; essa anticipa il suo fine e allo stesso tempo spinge verso di esso».

Detto questo, però, affiorano riserve molto marcate, *in primis* in sede metodologica, a causa dello slittamento tra piani diversi, con la conseguente e pericolosa «confusione» dei ruoli, attraverso l'uso improprio della scienza per sostenere tesi teologiche e viceversa. È la stessa critica speculare e antitetica che si deve fare quando la scienza si arroga il diritto di dimostrare oppure (più spesso) di rigettare o sbeffeggiare asserti filosofici e teologici, usando argomentazioni scientifiche. È per questo che Teilhard de Chardin ha avuto opposizioni sia tra teologi sia tra scienziati, mancando così proprio il suo sogno di poterli accordare forse un po' troppo concordisticamente. Ci sono, poi, riserve in sede filosofico-teologica, sia per quanto concerne la sua teoria dell'evoluzione, sia per la dottrina della creazione, del peccato e del male, sia per certe derive immanentistiche o panteistiche. Ma di tutto ciò non è possibile in questa sede svolgere una trattazione specifica.

Ancora il «caso Galileo»

Nonostante le attenuanti dell'epoca, il processo a Galileo fu un tragico errore, cioè: un errore giuridico (tanto che Giovanni Paolo II propose una revisione del processo); un errore scientifico (la teoria copernicana si rivelò corretta); un errore religioso (si fece dire alle Sacre Scritture quanto esse non si sono mai sognate di dire) e un errore umano e morale (un innocente fu ingiustamente condannato, messo alla gogna, accusato di ere-

sia e ridotto al silenzio). Che poi Galilei si occupasse di oroscopi, seminasse figlie illegittime (accolte nei conventi cattolici), fosse un po' mago e un po' stregone (come Giordano Bruno) ai veri cattolici non deve interessare più di tanto. Ciò che scandalizza i cattolici e i laici di buona fede è invece l'ostinazione nel voler difendere a tutti i costi l'errore e nel non voler riconoscere con umiltà di aver sbagliato.

Più che una risposta, a questo scritto si deve condivisione e approfondimento. Il punto di partenza è in un documento del Concilio Vaticano II, votato il 7 dicembre 1965 e dedicato al confronto della Chiesa col mondo contemporaneo, la cosiddetta costituzione *Gaudium et Spes*: al n. 36 si lamentava che i cristiani non di rado nella storia «non avevano sufficientemente rispettato la legittima autonomia della scienza», e in nota si rimandava esplicitamente al caso Galileo. Prendendo spunto proprio da questa considerazione, Giovanni Paolo II, agli esordi stessi del suo pontificato (1979), aveva creato una commissione di storici e teologi per affrontare in modo libero e rigoroso la questione.

Ebbene, nella sua ultima e decisiva tappa, questa commissione, appoggiata al dicastero vaticano noto come il Pontificio Consiglio della Cultura, fu presieduta e guidata dal cardinale Paul Poupard. La lunga traiettoria di ricerche sia archivistiche, sia storiche, sia teoriche condotte dalla commissione è stata ricostruita in un accurato volume, tutto basato sui documenti e sulle memorie di quell'investigazione che si concluse nel 1992: *Galileo e il Vaticano* di Mariano Artigas e Melchor Sánchez de Toca, apparso nel 2009. Sui risultati di questo gruppo di lavoro, che operò con fasi alterne, non mancarono critiche. Tuttavia, fu un passo notevole verso un riconoscimento della realtà nei confronti di un evento traumatico e negativo.

È stata comunque compiuta, proprio come voleva Giovanni Paolo II, una catarsi della memoria culturale della Chiesa, riconoscendo gli errori metodologici, teologici e scientifici commessi in quel momento storico. Si evitavano così i due estremi che, però, continuamente riaffiorano anche ai nostri giorni. Da un lato, c'è il giustificazionismo apologetico che ricorre al contesto storico e alla sostanziale legittimità processuale. D'altro lato, c'è la mitologia ideologica che ha un suo suggestivo emblema nella *Vita di Galileo*, il dramma che Bertolt Brecht pubblicò nel 1939, divenuto celebre anche per alcune battute passate in proverbio: «Infelice quel paese che ha bisogno di eroi», oppure «I cieli sono vuoti», o ancora «Questi uomini mettono nel dubbio tutto, tutto...!».

Ne risultava un Galileo recluso in un cupo carcere, nell'inedia e nell'impossibilità di continuare i suoi studi. In realtà – e questo è documentato in modo inequivocabile – la sentenza contro di lui, contestata già da alcuni giudici, non fu mai firmata dal papa di allora e, se ci fu reclusione, fu una sorta di «arresti domiciliari» nella casa di Arcetri ove poté proseguire nella sua ricerca fino alla morte, avvenuta l'8 gennaio 1642, «con fermezza filosofica e cristiana, a 77 anni di età, 10 mesi e 20 giorni», come annotava il suo assistente Vincenzo Viviani. Questo, ovviamente, non cancella l'errore pratico e teorico compiuto dalle istituzioni ecclesiastiche.

Infatti, l'intuizione di Galileo, a livello metodologico, era capitale ed è alla base di ogni autentica ermeneutica: come attestano le sue lettere all'abate Benedetto Castelli e a Cristina di Lorena, egli definiva i canoni corretti dell'interpretazione biblica alla ricerca della «verità» delle Sacre Scritture: una verità non di tipo scientifico ma «necessaria alla salute», ossia alla salvezza dell'umanità; e di converso, sul versante scientifico, egli delineava la specificità e l'autonomia dell'approccio delle varie scienze. La lezione di Galileo insegni il rigore metodologico e la pacatezza intellettuale contro ogni prevaricazione di campo, nella capacità di ciascuno, teologo e scienziato, di custodire con rigore il proprio ambito di ricerca e di analisi.

«Dio è morto!»

Siamo in una società sempre più secolarizzata. Jean Paul (Richter), nel romanzo dal titolo «infinito» Fiori, frutta e spine ovvero matrimonio, morte e nozze dell'avvocato dei poveri Firmian Stanislao Siebenkäs, *a mio avviso ha preceduto di molto (siamo nel 1796-97) il filosofo Nietzsche, proponendo il tema della morte di Dio (si veda in quel romanzo il «Discorso di Cristo morto dall'alto dell'universo, in cui si afferma che Dio non è»). Tema che esploderà appunto nel celebre aforisma 125 della* Gaia scienza *nietzscheana con la proclamazione da parte dell'«uomo folle», ossia «nuovo», della morte di Dio (e siamo nel 1882). Ecco il quesito: che ne è oggi della cosiddetta «teologia della morte di Dio» dal successo folgorante negli anni Sessanta?*

La «Death-of-God Theology» è stata sostanzialmente una meteora, accesa da due teologi americani, William Hamilton e Thomas Altizer, capace di attrarre marginalmente qualche altro nome più prestigioso come Dorothee Sölle, John A.J. Robinson, Harvey Cox,

Paul van Buren e Gabriel Vahanian (ma tutti con riserve), e spentasi ben presto. Gli antenati illustri sono quelli indicati dal nostro interlocutore, ai quali si può aggiungere anche la simbologia del «Venerdì santo» speculativo, presente nella dialettica hegeliana di *Fede e sapere* (1802) e visto come una fase negativa eppure necessaria del pensiero, e in qualche spunto dell'*Ateismo nel cristianesimo* di Ernst Bloch (1968). I due corifei sopra citati pubblicarono un manifesto nel 1966, *La teologia radicale e la morte di Dio*, ove precisavano che la loro tesi non era quella dell'ateismo («Dio non esiste e non è mai esistito»), bensì questa: «Una volta esisteva un Dio che poteva e doveva essere creduto, adorato e glorificato; oggi, però, questo Dio non esiste più». Si tratta, dunque, della morte di una particolare concezione di Dio.

Bisognava, dunque, ritornare all'antica e più genuina tradizione cristiana che combatteva, con la figura esemplare di Cristo, un Dio ideologico idolatrico. La fede, allora, deve diventare amore e la teologia deve trasformarsi in etica della responsabilità, abbandonando le fumisterie metafisiche. Soprattutto Altizer, con i due saggi *Il vangelo dell'ateismo cristiano* (1966) e *Discesa all'inferno* (1970), riposizionava la teologia sulla dottrina dell'Incarnazione in Cristo e della relativa *kénosis* (o annullamento/svuotamento) proclamata da san Paolo (*Fil* 2,7-8), un evento che perennemente si attua nel processo della storia.

Per illustrare sinteticamente questa esaltazione della forza dirompente della logica dell'Incarnazione forse bastano queste righe di Altizer: «Il Dio trascendente è disceso nella carne del processo del mondo ed è morto come trascendenza vuota e isolata. La trascendenza si capovolge in immanenza, il Verbo si esprime totalmente nella realtà del mondo e della storia». La sfida della secolarizzazione spingerebbe così ad abbandonare il Dio imperatore trascendente e mitico per incrociare il Dio vivente nella «carne» della storia. Lasciando alle spalle l'incenso ecclesiastico elevato al Dio morto, bisogna aprirsi al Dio vivente nell'esistenza e nel movimento del mondo.

Com'è evidente, questa teologia radicale, che si riduce a immanenza storico-salvifica, amputa la condizione capitale perché la salvezza si compia, ossia la trascendenza della grazia divina, tirando così un tratto di penna su tutta la teologia evangelica del regno di Dio, su quella dello stesso san Paolo e della tradizione cristiana. Al massimo la teologia della morte di Dio può essere un pungolo a purificare certe immagini «idolatriche» di Dio e a superare un teismo troppo razionalistico. Ben più problematica e complessa risulta, invece, l'attuale secolarizzazione: nella società secolaristica Dio non è dichiarato morto né osteggiato, ma semplicemente ignorato. Al massimo, come ironizzava il filosofo canadese contemporaneo Charles Taylor, nel suo vasto saggio sull'*Età secolare* (tradotto in italiano nel 2009), gli si chiederebbero i documenti, come si fa con gli stranieri clandestini mal accettati.

Tra secolarizzazione e secolarità

Si è soliti distinguere tra la necessaria «secolarità» e la «secolarizzazione», quest'ultima come fenomeno moderno che si potrebbe definire «disincanto del mondo» (per usare la celebre formula del «sociologo» Weber), o del «mondo maggiorenne» (ricorrendo, invece, al teologo Bonhoeffer). Eccoci alla domanda: come si pone la teologia di fronte alla secolarizzazione-modernità, senza imboccare la strada pastoral-popolare della deprecazione scandalizzata o la scorciatoia dell'isolazionismo integralista?

Credo che il primo pensatore capace di avvertire il rilievo del processo detto «di secolarizzazione» in sede religiosa sia stato il tedesco Ernst Troeltsch (1865-1923) che, da un lato, individuò in essa l'emancipazione della modernità da ogni tutela o primato del cristianesimo e della Chiesa, ma dall'altro segnalò il contributo dello stesso cristianesimo, nel suo cuore dottrinale, a una formazione dei nuovi valori dell'epoca contemporanea (in pratica quella che si definisce – anche teologicamente – come la positiva «secolarità»).

È stato però il teologo Friedrich Gogarten (1887-1967) a sottotitolare la sua opera *Destino e speranza dell'epoca moderna* (1953), tradotta in italiano nel 1972, con una dichiarazione significativa: «La secolarizzazione come tema della teologia». Questo fenomeno complesso e contraddittorio, infatti, pone alla teologia «l'importante domanda se esso sia qualcosa di estraneo e contrapposto alla fede cristiana alla quale venga a forza imposto e che la distrugga dall'esterno o se, al contrario, sia un evento che risulta del tutto conseguente dall'essenza della stessa fede cristiana». Nell'Ottocento il filosofo danese Søren Kierkegaard aveva già intuito il rilievo di questa domanda e aveva risposto negativamente: la modernità secolaristica decompone e distrugge il cristianesimo, come auspicherà poi il filosofo tedesco Friedrich Nietzsche, fieramente «anticristiano». Gogarten è di parere diverso, convinto com'è che il fenomeno «secolare» abbia «il suo fondamento nell'essenza della fede cristiana e ne sia una legittima conseguenza».

Allora, la «secolarità» è di sua natura positiva e libera la fede da ogni integralismo sacrale e teocratico; è, invece, il «secolarismo» a essere una degenerazione. Secondo il teologo tedesco, la fede cristiana giustifica e salva l'uomo davanti a Dio e riconosce l'entità secolare del mondo che è affidato da Dio all'autonoma responsabilità dell'uomo. La «secolarità», perciò, è sì «un fenomeno post-cristiano, ma suscitato dalla fede cristiana»; esso degenera in «secolarismo» quando si pone come individualismo autarchico e autosufficiente. La Chiesa, allora, deve vivere «in sincera e aperta solidarietà col mondo», entrando in esso non per sacralizzarlo, ma solo come seme fecondo di santificazione.

Su questa stessa linea proseguirà il teologo americano Harvey Cox con la sua celebre *Città secolare* (1965), che ribadirà i fondamenti biblici della «secolarità», considerando l'intero fenomeno della secolarizzazione come connesso con l'urbanizzazione e il sorgere della «tecnopoli». In essa il cristiano deve entrare elaborando una «teologia del cambiamento sociale»: «invece di lamentare il decadimento del potere ecclesiastico o la sparizione del sacro, i cristiani dovrebbero piuttosto concentrarsi sul ruolo positivo che essi potrebbero attuare nel mondo moderno secolare».

Certo è che – al di là dell'attuale risveglio del sacro, che scompaginerà la tesi di Cox, come egli stesso riconoscerà in uno scritto successivo del 1984 *(Il ritorno della religione nella città secolare)* – nell'attuale società secolare, democratica, pluralista vale quanto osservava un teologo di alto livello come Karl Rahner che, nelle sue *Considerazioni teologiche sulla secolarizzazione* (1967), richiamandosi alla dottrina espressa dal Concilio Vaticano II nel documento *Gaudium et Spes*, esortava la Chiesa alla missione profetica di «condeterminare anche il cammino del mondo secolare, senza tuttavia volerlo determinare integristicamente e dottrinariamente». Un impegno dall'equilibrio delicato, la cui attuazione esigerebbe un ulteriore arduo e complesso discorso.

«La donna impari in silenzio!»

Stavo leggendo qualche pagina del Nuovo Testamento e mi sono imbattuta in poche righe che mi hanno fatto sobbalzare, credo non solo come donna: «La donna impari in silenzio, con tutta sottomissione. Non con-

cedo a nessuna donna di insegnare, né di dettare legge all'uomo; piuttosto se ne stia in atteggiamento tranquillo. Perché prima è stato formato Adamo e poi Eva; e non fu Adamo ad essere ingannato, ma fu la donna che, ingannata, si rese colpevole di trasgressione. Essa potrà essere salvata partorendo figli, a condizione di perseverare nella fede, nella carità e nella santificazione, con modestia» (1 Tm 2,11-15). *Non c'è bisogno di essere femministe per rimanere sconcertati di fronte a un simile concentrato di elementi maschilisti.*

Andiamo subito al passo paolino «scandaloso». Come sempre, è necessario far valere il principio secondo il quale ogni testo dev'essere compreso nel suo contesto. La Rivelazione biblica non è una sequenza di tesi teologiche astratte, sospese in un limbo irreale o in un cielo luminoso; essa è una Parola trascendente che si fa strada nella storia e si riveste di umanità. Paolo non è vissuto ai nostri giorni e con la nostra sensibilità ma era immerso in una società – quella greco-romana (e sul tema femminile l'orizzonte giudaico non era certamente diverso) – che collocava la donna in una netta posizione subordinata. Ed è appunto a un mondo siffatto che l'Apostolo si rivolge, usandone il linguaggio e riflettendone i costumi. L'Incarnazione non è solo la figura umana di Gesù di Nazaret ma è anche questo rivestimento concreto della Parola sacra.

Lo stesso suggerimento riguardo alla presenza femminile, sia pure con variazioni, Paolo lo ripete nella Prima Lettera ai Corinzi (11,2-16; 14,34-35), riproponendo la medesima lettura del libro della Genesi – a cui si rimanda anche nel passo citato dalla nostra interlocutrice – secondo i canoni dell'esegesi rabbinica del tempo. È necessario, quindi, ancora una volta sceverare, attraverso una corretta interpretazione e una lettura d'insieme, il messaggio profondo delle Scritture, sulla scia di quell'approccio organico alla Bibbia a cui abbiamo già dedicato ampio spazio. È ciò che non fanno i fondamentalisti (e tra costoro ci sono anche certi lettori «critici» contemporanei che sbeffeggiano un po' ottusamente il mero dettato della Bibbia): essi leggono materialmente e letteralisticamente i passi biblici, traendone conclusioni talvolta assurde e spesso infedeli, nonostante l'apparente fedeltà materiale. Il discorso sulla questione femminile nella Sacra Scrittura è parallelo a quello che si deve fare sulle «sante» violenze dell'Antico Testamento: senza il principio della storicità della Rivelazione, cioè della sua «incarnazione» nel tempo, nello spazio e nella vita degli uomini, non si può avere una corretta comprensione del suo messaggio ultimo e profondo.

Come già abbiamo avuto occasione di ribadire, lo stesso Paolo afferma questo principio quando dichiara ai Corinzi: «Dio ci ha resi ministri adatti di una Nuova Alleanza, non della lettera ma dello Spirito, perché la lettera uccide, lo Spirito dà la vita» (*2 Cor* 3,6). Questo egli dice a proposito dell'Antico Testamento, ma l'asserto vale anche per il Nuovo. Con una lettura appropriata si riesce a intravedere, oltre la scorza degli usi e delle classi di quella società, la verità evangelica profonda. Secondo il Nuovo Testamento, infatti, il battesimo non ci ha uniti tutti e tutte al Cristo risorto, trasformandoci in figli e figlie di Dio? È ciò che Paolo stesso dichiara a tutte lettere ai Galati: «Non c'è più Giudeo né Greco; non c'è più schiavo né libero; non c'è più né uomo né donna, poiché tutti voi siete uno in Cristo Gesù» (3,28). E nella finale della Lettera ai Romani egli saluta alcune donne «che hanno faticato per il Signore» (16,12) e giunge al punto di chiamare anche una donna, Giunia, «apostola insigne» con suo marito Andronico (16,7).

Un cenno vorremmo, infine, riservare alla menzione della maternità che si trova nel finale del brano citato. A prima vista sembrerebbe che il mero diventare madre possa essere un mezzo di salvezza («potrà essere salvata partorendo figli»). In realtà si vuole parlare della situazione personale nella quale ciascuno partecipa al dono grandioso della salvezza; in altri termini, si esalta la maternità vissuta dalla donna cristiana (che ha «fede, carità e santificazione») come momento di grazia, come vocazione nella quale accogliere e rispondere all'amore di Dio che salva. Ognuno, cioè, deve vivere ed esprimere la fede e ottenere la salvezza proprio attraverso il suo status esistenziale di genitore o di celibe (come lo sarà Cristo), di operatore manuale o di intellettuale, di appartenente a livello sociale alto oppure basso, di ebreo o di gentile. Come scrive Paolo ai Corinzi, «ciascuno rimanga davanti a Dio in quella condizione in cui era quando è stato chiamato» (*1 Cor* 7,24).

Il femminismo in teologia

Non si possono facilmente archiviare le gravissime violenze fisiche e morali compiute per secoli dalle gerarchie cattoliche sulle donne, in nome d'una presunta morale sessuale «cristiana». Tale distorta «morale» sembra derivare da idee stoiche e gnostiche e da certe devianti posizioni di alcuni Padri della Chiesa, tra cui Girolamo e soprattutto Agostino. Per farsene una prima idea, basti qui ricordare che Agostino condannava all'inferno i bambini piccoli morti senza battesimo, con tutte le tragiche conseguenze di questa affermazione sulle donne incinte e partorienti; e che molti processi conclusi con torture e condanne al rogo furono inscenati su presunti reati sessuali commessi con la complicità del diavolo.

Ho sempre condiviso la scelta di papa Giovanni Paolo II di confessare con semplicità e umiltà errori, colpe e miserie della cristianità nei secoli passati. Naturalmente questa autocritica dev'essere condotta secondo una corretta impostazione storiografica che tenga conto delle differenti coordinate storiche entro cui si sono consumate tali prevaricazioni. Sono però altrettanto convinto che la necessaria operazione catartica debba essere il punto di partenza per l'edificazione di un diverso rapporto con le realtà incomprese o maltrattate dalla Chiesa. Emblematico in questo senso è sempre il «caso Galileo» che abbiamo già considerato. Il tribunale della storia dev'essere, sì, in esercizio, ma non deve diventare l'ultimo e definitivo appello. Proprio per questo, prendendo spunto dal tema proposto dal nostro lettore, vorrei guardare in avanti, partendo dal presente, e raccogliere la provocazione che, sugli errori perpetrati dal maschilismo, ha lanciato la teologia femminista.

Comprensibile è il tasso di polemica che essa ha sviluppato, a cominciare già dall'Ottocento, quando è apparsa in Francia per la prima volta la parola «femminismo» (in un dizionario del 1837), con risvolti talora stravaganti, sostituendo alla *his-story*, la «storia di lui», la *her-story*, la «storia di lei», e alle categorie teologiche «patriarcali» lessici e modelli «matriarcali». In questa ricerca ci sono, però, contributi dai quali si possono desumere, sia pure criticamente, spunti interessanti: penso (sul tema della «maternità» di Dio) al già citato saggio *In memoria di lei* di Elisabeth Schüssler Fiorenza (1983), che ricorre alla tipologia del discepolato: la sequela di Gesù è stata, infatti, aperta a tutti, indistintamente, prescindendo dal sesso, tant'è vero che – ad esempio – l'evangelista Luca elenca alcuni nomi delle molte donne che seguono Cristo, sostenendolo persino coi loro beni economici (8,1-3). In questo processo di riflessione ed evoluzione teologica, non di rado segnato da incandescenze e intemperanze, si può tuttavia individuare un percorso significativo che molto sinteticamente e molto liberamente vorrei ora riassumere.

Partiamo da una celebre frase scritturistica: «Dio creò l'uomo a sua immagine ... maschio e femmina li creò» (*Gn* 1,27). Il parallelismo biblico non ammette dubbi: l'immagine del Dio creatore è da cercare nella coppia generatrice. Eppure l'esegesi giudaica, accolta anche da san Paolo (*1 Cor* 11,7-9), aveva assegnato questa funzione al solo maschio, dando così il via al paradigma della «subordinazione» della donna all'uomo, pur nell'identico ordine della grazia salvifica. Il modello della «complementarità» era stato, però, successivamente recuperato sulla scia della definizione della donna come «aiuto simile» (in realtà in Genesi 2,18 si parla di una parità, un aiuto che stia «di fronte»). Concetto anch'esso ambiguo, come lo era quello junghiano dell'«androginia», perché il termine di riferimento rimaneva sempre il maschio, da «completare» con le qualità femminili.

Si era, così, fatta strada la forma «emancipativa», proclamata dal femminismo radicale secondo la quale «donna non si nasce ma si diventa», per usare la famosa formula della scrittrice francese Simone de Beauvoir. Ma anche questo modello era destinato a sfiorire e la teologia femminista più recente ha proposto un nuovo profilo, quello della «reciprocità nell'equivalenza e nella differenza» sulla base dell'affermazione della donna del Cantico dei Cantici: «Il mio amato è mio e io sono sua ... Io sono del mio amato e il mio amato è mio» (2,16; 6,3). La donazione avviene perché si riconosce che ogni creatura umana è unica in quanto possiede, sì, un'identica natura, ma con modalità proprie. Si supera, allora, il rapporto di subordinazione o complementarità, come quello di un'astratta e assoluta parità, e si giunge al riconoscimento di una reciprocità indispensabile causata dalla «differenza» accettata, sulla base però di un'«equivalenza» radicale. Naturalmente, scattano a questo punto le applicazioni di ordine ecclesiale e pastorale, che aprono nuove questioni e interrogativi (pensiamo, tanto per fare un esempio, al sacerdozio femminile) che non possiamo affrontare nei limiti di questa che vuole essere solo una considerazione generale.

Davide omosessuale?

Il giudizio negativo sull'omosessualità può realmente ancorarsi ai testi sacri ebraici e cristiani? Infatti, il passo del capitolo 19 della Genesi, che viene addotto come base esplicita per una condanna dell'omosessualità dei cittadini di Sodoma, mette in scena piuttosto un giudizio sulla violazione del diritto di ospitalità nei confronti degli stranieri (messaggeri divini) accolti in casa da Lot. Sarebbe invece da spiegare la serie di pagine in cui si descrive «l'amore» tra il giovane Davide e il principe Gionata, fi-

glio del re Saul, «amore» che non riceve nessuna critica, anzi, viene esaltato: «Gionata, tu mi eri molto caro: la tua amicizia per me era più preziosa dell'amore di una donna» (2 Sam 1,26).

È vero: un passo come il capitolo 19 della Genesi dev'essere usato con molta cautela, nonostante l'interpretazione tradizionale così vigorosa che ha coniato su questo testo il vocabolo «sodomia» e nonostante il chiaro riferimento alla richiesta rivolta a Lot di consegnare i suoi ospiti «angelici» a quella folla «perché potesse abusarne». L'orrore e la condanna dell'autore sacro riguardano soprattutto la violazione della legge sacra dell'ospitalità e non è escluso neppure un riferimento polemico contro l'idolatria degli indigeni della Palestina, i Cananei, che nei loro culti della fertilità ammettevano l'omosessualità sacrale. Si legga il passo del Deuteronomio (23,18-19) ove sono di scena i «prostituti sacri», bollati spregiativamente come «cani», ma che in realtà erano sacerdoti dei culti cananei. D'altronde, a più riprese abbiamo sottolineato quanto sia decisiva una corretta interpretazione delle Scritture, che tenga conto dei condizionamenti e delle specifiche coordinate storico-culturali del testo sacro.

Mi permetto però di eccepire nei confronti della sicurezza del nostro interlocutore riguardo al suo esempio, quello dell'«amore» tra Gionata e Davide, letto in chiave omosessuale anche da qualche esegeta, come Tom Horner (*Jonathan Loved David*, Philadelphia 1978). In realtà, una serie accurata di ricerche ha dimostrato già a livello lessicale, ma anche in ambito sociologico, che nell'antico Vicino Oriente l'uso del verbo *'ahab*, «amare», è ampiamente attestato anche in campo politico, ove esprime la coalizione tra personalità di diversa estrazione ai fini della gestione del potere. Bisognerebbe, perciò, rileggere (e il racconto biblico offre un'interessante documentazione di corollario) la vicenda della relazione tra i due personaggi in una luce diversa: si tratterebbe, in quel delicato periodo storico degli albori monarchici di Israele, di una coalizione tra una figura rilevante del clan dinastico al potere (ma in difficoltà politiche), Gionata, e un contendente perseguitato ma dotato di un suo seguito popolare, cioè Davide.

Affrontando però il discorso in termini più generali, bisogna riconoscere che la questione omosessuale non è assente dalla Bibbia e non è, perciò, frutto di un accanimento posteriore della tradizione cattolica. Nel libro del Levitico, infatti, si leggono precetti indiscutibili: «Non ti coricherai con un maschio come si fa con una donna:

è una cosa abominevole ... Se uno ha rapporti con un uomo come con una donna, tutti e due hanno commesso un abominio; dovranno essere messi a morte» (18,22; 20,13). La pena di morte nell'antico Israele aveva un valore teologico oltre che giuridico: era in pratica la sanzione della «scomunica» dalla comunità.

C'è poi da segnalare un testo paolino significativo. In una lista di vizi che escludono dal regno di Dio, l'Apostolo introduce due classi di persone: i *malakoi*, letteralmente «i teneri, i dolci», cioè gli effeminati, il partner omosessuale passivo, e gli *arsenokoitai*, vocabolo ignoto in greco classico ma etimologicamente chiaro, indicante gli omosessuali attivi (*1 Cor* 6,9-10). A questa linea si può riportare anche la lista di vizi contrari al Vangelo citati nella Prima Lettera a Timoteo (1,10): appaiono la fornicazione in senso lato e gli *andrapodistai*, cioè i sequestratori di ragazzi per pederastia. Non si può certo parlare in questo caso di condizionamento della società di allora e della sua cultura su san Paolo, perché queste pratiche sessuali in quell'ambiente erano comunemente ammesse.

Un'altra coppia di testi merita particolare attenzione. Nel trattatello che occupa i capitoli 13-15 del libro della Sapienza concernente il tema dell'idolatria, l'autore, probabilmente un giudeo di Alessandria d'Egitto che scrive attorno al 30 a.C., elenca un alfabeto di 22 vizi. Si tratta di una lista costruita partendo dalla lettera *t*, l'ultima dell'alfabeto ebraico, per giungere alla *a*, la prima, così da indicare simbolicamente le perversioni dell'ordine morale. In questa lista si parla anche dell'«inversione della generazione» (14,26). Non è chiaro a che cosa alluda il sapiente: per alcuni sarebbe in causa l'omosessualità, per altri ogni frustrazione della funzione generatrice. Significativamente resta, comunque, la connessione tra idolatria e vizio sessuale. Dalla decadenza religiosa nasce la perversione morale.

Ora, la stessa tesi è ribadita da Paolo nel suo famoso ritratto della miseria morale e religiosa del mondo pagano presente in apertura alla Lettera ai Romani (1,26-27). Qui, però, è nettamente in questione l'omosessualità: «Le donne hanno cambiato i rapporti naturali in rapporti contro natura. Egualmente anche gli uomini, lasciando il rapporto naturale con la donna, si sono accesi di passione gli uni per gli altri, commettendo atti ignominiosi uomini con uomini». Anche qui la degenerazione sessuale è vista come conseguenza della deviazione religiosa. La perdita del senso di Dio fa precipitare nel gorgo del vizio da cui ci può liberare solo la grazia divina salvatrice.

Certo, la Bibbia non considera le implicazioni psicologiche e le questioni più complesse di indole antropologica e in qualche aspetto della sua concezione della sessualità è debitrice di modelli culturali e persino di condizionamenti legati alla sua stessa natura di Rivelazione storica. La sua è soprattutto una prospettiva teologica e si àncora alla sorgente della cosiddetta «morale dell'alleanza»: essa ha alla base il progetto divino sull'essere umano creato da Dio «maschio e femmina» (*Gn* 1,27). Si ha, perciò, un'antropologia ben definita che costituisce un codice decisivo di riferimento per la morale. E certamente in questo codice è pure da porre il rispetto per la persona, chiunque e comunque essa si ponga nell'esistenza.

Il cristianesimo fu rivoluzionario?

Ma è proprio vero che il cristianesimo sia stato talmente incisivo nella società pagana greco-romana da rivoluzionarne l'assetto? I pronunciamenti di natura sociale che leggiamo nel Nuovo Testamento sono tutto sommato abbastanza blandi. Forse fu significativa la testimonianza di Gesù e dei primi cristiani, ma essa non fu certamente tale da costituire un vero e proprio modello di vita capace di sovvertire il mondo di allora. Nonostante l'uso «politico» del Vangelo fatto in epoca anche recente, il messaggio cristiano non rimane forse sostanzialmente spirituale, sia pure con qualche risvolto sociale?

Si è soliti riconoscere che il cristianesimo è stato decisivo nel dissolvere molte strutture ingiuste e oppressive della civiltà greco-romana. Tuttavia, se si affrontano i testi neotestamentari sotto il profilo strettamente sociopolitico, senza indulgere ad attualizzazioni sbrigative e frutto più di passione che di rigore esegetico, si registra l'impressione suggerita da chi ci interpella sul tema: prese di posizione nette, recise e decise, ad esempio, contro la schiavitù – allora ampiamente codificata e praticata – sono assenti.

E questo si spiega tenendo conto di tre elementi (procediamo ovviamente in modo semplificato e «didattico»). Innanzitutto bisogna ricordare una componente fondamentale: quella cristiana è una religione storica, ossia nasce e si sviluppa in un contesto culturale e sociale datato, e rispecchia una visione dell'uomo e del mondo lontano dalla nostra. Non siamo in presenza di un messaggio sospeso nei cieli tersi della perfezione, ma di un seme fecondo deposto in terreni realisticamente sassosi e spinosi e raramente fertili, come suggerisce la celebre parabola di Gesù. È perciò anacronistico e illogico chiedere ai Vangeli, o a Paolo, pronunciamenti netti e puntuali riguardo ai diritti della persona, dei cittadini, dei lavoratori con la sensibilità dei nostri giorni, sensibilità affinata attraverso una lunga evoluzione culturale e differenti strutture sociali.

Tuttavia – ed è questa la seconda considerazione – il cristianesimo non è neppure da dipingere come un movimento spirituale, teso a decollare dalla realtà storica verso cieli mitici e mistici. Sulla scia dell'Antico Testamento la sua è una visione unitaria per cui spirito e carne, trascendenza e storia, fede e vita s'intrecciano intimamente. È per questo che certe dichiarazioni spesso lette in chiave «spiritualistica» avevano in realtà una forte carica esistenziale. Pensiamo alla beatitudine dei «poveri in spirito» (*Mt* 5,3), che è tutt'altro che una vaga esortazione al distacco, o alla duplice frase paolina sulla cancellazione delle distinzioni culturali, sociali e sessuali (*Gal* 3,28: «non c'è più Giudeo né Greco; non c'è più schiavo né libero; non c'è né più uomo né donna»; *Col* 3,11: «non c'è Greco o Giudeo, circoncisione o incirconcisione, barbaro, Scita, schiavo, libero») o al programma enunciato da Gesù nella sinagoga di Nazaret (*Lc* 4,18: «proclamare ai prigionieri la liberazione, ai ciechi la vista, rimettere in libertà gli oppressi») o anche all'invito rivolto da Paolo all'amico Filemone perché non riaccolga più Onesimo come schiavo ma come «fratello nel Signore» (*Fm* v. 16).

Si tratta di dichiarazioni che rivelano certamente una forte carica ideale e spirituale ma che hanno pure risvolti morali ed esistenziali concreti, proprio per quella concezione unitaria della persona che è caratteristica della Bibbia. Sarà la visione greca, adottata spesso inconsciamente dalla successiva tradizione cristiana, a fare di quel messaggio un mero appello interiore. Naturalmente è altrettanto monca e parziale la rilettura di taglio solo sociologico, com'è accaduto in epoca più recente.

Infine, c'è una terza nota da fare, più specifica e contestuale. San Paolo, ai cristiani di Corinto, tra i quali c'erano non pochi schiavi, scrive: «Ciascuno rimanga nella condizione in cui fu chiamato. Sei stato chiamato da schiavo? Non ti preoccupare; anche se puoi diventare libero, profitta della condizione in cui sei!» (*1 Cor* 7,20-21). Lo stesso invito è ripetuto per altri stati di vita. Certo, qui vale la prima osservazione da noi fatta sulla diversa sensibilità di allora rispetto alla nostra. Tuttavia c'è un altro aspetto significativo: per il cristianesimo ogni stato sociale o culturale ha la stessa dignità. Nel giudaismo uno schiavo non poteva essere ammesso come fedele: come faceva a osservare le regole alimentari, il riposo sabbatico e le altre norme di vita della Legge? Per il cristianesimo lo statuto sociale, la professione, la qualità esteriore della persona sono secondari rispetto alla comune dignità di ogni uomo e donna, tutti figli dello stesso Padre, tutti indigenti della salvezza e tutti amati dallo stesso Dio.

Il denaro è «una bacchetta magica»

In un clima di corruzione economica e sociale in cui emerge chi è più spregiudicato nella gestione finanziaria, in cui il ricorso al denaro può ottenere ogni risultato in sede politica, in cui l'unico valore è il successo basato sulla ricchezza, ho cercato attentamente nella Bibbia un qualche cenno al denaro; però, tranne l'episodio di Giuda, non ho trovato alcunché. Da dove vengono allora – mi sono chiesto – le definizioni di crusca, seme o sterco del diavolo?

Chi ci scrive queste righe ha sfogliato troppo velocemente la Bibbia. Basterebbe solo che si facesse aiutare da una «concordanza», cioè da una raccolta tematica dei passi biblici, per accorgersi del suo errore. Se, ad esempio, andasse a leggere le voci «Denaro» e «Ricchezza» nella *Concordanza pastorale della Bibbia* edita dalle Dehoniane di Bologna, potrebbe da solo costruirsi un articolo denso di citazioni, vivace per immagini, appassionato per convinzione. Non c'è, dunque, il solo episodio dei trenta denari di Giuda che, come scrive Giovanni, «era ladro e, siccome teneva la cassa, prendeva quello che vi si metteva dentro» (12,6). Tanto per fare qualche esempio, si dovrebbe allegare il capitolo 8 degli Atti degli Apostoli, con Simone Mago che «offre denaro agli apostoli» (v. 18) per ottenere in cambio il potere di donare lo Spirito Santo e che è bollato da Pietro con queste parole: «Il tuo denaro vada con te in perdizione...!» (v. 21).

Si dovrebbe citare il duro monito di Gesù: «Nessun servo può servire a due padroni: o odierà l'uno e amerà l'altro oppure si affezionerà all'uno e disprezzerà l'altro. Non potete servire a Dio e a mammona» (*Lc* 16,13). «Mammona» è un vocabolo aramaico, usato quattro volte nei Vangeli e una sola nell'Antico Testamento, per indicare appunto il denaro, la ricchezza. Pensiamo poi alle ripetute denunce dei profeti contro la frenesia dell'arricchimento o alle notazioni critiche della sapienza d'Israele. Il Qohelet, ad esempio, ripete che «l'occhio non è mai sazio del denaro» (4,8) perché «chi ama il denaro mai si sazia di denaro» (5,9), convinto che «il denaro riesce a rispondere a tutto» (10,19). «Alla ricchezza, anche se abbonda, non attaccate il cuore» ammonisce il Salmista (62,11), perché – come afferma un altro Salmo – «per quanto sia il prezzo del riscatto di una vita, non potrà mai bastare per vivere senza fine e schivare la tomba» (49,9-10).

Eppure, gli ingiusti, «sempre tranquilli, ammassano ricchezze» (*Sal* 73,12), come fa anche il ricco stolto della celebre parabola del capitolo 12 di Luca. E la Bibbia sembra quasi scritta quest'oggi quando afferma nel libro dei Proverbi: «Il malvagio accetta regali infilati di nascosto sotto il mantello. Un regalo di corruzione, infatti, è come una bacchetta magica, dovunque arriva trova successo ... per far deviare il corso della giustizia ... Quando sono al governo i corrotti, i delitti si moltiplicano; ma i giusti li vedranno cadere!» (17,23.8; 29,16). Il denaro diventa, così, un idolo esigente (l'avarizia è una specie di idolatria, osserva san Paolo) e «l'attaccamento al denaro è la radice di tutti i mali» (*1 Tm* 6,10). Potremmo continuare a lungo: ci sono ancora almeno un centinaio di passi biblici citabili sul tema del denaro, della ricchezza, dell'avarizia, dell'insaziabilità, della corruzione e così via.

Certo, non si trovano nella Bibbia le definizioni evocate dal nostro interlocutore: il denaro come crusca, seme, sterco del diavolo. Esse appartengono alla tradizione popolare e potrebbero dar origine a un'altra immensa antologia, a partire dalla celebre «*auri sacra fames*» dell'*Eneide* di Virgilio (III, 57), cioè da quell'«esecranda fame dell'oro» che spinse il re dei Traci a uccidere il figlio di Priamo inviato presso la sua reggia con molte ricchezze per essere da lui protetto. Per arrivare magari a un lapidario Machiavelli, che nel capitolo XVII del *Principe* scriveva: «Gli uomini dimenticano piuttosto la morte del padre che la perdita del patrimonio». Noi, però, vorremmo ora sulla base del Vangelo fare una riflessione più teologica sulla realtà del denaro.

«Mostratemi la moneta del tributo ... Di chi è questa immagine e l'iscrizione?»: tutti ricordano queste parole di Gesù nel racconto del capitolo 22 (vv. 15-22) del Vangelo di Matteo. Cristo col termine «immagine» vuole rimandare indirettamente a un noto passo del libro della Genesi, quello della creazione dell'umanità, ove si dice: «Dio creò l'uomo a sua immagine; a immagine di Dio lo creò» (1,27). L'uomo, perciò, è «siglato» da un'appartenenza radicale a Dio; egli è «icona» del Signore, incarna quel volto invisibile, porta in sé una traccia del divino, al punto tale che Israele non avrà bisogno di statue per raffigurare Dio. L'uomo è l'«immagine» più somigliante a Dio e a lui è profondamente vincolato. Tra parentesi ricordiamo ancora che per quel passo biblico «immagine» di Dio non è l'uomo maschio da solo, ma l'umanità che è fatta di uomo e di donna («maschio e femmina li creò»): l'amore tra i due e la loro capacità generativa è simbolo del Creatore.

A questo punto si passa alla moneta che reca in sé l'«immagine» di Cesare, cioè dell'imperatore romano, affermando così un legame e un'appartenenza ben precisa. La conclusione di Gesù coinvolge le due «immagini»: «Rendete a Cesare quello che è di Cesare e a Dio quello che è di Dio» (*Mt* 22,21). La moneta, siglata dall'appartenenza ufficiale all'imperatore, sia di Cesare; l'uomo, siglato dall'appartenenza a Dio, sia debitore di se stesso nella sua dignità ultima a Dio. Il potere e il settore dell'economia e della politica non sono annullati in una specie di integralismo religioso. Ma il potere dello Stato e dell'economia ha confini ben precisi e invalicabili che non possono dominare e umiliare l'uomo nella sua realtà più genuina e completa.

La dieta vegetariana

Commentando il racconto della creazione nel capitolo 1 della Genesi, si interpreta il dominio dell'uomo sugli animali («dominate sui pesci del mare e sugli uccelli del cielo e su ogni essere vivente che striscia sulla terra», 1,28) come un diritto a uccidere a scopo alimentare, piuttosto che come diritto-dovere ad amministrare la loro vita. E si dimentica il brano in cui all'uomo è assegnato come cibo l'erba: «Ecco io vi do ogni erba che produce seme e che è su tutta la terra, e ogni albero fruttifero che produce seme: saranno il vostro cibo» (1,29).

Il lettore, che ci ha inviato un lungo scritto appassionato in difesa dell'alimentazione vegetariana, rivela la sua scelta «animalista» all'interno di un quadro più vasto: combattere il razzismo tra uomo e uomo non è che un primo passo (ahimè ancora incompiuto!) per giungere a eliminare ogni «specismo», cioè ogni distinzione tra specie e specie animale, e in questa linea egli fa riferimento all'ampia opera del filosofo australiano Peter Singer, *Liberazione animale*, apparsa tra il 1975 e il 1990.

Come credente, egli rimanda al passo della Genesi in cui, dopo aver affermato la signoria delegata che l'uomo ha ricevuto sul creato, Dio gli assegna una dieta vegetariana, ribadita anche per gli stessi animali (1,30). Nel piano originario di Dio, secondo la Tradizione Sacerdotale (a cui si deve il brano della creazione che apre la Bibbia), una delle diverse fonti sulle quali è intessuto il testo dei primi cinque libri della Bibbia, cioè del Pentateuco, il cibo dell'uomo doveva essere vegetariano. È un modo per presentare la condizione ideale del mondo, in cui non c'è la necessità di uccidere per procurarsi il cibo. Il nostro interlocutore prende proprio lo spunto da questa visione per vedervi fondata la tesi «vegetariana».

A margine notiamo che essa sarebbe, comunque, differente da quella indiana, spesso accolta da alcuni occidentali: là, infatti, l'animale (o meglio alcuni animali) è incarnazione del divino, e quindi si commetterebbe sacrilegio a ucciderlo. Qualcosa del genere appare anche nella Bibbia ma in senso negativo: alcuni animali – ci insegna il capitolo 11 del libro del Levitico – sono vietati perché in sé contengono una carica di «impurità», cioè sono considerati segnati da una forza negativa e malefica che inquina chi li consuma. Si tratta naturalmente di concezioni ancestrali, folcloriche e persino legate a ragioni igieniche.

Ritorniamo al nostro passo. Esso dev'essere compreso alla luce del progetto generale della creazione. L'autore sacro, infatti, sta descrivendo il piano che Dio aveva in mente quando ha spezzato il silenzio del nulla e ha creato il cosmo e l'umanità. Si tratta naturalmente di un disegno perfetto e ideale, intessuto di armonie, nel quale i rapporti sono sereni e pacifici, in cui il limite creaturale è quasi ignorato e viene esaltata una convinzione che l'autore ispirato esprime con l'aggettivo ebraico *tôb*, «buono e bello», applicato alle realtà create e che il libro della Sapienza formulerà così: «Dio ha creato tutto per l'esistenza; le creature del mondo sono sane, in esse non c'è veleno di morte» (1,14).

L'autore «Sacerdotale» del libro della Genesi è, però, consapevole che non solo le creature per loro stessa essenza sono «finite» e limitate, ma che esiste anche la libertà umana, destinata spesso a ridimensionare o inquinare quel quadro di perfezione. È così che si introduce una nuova rappresentazione – questa volta nella sua realtà storica e non più solo nel progetto divino – del mondo: è quella che si legge dopo l'esperienza del diluvio, che è stato il segno del giudizio del Signore sul male. La stessa Tradizione Sacerdotale, che ha scritto i versetti «vegetariani» sopra citati, enuncia ora un nuovo principio che riguarda la storia dell'umanità in cui viviamo. Leggiamo questo rinnovamento della creazione così com'è descritto ancora nel libro della Genesi: «Dio benedisse Noè e i suoi figli e disse loro: Siate fecondi e moltiplicatevi e riempite la terra. Il timore e il tremore di voi sia in tutti gli animali della terra e in tutti gli uccelli del cielo. Ogni essere che striscia sul suolo e tutti i pesci del mare sono dati in vostro potere. Ogni essere che striscia e ha vita sarà vostro cibo; tutto questo io vi do, come già le verdi erbe. Soltanto non mangerete la carne che ha in sé il sangue» (9,1-4).

L'uomo può, quindi, cibarsi di carni di animali purché non vivi e col sangue non sgocciolato: com'è noto, il sangue per i semiti è il simbolo della vita. Si afferma, dunque, la dipendenza ultima di ogni creatura vivente dal Signore «che ha in mano il respiro di ogni essere vivente» (*Gb* 12,10), ma al tempo stesso si legittima la nutrizione con carni animali, riconoscendo che l'attuale situazione è diversa dall'ideale condizione originaria. Quell'ideale non viene del tutto abrogato. Rimarrà ancora come proposta escatologica, ossia come esperienza per i tempi perfetti, quando la redenzione sarà piena. Il Salmo 104, che dipinge la creazione in tutto il suo splendore, canta: «Fai crescere l'erba per gli armenti e le piante che l'uomo coltiva, perché tragga alimento dalla terra: il vino che allieta il cuore dell'uomo, l'olio che fa brillare il suo volto e il pane che sostiene il suo cuore» (vv. 14-15). Tuttavia la Bibbia riconosce nel tempo presente la legittimità di una dieta animale, come ha fatto anche Gesù che, ad esempio, si è cibato di pesce (*Gv* 21,9-14), sapendone anche distinguere le qualità commestibili secondo le prescrizioni alimentari regolate dal libro del Levitico (si legga la parabola della rete da pesca nel Vangelo di Matteo 13,47-50).

Medicina naturale e omeopatia

Contro il trionfo della chimica a cui si è votata la moderna farmacologia, bisognerebbe raccogliere l'invito biblico ad apprezzare «la proprietà delle radici» (Sap *7,20) perché «il Signore ha creato i medicamenti dalla terra e l'uomo assennato non li disprezza ... e con questi il farmacista prepara le sue misture»* (Sir *38,4.8). La medicina naturale ha, quindi, un fondamento religioso e biblico, come lo ha l'omeopatia, se è vero che simbolicamente Mosè erige un serpente di bronzo per combattere il veleno dei serpenti del deserto, in pratica ricorrendo alla stessa componente per combattere un elemento negativo* (Nm *21,4-9).*

Cercare di trovare un fondamento biblico per la medicina naturale e l'omeopatia, in opposizione alle terapie scientifiche moderne, è francamente un'operazione improponibile. Certo, a prima vista potremmo ricorrere, oltre che ai testi evocati dal nostro interlocutore, al passo di Ezechiele 47,12, ripreso anche dall'Apocalisse (22,2), ove la Terra santa dell'era futura perfetta («escatologica», come dicono i teologi) avrà alberi i cui «frutti serviranno come cibo e le foglie come medicina». Oppure si potrebbe rimandare all'impiastro di fichi che Isaia fa applicare alla ferita del re Ezechia guarendolo (*Is* 38,21). O all'olio usato spesso come emolliente e come lenitivo o al vino come disinfettante, secondo quanto ricorda la parabola del Buon Samaritano (*Lc* 10,34), quello stesso vino che Paolo consigliava come tonico per lo stomaco al discepolo Timoteo (*1 Tm* 5,23). Similmente, la mandragora era applicata contro la sterilità (*Gn* 30,14), la mirra fu offerta come anestetico a Gesù (*Mc* 15,23), il collirio era un medicamento per la vista (*Ap* 3,18) e gli unguenti e i balsami avevano varie funzioni terapeutiche.

Se, infatti, la Bibbia è una Rivelazione divina che si comunica nella storia, è ovvio che essa rifletta la cultura di un determinato periodo storico, e la farmacologia di allora conosceva appunto solo prodotti naturali, con applicazioni spesso intrecciate a tradizioni ancestrali, folcloriche e persino magiche. Anche la pratica omeopatica occhieggia, oltre che nell'episodio citato dei serpenti velenosi, forse anche nel caso del legno gettato nelle acque avvelenate di Mara (*Es* 15,23-25), come sembra supporre il Siracide che ne parla in contesto farmacologico (38,5). L'intenzione dell'autore sacro non è, però, quella di dare una norma di tipo scientifico, pur riconoscendo la validità di alcuni prodotti naturali in sede terapeutica.

Ma, come accade anche per la cosmologia biblica – che considerava la terra al centro del cosmo, simile a una piattaforma retta da colonne, con la calotta celeste immaginata come una cupola alla quale sono appesi i «lampadari» del sole, della luna e delle stelle –, così non si deve assumere questi dati di ambiente come oggetto dell'insegnamento biblico. Lapidario è stato il Concilio Vaticano II che, citando il Vaticano I, dichiarava: «Con la divina Rivelazione Dio volle manifestare e comunicare se stesso e i decreti eterni della sua volontà riguardo alla salvezza degli uomini, per renderli così partecipi di quei beni divini che trascendono la comprensione della mente umana» (*Dei Verbum*, n. 6).

Già sant'Agostino affermava che «non si legge nel Vangelo che il Signore avrebbe detto: Vi manderò il Paraclito a insegnarvi come vanno il sole e la luna. Voleva formare dei cristiani, non dei matematici». Bisogna, perciò, isolare la verità che la Bibbia ci vuole comunicare rispetto alla sua concreta modalità di espressione, legata a una cultura, a una scienza e a un contesto storico datato. E questo fa capire quanto poco abbiano a che fare con l'autentica spiritualità cristiana le «terapie alternative» che, ad esempio, il movimento di New Age propone come componente rilevante della sua religiosità che miscela messaggio e massaggio, yoga e yogurt, medicina e mistica, fitness e ascesi. Scienza e fede s'incrociano perché spesso è identico il soggetto che considerano, cioè l'uomo, ma ben differente è il loro approccio, e scienziato e teologo devono saper mantenere i loro ambiti specifici di ricerca e di affermazione.

Dio è di destra?

Tanti sono gli aspetti del linguaggio biblico che noi accettiamo tranquillamente senza comprenderne la ragione. Ne potremmo citare uno a prima vista marginale che, però, ha avuto esiti anche sociali. Ogni domenica noi credenti in Chiesa, recitando il Credo, dichiariamo che Cristo «siede alla destra di Dio Padre onnipotente». Questo privilegio riservato alla «destra» ha avuto un'eco anche nella nostra cultura: l'accanimento nei confronti dei «mancini», che si è avuto in passato, risentiva di questa opzione simbolica, o forse anche il rilievo maggiore che si assegna alla «destra» politica in ambito religioso viene da qui…

In verità, una volta tanto la politica non c'entra: la distinzione tra destra moderata o conservatrice e sinistra progressista nasce, infatti, dall'assemblea parlamentare al tempo della Rivoluzione francese e dalla collocazione di questi due gruppi antitetici nell'aula rispetto al presidente dell'assemblea stessa. Quando nella Bibbia, e nella tradizione successiva, entra in scena la «destra», si ha dunque qualcosa di antecedente a ogni connotazione politica. Se proprio si vuole risalire a una genesi primordiale, a un archetipo, dobbiamo probabilmente pensare all'uso privilegiato della destra nelle attività manuali, tant'è vero che – come osserva il nostro interlocutore – nell'antichità (ma la cosa è durata fino ai nostri giorni, persino nelle scuole di qualche decennio fa) il mancinismo era considerato come innaturale e, quindi, diventava un segno discriminante negativo.

È curioso notare, ad esempio, che in greco *dexiós*, «destro» (che nel Nuovo Testamento ricorre 54 volte), deriva dal verbo *déchomai* che significa «prendere, afferrare», indicando appunto la funzione operativa, utile e preziosa, della destra. È facile, allora, comprendere perché la posizione a destra sia diventata segno di onore, fortuna, felicità. Quando Gesù invita i discepoli, a pesca sul lago di Tiberiade, a «gettare la rete dalla parte destra della barca» (*Gv* 21,6), fa appunto riferimento alla tradizione popolare che la considerava come il lato della fortuna.

Quando Rachele dà alla luce un maschietto e, prima di morire di parto, gli assegna il nome di *Ben-'onî*, cioè «figlio della mia doglia», il padre, che è il patriarca biblico Giacobbe, non esita – per amore della moglie – a cambiare il nome in *Ben-yamîn*, «figlio della destra», come auspicio di benedizione (donde il nostro «Beniamino»). Così al re-Messia il Signore dice: «Siedi alla mia destra», indicando la posizione di prestigio che era, tra l'altro, quella probabilmente adottata dal sovrano accanto all'arca dell'alleanza durante l'intronizzazione, e la collocazione del palazzo reale rispetto al tempio di Sion (*Sal* 110,1). Lo stesso Gesù, durante il processo davanti al Sinedrio, applica a sé quel versetto: «Vedrete il Figlio dell'uomo seduto alla destra di Dio» (*Mt* 26,64).

È in questa luce che la glorificazione pasquale del Risorto, professata appunto nel Credo, è espressa proprio ricorrendo all'immagine dell'insediamento di Cristo alla destra del Padre. Ecco come Marco sintetizza l'ascensione: «Il Signore Gesù, dopo aver parlato con loro, fu assunto in cielo e sedette alla destra di Dio» (16,19). E il tema riappare a più riprese nel Nuovo Testamento. Un esempio per tutti nella Lettera agli Efesini: «Dio risuscitò Cristo dai morti e lo fece sedere alla sua destra nei cieli, sopra ogni principato e autorità, ogni potenza e dominazione e ogni altro nome che si possa nominare non solo nel secolo presente ma anche in quello futuro» (1,20-21).

In queste parole si intuisce in modo nitido che la destra è usata come simbolo di potere e di gloria ed è in tale linea che nel Credo si ripete che Gesù «è salito al cielo e siede alla destra del Padre». Riusciamo ugualmente a capire perché nel grandioso affresco evangelico del giudizio finale il Figlio dell'uomo «porrà le pecore alla sua destra e i capri alla sinistra», perché «quelli che stanno alla destra», i giusti, siano interpellati così: «Venite, benedetti del Padre mio» (*Mt* 25,33-34). E dato che si tratta di un simbolismo legato a una concezione socioculturale diffusa, ma propria di un determinato ambito storico-geografico, è legittimo che la resa di quell'immagine possa essere correttamente ribaltata laddove – come ad esempio in Giappone – la sinistra sia invece considerata come la posizione preminente e gloriosa, senza per questo ledere la «verità» del messaggio sotteso.

III

Le domande «ultime»

Questo mondo non è Conclusione.
Un seguito è al di là –
invisibile come la musica –
forte come il suono.
Fa segno e poi sfugge.
Filosofia non lo sa.
È l'intuizione, alla fine, a penetrare l'Enigma ...
E i narcotici non possono placare
il dente che rode l'anima.

EMILY DICKINSON, *This World is not Conclusion*

Quando nel 1991, colpito dal cancro, padre David Maria Turoldo pubblicò la raccolta poetica *Canti ultimi*, molti interpretarono quel titolo come un addio del poeta ai suoi lettori, espressione di un testamento spirituale, mentre il mostro insediato nelle sue carni (per usare le sue parole) stava celebrando il suo trionfo terminale. In verità, quelli non erano gli «ultimi canti» ma, ricorrendo proprio al linguaggio religioso, erano canti che parlavano delle realtà «ultime», cioè della meta estrema della vita, del fine dell'essere, del senso supremo dell'esistere.

È in questa stessa prospettiva che devono essere interpretate le «domande ultime» che seguiranno. Esse non temono di affrontare questioni spesso esorcizzate o emarginate dalla società e dalla cultura contemporanea, cioè il male, il peccato, la morte, l'oltrevita. In particolare sono quelli che con un suggestivo termine latino vengono definiti come i «Novissimi», ossia l'ultima e totalmente nuova sponda del nostro vivere. L'interrogativo che serpeggia in queste dimensioni dell'essere e dell'esistenza è, perciò, radicale e ha sostanzialmente due risposte che si oppongono tra loro.

C'è la sconsolata e fredda conclusione della *Canzone della notte n.* 2 del cantautore Francesco Guccini: «Ognuno vive dentro ai suoi egoismi, / vestiti di sofismi, / e ognuno costruisce il suo sistema / di piccoli rancori irrazionali, / di cosmi personali / scordando che poi infine tutti avremo / due metri di terreno». Ma c'è anche lo sguardo di chi cerca di insinuarsi oltre le palate di terra che coprono la salma deposta nel riquadro dei «due metri di terreno» e che considera la morte come l'altra faccia della vita rispetto a quella rivolta verso di noi.

Le pagine della presente sezione di domande e risposte condividono questa seconda scelta che non è solo cristiana, se è vero che il poeta indiano Tagore cantava: «Pace, cuor mio; il tempo dell'addio sia dolce. / Non sia morte ma completamento. / L'amore si sciolga nel ricordo. / Fermati un istante, / o Bellissima Fine, / e in silenzio dimmi le tue parole ultime!».

Dio e il male

Stando alla Bibbia, il Dio dell'Antico Testamento era realmente più vicino al suo popolo, schierandosi dalla sua parte contro i prevaricatori, oppure intervenendo in difesa delle vittime delle ingiustizie in modo esplicito. Dio appariva più nettamente come il nemico del male. Sembra, invece, che Cristo sia morto invano, se dopo duemila anni non c'è pace sulla terra. Perché Dio non ferma la mano ai signori della guerra come con Abramo?

Il nostro interlocutore «difende» l'Antico Testamento e «il Dio di Abramo, di Isacco e di Giacobbe», più vicino al suo popolo di quanto sembra esserlo oggi: egli intervenne spesso per lenire le sofferenze degli uomini, mandò Mosè per liberarli dalla schiavitù, aprì le acque del Mar Rosso, fece piovere la manna dal cielo. Insomma era un Dio più attivo di quello attualmente così lontano, così assente, quasi insensibile alle sofferenze dei suoi figli. Siamo contenti che, una volta tanto, ci sia chi apprezzi l'Antico Testamento: di soliti siamo sommersi da lettere che chiedono conto delle «sacre violenze», delle dubbie moralità, delle pagine scandalose delle Scritture Sacre ebraiche.

Questa volta, però, siamo costretti a smentire – sia pure parzialmente – il nostro lettore: anche l'Antico Testamento riflette gli stessi interrogativi da lui applicati solo al Nuovo e all'oggi cristiano. Basterebbe leggere Giobbe, certe pagine profetiche o alcuni Salmi. Geremia si chiedeva: «Tu sei troppo giusto, o Signore, perché io possa discutere con te; ma vorrei rivolgerti una domanda sulla giustizia: Perché gli affari dei mascalzoni prosperano? Perché tutti i traditori sono tranquilli?» (12,1). Domande costanti, queste, sullo scandalo del dolore e del male, dell'ingiustizia e della sventura, avanzate già dalle tavolette babilonesi e dai papiri egizi. Per i credenti, più che per gli agnostici, sono domande imbarazzanti. Giovanni Paolo II, nella *Salvifici doloris* (1984), riconosceva che «la sofferenza umana desta compassione, desta anche rispetto e a suo modo intimidisce. In essa, infatti, è contenuta la grandezza di uno specifico mistero».

Ecco, vorremmo partire proprio dalla definizione frequente del male e del dolore come «mistero». Da un lato esso significa oscurità, enigma, persino assurdità. Giobbe – ma anche Cristo stesso di fronte al suo martirio – sente il peso di questa realtà che acceca e che mette in crisi il concetto di un Dio giusto e non indifferente alla storia e all'umanità. Già il filosofo greco Epicuro dichiarava: «Se Dio vuole togliere il male e non può, è debole; se può e non vuole, è ostile nei nostri confronti; se non vuole e non può, è ostile e debole; se vuole e può, perché permette il male e non lo elimina?».

Tanti sistemi filosofici e teologici hanno cercato di aprire qualche spiraglio nella cittadella fortificata di questo mistero, trovando alcune risposte, per quanto sempre parziali. In tal senso la Sacra Scrittura non condanna il disperato che lancia a Dio il suo «Perché? Fino a quando?»; anzi lo fa diventare preghiera in molti Salmi e lo lascia serpeggiare senza risposta in Qohelet e in molti capitoli di Giobbe.

C'è però un altro valore della parola «mistero», ed è quello di progetto superiore, di disegno trascendente che non annulla ma supera la nostra razionalità. È ciò che vuole dimostrare il libro di Giobbe ed è ciò che sta alla base della speranza cristiana. Dio sa dare senso anche al caos, al male, al nulla, al limite, ma all'interno di un piano che non è così schematico e lineare come quello che noi escogiteremmo e che è, ad esempio, proposto dagli amici di Giobbe. Questo «mistero» comprende alcuni punti fissi che Dio stesso ci ha rivelato (e da ciò si intuisce che questo è un discorso «teologico», che suppone la fede).

Innanzitutto Dio non è all'origine del male, né esiste un principio divino del male (come sostengono alcune religioni dualistiche che vedono la storia retta dallo scontro fra un dio del bene e un dio del male), né siamo affidati a un'entità oscura come il Fato greco, né il diavolo è arbitro incontrollato della storia.

In secondo luogo, una parte consistente del male fiorisce dal limite della creatura e dalla libertà umana che Dio prende sul serio. Egli non ci ha creati come una stella, legata a meccaniche celesti rigide, ma come interlocutori liberi. Il poeta tedesco Friedrich Hölderlin comparava la creazione dell'uomo da parte di Dio al ritirarsi dell'oceano per far emergere la terra: Dio «si ritira» per rispetto alla grandezza dell'uomo, che non è suo schiavo né suo oggetto, ma persona capace di adesione e di rifiuto e quindi di produrre il male.

Terzo punto fisso: Dio, però, non è indifferente alla libertà umana. Egli interviene in due modi: col sostegno della sua grazia, che viene continuamente offerta e che prende spesso il profilo del perdono, e con l'irruzione della sua giustizia le cui strade, tuttavia, non sono come quelle che noi vorremmo pianificare e la cui attuazione non comprende solo l'arco breve della vita presente, ma anche il destino ultimo ed eterno dell'uomo. All'interno di questo punto possono confluire vari elementi: pensiamo alla cosiddetta «retribuzione», secondo la quale a ogni delitto corrisponde un castigo (che può essere già insito nella stessa colpa), alla funzione purificatrice del dolore, al giudizio finale e così via. Certo è che, però, esiste anche un male che non è spiegabile col peccato umano, e che rimane un «mistero» in senso negativo, come sopra si affermava.

C'è, poi, un ultimo dato fondamentale per il cristiano. Con l'Incarnazione, mediante il Figlio Gesù Cristo, vero uomo, Dio è entrato e passato attraverso il male, il dolore e la morte assumendoli, vivendoli, unendoli a sé. Quel passaggio non è stato indifferente, ha lasciato nel male una traccia divina: da allora c'è un seme di luce, di vita, di gioia, di eterno, di salvezza nel grembo del limite e del male. Esso non esplode subito, anche se lascia alcuni segni (pensiamo ai miracoli di Gesù e a quelli successivi), ma agisce sotto la crosta dura della nostra storia per condurla, senza dissolverla, a una nuova realtà che il Nuovo Testamento annuncia. Come ha osservato giustamente il teologo Hans Küng, «l'amore di Dio non mi protegge *da* ogni sofferenza, mi protegge *in* ogni sofferenza, nell'attesa della vittoria definitiva dell'amore». E il poeta francese Paul Claudel scriveva: «Dio in Cristo non è venuto a spiegare la sofferenza, ma è venuto a riempirla della sua presenza».

L'uomo e il male

La Chiesa ci ha insegnato sempre che l'uomo – fatto a immagine di Dio – è il capolavoro della creazione, perché uscito dalle sue mani. C'è un versetto di un Salmo che illustra meglio delle mie disadorne parole la grandezza dell'uomo: «L'hai fatto poco meno di un dio, di gloria e di onore lo hai coronato» (8,6). Quel che non riesco a spiegarmi è come mai l'uomo è purtroppo capace (l'esperienza ce ne dà tante prove antiche e recenti) di tanto male. Ci sono, infatti, uomini più votati al male che al bene. Perciò, si è fatta strada in me la tendenza a pensare che la vera grandezza dell'uomo sia in realtà ristretta più che altro alla forza – questa sì – dell'intelligenza.

Democrito di Abdera, filosofo greco del V-IV secolo a.C., nel suo frammento 34 ci ha lasciato una celebre definizione dell'uomo: egli è un *mikròs kósmos*. Ma Mefistofele, nel *Faust* di Goethe, non esiterà a specificare che, in realtà, egli è un *kleine Narrenwelt*, un «microcosmo di pazzia». L'antropologia ebraico-cristiana presenta sostanzialmente entrambi questi profili della creatura umana. Da un lato, c'è l'aspetto glorioso, che il nostro interlocutore evoca attraverso la citazione del Salmo 8, ma che ha la sua radice nella famosa dichiarazione d'apertura della Genesi: «Dio creò l'uomo a sua immagine; a immagine di Dio lo creò, maschio e femmina li creò» (1,27). Ebbene, come abbiamo già avuto occasione di spiegare, per la legge del parallelismo, capitale nella stilistica ebraica, è facile intuire che l'«immagine e somiglianza» non è né nell'anima (sulla quale la Bibbia è reticente, preferendo una visione unitaria psicofisica), né tanto meno nell'intelligenza (quali crudeltà e mostri essa può generare!), quanto piuttosto nell'essere «maschio e femmina», ossia nella feconda relazione d'amore che idealmente continua l'opera della creazione.

D'altro lato, però, proprio il secondo racconto della creazione, presente nei capitoli 2-3 della stessa Genesi, mette in scena l'uomo peccatore che, afferrando il frutto dell'«albero della conoscenza del bene e del male», determina in proprio i valori morali respingendone la assolutezza e trascendenza. È altrettanto facile intuire che il nodo capitale di questa antropologia è nella libertà e nell'autocoscienza personale e morale. Come scriveva nei suoi *Pensieri* Pascal, «la grandezza dell'uomo è grande nel suo conoscersi miserabile. L'albero non si sa miserabile», cioè finito, caduco, limitato. E continuava: «In una parola, l'uomo sa di essere miserabile: è dunque miserabile poiché lo è; ma è ben grande, perché lo sa» (n. 255, ed. Chevalier).

In ultima analisi, perciò, secondo questa visione, Dio non crea l'uomo come un essere predeterminato solo al bene o solo al male (così come accade per una stella o un vegetale), bensì come una persona libera, autonoma fino al punto di potersi ribellare al suo stesso Creatore. Si spiega, così, il male storico con la sua scia tragica di perversioni e, in questo senso, la dottrina del «peccato originale» (comunque lo si definisca) acquista un rilievo antropologico decisivo, come ribadiva ancora Pascal. Ma, attraverso la stessa libertà umana, si spiega anche la straordinaria e forse meno appariscente opera continua di bene, di giustizia e di bellezza che l'umanità produce nella storia. A questo punto, però, si aprono nuovi interrogativi e risposte ai quali voglio solo accennare. L'uomo, infatti, non è del tutto solo nella sua scelta libera. Da un lato, si presenta la forza oscura del male che la tradizione ebraico-cristiana incarna in Satana e nel male del mondo; d'altro lato, ecco anche la grazia divina che sorregge l'opzione della libertà, sanandola dalla sua radicale debolezza. Sono questioni molto complesse che esigono ampi approfondimenti e che costituiscono uno dei nodi fondamentali della stessa teologia.

Libertà e peccato

Andando al di là di facili battute sul Dio più o meno onnipotente, onnisciente, onnipresente e qualche altro «onni...», capace quindi di dominare e condizionare la sua creatura, qual è esattamente l'antropologia ebraico-cristiana? In pratica – vorrei dire, risalendo al nucleo duro della questione – se mettiamo al centro quel Dio «onni...», possiamo lasciare spazio alla creatura umana? E viceversa se mettiamo al centro l'uomo, possiamo salvare Dio?

La domanda punta al cuore della teologia stessa ed è arduo comprimere in qualche decina di righe ciò che secoli di pensiero hanno elaborato lungo i percorsi di altura della ricerca speculativa e sistematica. Se stiamo alla concezione ebraico-cristiana, c'è una prima tesi capitale. Dio è, sì, onnipotente, onnisciente e infinito ma – per così dire – ha deciso nella creazione di lasciare spazio a un'altra presenza fisico-creaturale che, però, nell'uomo acquista un connotato drammatico e dialettico attraverso l'assegnazione della libertà. È ben nota la solitudine decisiva dell'uomo e della donna sotto l'albero della conoscenza del bene e del male (*Gn* 2-3), evidente simbologia della scelta morale autonoma.

Dio, quindi, non esercita l'onnipotenza nei confronti dell'uomo in forma tirannica e le Scritture ebraico-cristiane – che già esplicitano il concetto di «coscienza» umana – ribadiscono questa autonomia con la sua grandezza e i suoi rischi: «Io ti ho posto davanti la vita e la morte, la benedizione e la maledizione: scegli, dunque, la vita, amando il Signore tuo Dio, obbedendo alla sua voce e tenendoti unito a lui» (*Dt* 30,19-20). O ancora, secoli dopo, il Siracide, sapiente biblico del II secolo a.C., annotava: «Non dire: Mi sono ribellato per colpa del Signore ... Egli mi ha sviato! Dio in principio creò l'uomo e lo lasciò in balìa del suo proprio volere. Se vuoi, osserverai i comandamenti, l'essere fedele dipende dalla tua volontà. Egli ha posto davanti a te il fuoco e l'acqua, là dove vuoi stenderai la mano. Davanti agli uomini stanno la vita e la morte, a ognuno sarà dato ciò che a lui piacerà» (15,11-17).

Nel creare l'uomo, l'onnipotenza divina decide dunque di lasciarsi anche «ferire» e quasi «comprimere» dalle scelte umane antitetiche, illustrate emblematicamente nella celebre pagina del «peccato originale» di Genesi 3. È qui la differenza radicale con l'antropologia mesopotamica, che vedeva l'uomo come creatura impastata col fango della materialità e col sangue del dio ribelle e sconfitto Qingu: l'uomo era quindi considerato come irrimediabilmente costretto al male ed era in tal modo l'antitesi della divinità. Oppure, al contrario, in altre concezioni di origine indiana l'umanità è una particella immersa nell'oceano infinito del divino.

L'antropologia biblica della libertà, oltre all'insito limite creaturale (la finitudine), trascina con sé a questo punto il tema della colpa e del peccato e si allunga ulteriormente verso l'orizzonte del male, aprendo questioni di altissimo spessore teorico prima ancora che esistenziale. C'è, però, un passo ulteriore da compiere. Il Dio biblico è morale, non è un cinico sovrano che crea e poi abbandona a se stessa la sua creatura. Egli non è indifferente al bene e al male e non lascia la libertà umana in un isolamento sprezzante. Ne derivano, così, due conseguenze. La prima riguarda l'azione della «grazia» divina che s'intreccia con la libertà umana, sostenendola per un'opzione positiva, in un dosaggio delicatissimo, sulla cui calibratura si sono accaniti pensatori straordinari, a partire da san Paolo per procedere con Agostino, Tommaso d'Aquino, Lutero, Pascal, Kierkegaard, tanto per fare qualche nome tutt'altro che secondario nella storia della cultura occidentale. C'è, poi, l'evento fondamentale della «redenzione» per cui Dio stesso, nel Figlio, assume l'umanità dall'interno, partecipando al limite della morte e incontrandosi col peccato per «redimerla».

Dio non rimane indifferente di fronte all'uomo e alla moralità, anche secondo un'altra prospettiva, quella escatologica. E qui si viene incontro all'obiezione di forte impatto emotivo riguardante i vari carnefici della storia non fermati da Dio nel loro agire. Dio non smentisce se stesso come Creatore di una creatura libera e, quindi, pur col sostegno della «grazia», non azzera da Burattinaio supremo i movimenti convulsi e insensati della sua creatura, né si riduce a essere il «Tappabuchi» di una creatura limitata per sua stessa natura. Tuttavia non è neppure un Imperatore impassibile ed estraneo, relegato nel suo cielo dorato: egli ha dato un senso alla creazione e l'ha inserita in un progetto generale (si legga il capitolo 8 della Lettera ai Romani o l'Apocalisse). L'escatologia altro non è che l'attuazione definitiva di questo disegno in cui bene e male, grano e zizzania sono finalmente sceverati e giudicati. È questo il senso del cosiddetto «giudizio finale», dei «Novissimi» e – per ricorrere ancora all'Apocalisse – della «Gerusalemme nuova». Fermiamoci qui, consapevoli di aver solo tracciato un abbozzo di questioni che esigono una lunga e seria investigazione.

Dio, l'uomo e Satana

Di che cosa si parla quando si parla di Dio? Di un Essere? Di un individuo soprannaturale con fattezze umane che possiede identità e volontà? Di uno Spirito? O che altro? Chi parla di un Dio/Bene quale Altro dall'uomo, e di Satana/Male quale invincibile tentatore, mi lascia perplesso. Non ritiene che questa sia una mitologia facile facile, adatta a un uso quotidiano e spicciolo?

Le questioni che il nostro interlocutore solleva sono capitali a livello teologico: il concetto di Dio, la libertà della persona umana, la grazia, il male e così via sono temi fondamentali, da secoli oggetto di riflessione. Io vorrei, perciò, fermarmi solo su un aspetto molto specifico, quello del rapporto triangolare Dio-uomo-Satana. Nel Nuovo Testamento si hanno testi in cui è indubbia la realtà e l'azione di Satana (e così sarà nella dottrina ecclesiale successiva) e altri in cui – come nel caso dell'ossesso del Vangelo di Marco (9,14-27) – la possessione è invece quella che noi classificheremmo come una sindrome epilettica o una psicopatia. D'altronde, la tradizionale tesi della «retribuzione», per la quale a ogni delitto Dio infligge un castigo, spingeva a ritrovare nella malattia e nella sofferenza sempre una radice di colpa o di male morale (la tesi è sostenuta dagli amici di Giobbe; si veda, invece, la reazione contraria di Cristo davanti al cieco nato nel Vangelo di Giovanni in 9,1-3).

Se stiamo, però, al perimetro molto ristretto da noi scelto, bisogna subito affermare che il cristianesimo rigetta ogni forma di dualismo che veda come arbitri della storia e dell'essere due divinità antitetiche e dialettiche tra loro. Il demonio non è il principio del male che combatte il principio divino del bene, determinando la tensione permanente e strutturale dell'essere creato. Per la tradizione cristiana, Satana è inferiore a Dio e da lui controllato e dominato.

Una seconda osservazione concerne invece l'uomo. Dobbiamo rifiutare l'alibi del diavolo per cancellare la libertà e la responsabilità umana. Prima di tutto è necessario puntare l'indice contro il male che l'uomo crea con le sue stesse mani. Il rischio, glorioso e miserabile, della libertà è alla radice dell'esistere e dell'agire di ogni persona nel bene e nel male. Tuttavia questa libertà può essere condizionata ed è qui che entra in funzione la figura di Satana.

Una terza considerazione, invece, potrebbe riassumere il profilo del demoniaco secondo la Bibbia. Si tratta di una visione «analogica» e «simbolica» che ingloba in sé molte dimensioni che noi, più analiticamente, siamo inclini a distinguere: in essa si annidano male fisico, devianze psichiche, peccato personale, influsso sociale nefasto, il male in genere ma anche il Maligno. Ebbene, in questo senso si può dire che Satana, a prima vista, per la Bibbia tende a personificare tutto il male del mondo nelle sue molteplici variazioni. Ci sono però passi in cui si ha l'affermazione netta che Satana è un mistero specifico che si oppone al progetto divino sull'umanità e sull'essere.

La teologia successiva ha parlato di «personalità» del demonio sulla base anche delle scene evangeliche in cui Gesù interpella Satana ed è interpellato direttamente da lui. Certo, parlare di «persona», o «essere personale», per quanto riguarda il diavolo è una formulazione da precisare perché la «persona» è un valore, è un'unità piena e armonica, mentre Satana è «colui che divide» (*diábolos*), che incrina la perfezione. Joseph Ratzinger, da teologo, ha usato un'espressione paradossale: «Il diavolo è un essere personale al modo della non-persona». È l'antitesi di Dio, nel quale l'essere persona è pienezza assoluta; è l'antitesi anche dell'uomo, la cui persona dovrebbe essere segno di ricchezza e intimità profonda. In modo suggestivo lo scrittore francese agnostico André Gide scriveva: «Se il diavolo potesse, direbbe: Io sono colui che non sono», con evidente riferimento alla definizione biblica di Dio: «Io sono colui che sono» (*Es* 3,14).

Con questa considerazione ritorniamo al punto da cui siamo partiti. Il discorso deve tener conto di tante componenti da collocare correttamente. Per capire Satana bisogna prima affermare, conoscere e porre al suo giusto posto Dio, che rimane l'oggetto e il soggetto primario e ineludibile della fede cristiana. La salvezza offerta da Cristo non è una pura e semplice redenzione dalle malefatte del demonio e della libertà umana. È, come dice san Paolo, «molto di più» (*Rm* 5,17): è il dono di una vita nuova, è la partecipazione alla stessa vita divina, è comunione con Dio e con l'eternità, è il superamento – per grazia, cioè per dono salvifico – del limite creaturale.

Delitto e castigo

Ecco davanti a me un passo di quella che – se credenti – dovremmo chiamare «parola di Dio»: «I figli di adulteri non giungeranno a maturità, la discendenza di un'unione illegittima sarà sterminata. Anche se avranno lunga vita, non saranno contati per niente, e, infine, la loro vecchiaia sarà senza onore. Se poi moriranno presto, non avranno speranza né consolazione nel giorno del giudizio, poiché di una stirpe iniqua è terribile il destino» (Sap 3,16-19)*. Com'è possibile accogliere un simile testo a guida della nostra religiosità?*

Composto in greco alle soglie dell'era cristiana probabilmente da un ebreo di Alessandria d'Egitto, e posto sotto il patronato simbolico di Salomone, maestro della cultura sapienziale ebraica, il libro della Sapienza si rivela, in realtà, in molte sue parti, come un'opera aperta e innovativa. Si pensi solo alla sua esplicita dottrina dell'immortalità beata riservata al giusto e allo stesso contesto che precede e segue il brano evocato dal nostro lettore (3,13-15 e 4,1-2). In esso, infatti, si esalta la donna sterile ma onesta e l'eunuco «la cui mano non ha commesso iniquità», al contrario di molte pagine anticotestamentarie che consideravano questo stato fisiologico come una maledizione divina perché impediva la generazione, vista come segno della benedizione divina. È all'interno di questo contesto morale che si devono comprendere le parole dure che seguono e che scandalizzano il lettore. Il linguaggio è pesante e riflette espressioni tradizionali dell'Antico Testamento. Per capirlo dobbiamo tener presenti tre dati.

Il primo riguarda la cosiddetta «teoria della retribuzione»: nell'antica sapienza di Israele a ogni delitto doveva corrispondere un castigo divino, che poteva manifestarsi sia nell'insuccesso sia nella sofferenza dell'individuo peccatore o di quanto gli era caro, cioè la famiglia e la discendenza. È noto a tutti che Giobbe ha reagito contro questa concezione troppo schematica, spesso smentita dalla realtà, e sulla sua linea si porrà nettamente anche Cristo: esemplare è il caso, da noi già evocato, del cieco nato, in cui Gesù nega che quel male fisico derivi da un peccato del sofferente o dei suoi genitori (si veda *Gv* 9,1-3). Si deve, quindi, tener conto dell'evoluzione insita nella Bibbia, proprio perché è una Rivelazione storica che procede di tappa in tappa. Non è, perciò, possibile assumere un solo testo a sé stante.

Il secondo elemento tocca proprio la questione della famiglia dell'empio che è coinvolta nella punizione. Si tratta di una sorta di responsabilità collettiva, che non dev'essere presa troppo alla lettera ma vista piuttosto come una sottolineatura di una componente significativa: il peccato non è mai una questione solo individuale, ma ha una risonanza nella società, lascia uno strascico che inquina l'atmosfera morale e talora produce una scia anche fisica (pensiamo, ad esempio, alla trasmissione dell'Aids al figlio da parte di una madre malata o alle simili conseguenze causate da un genitore drogato o etilista).

Ciò non toglie che primaria sia la responsabilità individuale. Si legga, a questo proposito, l'intero capitolo 18 di Ezechiele o queste parole di Geremia: «Non si dirà più il proverbio: I padri hanno mangiato uva acerba e i denti dei figli si sono allegati! Ma ognuno morirà per la sua propria iniquità» (31,29-30). Anzi, lo stesso autore del libro della Sapienza in una pagina molto intensa esalterà il perdono di Dio nei confronti del peccatore pentito perché il Signore «ha compassione di tutti» e «ammonisce i colpevoli cosicché, rinnegata la loro malvagità, credano in lui che ama tutte le cose esistenti» (11,23-24; 12,2).

Infine, si deve tener conto – come si diceva – del contesto. L'autore sacro vuole affermare solennemente che una sterilità onesta val molto di più di una grande famiglia in cui impera il male e che è sotto il giudizio divino. Il linguaggio pesante tradizionale ha solo lo scopo di sottolineare questa verità e di dimostrare che la teoria della retribuzione morale può essere smentita: c'è un benessere esteriore che in realtà ha su di sé il segno incombente della condanna divina.

Maledizione e malocchio

Una folla di persone ancor oggi crede al malocchio, oppure alle maledizioni, ed è facile ironizzare riguardo a queste ingenuità sulle quali campano legioni di imbroglioni, cartomanti, maghi, indovini e affini. Ma come la mettiamo con la sfilza di dodici maledizioni che si leggono nel capitolo 27 del Deuteronomio o quella ancor più lunga del capitolo 28, ove tra l'altro si legge che «il Signore colpirà [Israele peccatore] di delirio, di cecità e di pazzia»? C'è, dunque, un segno divino alla radice di certe malattie?

Le «maledizioni», parallelo negativo delle «benedizioni», costituiscono nella Bibbia – ma anche in altre culture religiose – un fenomeno letterario (hanno infatti delle formule espressive codificate), sociale (riflettono situazioni e convinzioni popolari) e teologico (hanno alla base il coinvolgimento di Dio stesso). Il principio che vi è sotteso è duplice. Da un lato, si vuole esprimere la fiducia nella «moralità» di Dio: il Signore non può restare indifferente nei confronti del male e dell'ingiustizia ma deve intervenire ristabilendo l'armonia violata dal peccatore. Si tratta, quindi, di un appello al giudizio divino, la cui sentenza è imparziale e giusta.

D'altro lato, si ha un diverso tipo di fiducia, quella nella parola, che nelle civiltà dell'antico Vicino Oriente era considerata efficace soprattutto quando veniva pronunciata in un contesto sacrale. Come accade per le parole del sacerdote alla consacrazione, capaci di rendere realmente presente Cristo sotto il segno del pane e del vino, così il fedele ebreo era certo di «costringere» Dio a intervenire col suo giudizio attraverso la maledizione rituale.

Il contenuto della maledizione era regolato da una dottrina cara all'Antico Testamento, quella della retribuzione, che abbiamo già trattato nella precedente risposta e che potremmo riassumere nel binomio «delitto-castigo»: se hai peccato, Dio ti punirà con una malattia. Ecco il significato della maledizione di Deuteronomio 28,28, citata dal nostro interlocutore: «Il Signore ti colpirà di delirio, di cecità, di pazzia». Sappiamo già da quanto abbiamo detto, sempre nella risposta precedente, che contro questa dottrina reagiranno aspramente Giobbe e lo stesso Gesù, il quale, davanti al cieco nato, si ribellerà all'idea che la sua cecità sia frutto di un peccato di quello sventurato nel grembo materno o dei suoi genitori, come sostenevano le varie scuole rabbiniche di allora (*Gv* 9,1-3).

Noi, però, fissiamo la nostra attenzione solo sulla «punizione» della pazzia, invocata da quella maledizione. Nell'originale ebraico abbiamo *timhôn lebab*, «confusione del cuore», laddove «cuore» ha il valore di «mente» e «coscienza». Ora, è noto che l'antichità nei confronti dei disturbi mentali e psichici aveva un duplice e antitetico atteggiamento. Da un lato, li considerava come un'irruzione divina misteriosa e intangibile; d'altro lato, li riteneva opera di uno «spirito cattivo sovrumano», come si dice a proposito della follia del primo re di Israele Saul (*1 Sam* 16,14; 18,10; 19,9).

Anche Gesù verrà giudicato fuori di sé dai suoi parenti; e gli scribi gerosolimitani aggiungeranno: «È posseduto da Beelzebul ... il principe dei demoni» (*Mc* 3,21-22). Cristo incontrerà alcuni malati di mente, considerati indemoniati secondo la dottrina sopra citata della retribuzione: è probabilmente il caso dell'«indemoniato» di Gerasa (si veda *Mc* 5,1-13) o del ragazzo, quasi certamente anche epilettico, guarito ai piedi del monte della Trasfigurazione (si veda *Mc* 9,14-29). Siamo, dunque, in presenza di una convinzione legata a una visione religiosa che la Bibbia riflette proprio perché «incarnata» in una cultura e in una società.

Essa, però, come accadeva anche per la lebbra, viene superata da Cristo che si preoccupa di sanare quelle sofferenze, considerandole un male da cui liberare chi ne è travolto. Purtroppo una lettura «letteralista» della Bibbia ha in passato avallato la teoria della retribuzione e le relative credenze popolari, immaginando che la pazzia fosse un prodotto satanico, segno di una colpa o di una maledizione, e non una malattia da curare e guarire, alla luce dell'autentico messaggio biblico.

Giudicare e scomunicare

Ci incontriamo spesso col male e con la cattiveria e la miseria umana anche nella stessa Chiesa. Ebbene, quale dev'essere il nostro giudizio? Li dobbiamo condannare noi, con atti espliciti come la scomunica, nel caso si tratti di un delitto commesso da un fedele? Oppure è Dio l'unico arbitro e giudice giusto? San Paolo, nel caso dello scandalo dell'incestuoso presente nella comunità di Corinto, sembra essere contraddittorio perché prima affida il peccatore al giudizio di Dio, ma poi dichiara che i membri della comunità cristiana devono essere giudicati dai responsabili della Chiesa. Non sarebbe meglio attenersi solo a Cristo che afferma: «Non giudicate e non sarete giudicati, non condannate e non sarete condannati» (Lc *6,37)?*

Chi mi scrive pone alla base del suo quesito due testi della Prima Lettera ai Corinzi che sembrano collidere tra loro su un tema abbastanza delicato, quello del giudizio nei confronti del prossimo. Da un lato, di fronte a un caso scabroso, quello di un cristiano di Corinto che si è macchiato di incesto, l'Apostolo pronuncia un giudizio nei suoi confronti: «Io, assente col corpo ma presente con lo spirito, ho già giudicato come se fossi presente colui che ha compiuto tale azione: nel nome del Signore nostro Gesù, essendo radunati insieme voi e il mio spirito, con il potere del Signore nostro Gesù, questo individuo sia dato in balìa di Satana...» (5,3-5).

D'altro lato, più avanti san Paolo formula una sorta di principio generale: «Non sono quelli di dentro [cioè quelli che fanno parte della comunità] che voi dovete giudicare? Quelli di fuori [cioè i pagani] li giudicherà Dio» (5,12-13). Per sottolineare questa operazione di giudizio intra-ecclesiale, che conduce alla «scomunica» dell'incestuoso, l'Apostolo rimanda a una citazione biblica: «Togliete il malvagio di mezzo a voi!» (*Dt* 13,6; 17,7). La domanda, allora, è questa: il giudizio è solo del Signore, come Paolo afferma nel primo passo che, tra l'altro, lo vede in causa – dice, infatti: «Il mio giudice è il Signore» (*1 Cor* 4,4) – per le accuse elevate contro di lui da alcuni gruppi cristiani di Corinto, oppure anche la Chiesa ha il diritto-dovere di giudicare i suoi fedeli? Non aveva forse dichiarato Gesù, come ricorda il nostro lettore: «Non giudicate per non essere giudicati» (*Mt* 7,1)?

La risposta deve tener conto di due dimensioni. È indubbio che il giudizio supremo e ultimo è quello di Dio ed è, ad esempio, mirabilmente raffigurato da una pagina di Matteo che merita di essere riletta con attenzione (25,31-46). Essa delinea davanti ai nostri occhi il momento in cui «il Figlio dell'uomo verrà nella gloria con tutti i suoi angeli e siederà sul trono della sua gloria». È quello che noi siamo soliti chiamare «il giudizio finale», nel quale non mancheranno le sorprese perché Dio – come ripete spesso la Bibbia – «scruta cuori e reni», cioè anche i più nascosti segreti delle coscienze. Così, coloro che hanno donato con amore se stessi a uno dei «fratelli più piccoli», ammalati, affamati, carcerati, stranieri, saranno accolti nel Regno, pur non avendo avuto un riferimento esplicito a Cristo («Signore, quando mai ti abbiamo veduto affamato e ti abbiamo dato da mangiare...?», v. 37).

Tuttavia, nel cammino della storia, anche la Chiesa ha il compito di giudicare e di purificarsi dal male che si insinua al suo interno. Sempre nel Vangelo di Matteo c'è un'altra pagina in cui si configura una normativa in tre gradi di giudizio: l'ammonizione personale nei confronti del fratello che sbaglia; la correzione col coinvolgimento di due o tre persone qualificate; e, infine, il giudizio davanti alla Chiesa, riunita in assemblea (18,15-17). C'è, infatti, un potere di «legare e sciogliere» – espressione biblica per indicare il giudizio – delegato da Cristo a Pietro (*Mt* 16,19), agli apostoli (*Gv* 20,23) e alla Chiesa (*Mt* 18,18).

Certo, questo giudizio, che può approdare alla «scomunica» dalla comunità ecclesiale, è radicato proprio nel mandato del Signore appena citato: san Paolo nel passo da noi riferito in apertura parlava chiaramente del «potere del Signore nostro Gesù» e di un atto compiuto «nel nome del Signore nostro Gesù», ma reso esplicito dall'assemblea dei fedeli in unione con l'Apostolo («radunati insieme voi e il mio spirito»). Inoltre, questo gesto non dev'essere meramente punitivo ma educativo. È quasi una lezione pedagogica perché il peccatore scopra la sua colpa, senta la necessità della comunione perduta e si converta, venendo così riammesso.

Infatti, il monito paolino si concludeva con le parole: «Questo individuo [l'incestuoso] sia dato in balìa di Satana per la rovina della sua carne [cioè del suo peccato], affinché il suo spirito [purificato e rinnovato] possa ottenere la salvezza nel giorno del Signore» (*1 Cor* 5,5). La legge della Chiesa ha, dunque, la missione di giudicare non per una condanna fine a se stessa, ma per far rinascere nel cuore del fratello peccatore l'anelito alla purificazione e al ritorno alla piena comunione. È ancora l'apostolo Paolo che invitava i cristiani di Tessalonica a «non trattare il disobbediente come nemico ma ad ammonirlo come un fratello» (*2 Ts*, 3,15).

Morire: e dopo?

È stato detto che la morte è «la grande apolide» perché nessuna città o nazione le vorrebbe assegnare il diritto di cittadinanza. Eppure essa è insediata in ogni città e nazione del mondo. Attorno a questa realtà così radicale si è accanita la ricerca e l'interrogazione dell'umanità, tesa soprattutto a voler varcare la soglia che separa la morte dal «dopo». Ebbene, è possibile in poche righe delineare cosa pensi di questa componente ultima della vita terrena l'intera Bibbia così da gettare una qualche luce su questo orizzonte ignoto?

Môt tamût, «certamente morrai!»: questa gelida parola di Dio risuona fin dalle prime righe della Bibbia (*Gn* 2,16). La morte fisica è il segno del limite della creatura, anzi, è un grande «simbolo» che unisce in sé tante morti dell'uomo, quella del peccato, della solitudine, della miseria, della violenza. Della morte sono striate quasi tutte le pagine della Bibbia: esse convergono verso una morte suprema, quella di Cristo sul colle di Gerusalemme detto «Cranio», in aramaico Golgota, in latino Calvario. La paura della morte percorre tutti gli uomini della Bibbia.

È la considerazione dell'orante del Salmo 39 (vv. 6-7): «In pochi palmi hai misurato i miei giorni e la mia durata davanti a te è nulla. Solo un soffio è ogni uomo che vive, come un'ombra è l'uomo che passa». Gli fa eco il Salmo 90 (vv. 5-6): «Lo annienti, lo sommergi nel sonno, è come l'erba che germoglia al mattino: all'alba fiorisce, germoglia, alla sera è falciata e secca». È il dramma di Giobbe e del re Ezechia che, guarito da una gravissima malattia, esclama: «Non sono gli inferi a lodarti, o Signore, né la morte a cantare inni, ma è il vivente che ti rende grazie come faccio io oggi» (*Is* 38,18-19). Lo stesso Gesù davanti all'angelo della morte invoca: «Padre mio, se è possibile passi da me questo calice...» (*Mt* 26,39).

La parola di Dio si incarna, allora, anche nelle paure e nel senso del limite dell'uomo: l'aldilà in molte pagine dell'Antico Testamento è detto *Sheol* ed è visto come una regione spettrale, vuota, in cui si ha una sopravvivenza larvale. Questa concezione ha un certo spazio in alcune fasi della storia dell'Israele biblico e permarrà in ambiti ristretti anche del tardo giudaismo, quando ormai si era già affermata la dottrina della risurrezione. Esemplare è il caso del gruppo politico-religioso dei Sadducei, che polemizzano con Gesù cercando di mostrare una sorta di incongruenza della risurrezione (si legga, a questo proposito, *Mt* 22,23-33). Ma la Bibbia progressivamente aiuta l'uomo a spezzare quella frontiera oscura e a mostrarla in una nuova luce. E questo avviene non solo con Enoc o con Elia che attraversano la morte entrando in Dio (*Gn* 5,24; *2 Re* 2,1-13). Questo è anche il destino di ogni giusto che, vivendo in comunione con Dio durante l'esistenza terrena, viene avvolto e conquistato dall'eterno e dall'infinito.

Significativa è la professione di fiducia di due salmisti. «Tu non abbandonerai la mia vita negli inferi, né lascerai che il tuo fedele veda la fossa. Mi indicherai il sentiero della vita, gioia piena nella tua presenza, dolcezza senza fine alla tua destra» (*Sal* 16,10-11). «Dio potrà riscattarmi, mi strapperà dalla mano della morte» (*Sal* 49,16). Il libro della Sapienza, alle soglie del cristianesimo, esalta ormai in pienezza la comunione con Dio oltre la morte: «Le anime dei giusti sono nelle mani di Dio ... Agli occhi degli stolti parve che morissero ... ma essi sono nella pace. Anche se agli occhi degli uomini subiscono tormenti, la loro speranza è piena di immortalità» (3,1-4). Il Cantico dei Cantici, infatti, è convinto che l'amore riesca a tener testa anche alla morte: «Forte come la Morte è l'Amore!» (8,6).

Ma è con la Pasqua di Cristo che il duello tra vita e morte giunge a uno sbocco: «La morte è stata ingoiata per la vittoria. Dov'è, o morte, la tua vittoria? Dov'è, o morte, il tuo pungiglione? Siano rese grazie a Dio che ci dà la vittoria per mezzo del Signore nostro Gesù Cristo!» (*1 Cor* 15,54-57). Cristo, il Figlio di Dio, passando all'interno della nostra mortalità fisica e spirituale, cioè morendo nella crocifissione, l'ha infranta e l'ha fecondata con un seme d'infinito. Egli è la «primizia» di coloro che sono morti e che risorgeranno, secondo la famosa immagine paolina.

È per questo, allora, che tra i cittadini della Gerusalemme attesa, tratteggiata nell'ultimo libro della Bibbia, l'Apocalisse (cap. 21), sarà per sempre assente la morte: «Egli tergerà ogni lacrima dai loro occhi, non ci sarà più la morte, né lutto, né lamento, né affanno» (21,4). «E noi saremo sempre col Signore» in una comunione di amore e di eternità (*1 Ts* 4,17).

Un racconto giudaico noto anche al mondo islamico descriveva così la morte di Abramo, padre nella fede di tutti i credenti: «Abramo, quando l'angelo della morte venne per impadronirsi del suo spirito, disse: Hai mai visto un amico desiderare la morte dell'amico? Il Signore gli rivelò allora: Hai mai visto un amante rifiutare l'incontro con l'amato? Allora Abramo disse: Angelo della morte, prendimi!». La morte da puro e semplice distacco dall'orizzonte terreno e umano si trasforma in un incontro col divino e l'eterno. Per usare un'espressione del poeta austriaco Rainer M. Rilke, la morte diventa l'altra faccia della vita, rispetto a quella rivolta ora verso di noi e che stiamo sperimentando.

La particolare «felicità» dell'oltrevita

Il credente pensa all'aldilà come a un luogo nel quale si congiungerà coi propri cari. Ebbene, immaginiamo per un momento un'anima che approda all'incontro descritto. Ma là manca qualcuno. Non c'è mio padre, non c'è mia madre. Oppure è assente un figlio. Un immenso dolore mi prende, non ci incontreremo mai più. La disperazione mi lacera. In Paradiso? Non è possibile. È un'antinomia assoluta la sofferenza nella beatitudine. Che dire allora?

È un interrogativo drammatico quello posto dal lettore e che credo abbia attraversato almeno una volta la mente e il cuore di ogni credente (ma anche di ogni pensatore, convinto – come Platone – di un oltrevita immortale). C'è da fare, però, una premessa: ogni rappresentazione dell'aldilà è obbligatoriamente modulata sull'analogia e sulla simbolica dell'aldiquà. Si parla, infatti, di un «poi» successivo al presente, di un cielo remoto colmo di luce o di un abisso infernale tenebroso, di un futuro e di un oltre. Com'è evidente, si tratta di immagini spazio-temporali, le uniche a noi disponibili, che collidono però col concetto di eterno e di infinito, realtà «puntuali» e «istantanee» che sono qui e ora, come lo erano e lo saranno in ogni luogo nella loro trascendenza assoluta.

Julien Green, il noto scrittore francese, nel suo *Diario: 1935-39* ricorreva all'idea di una gestazione nel grembo del tempo e dello spazio: questa «cavità buia» è situata, comunque, nel corpo onnicomprensivo e contemporaneo dell'eternità e dell'infinito che già ci inglobano, e la morte è solo uno svelamento di ciò che è in azione in quell'orizzonte che ci supera. Non per nulla, nel Vangelo di Giovanni Gesù dichiara che colui che crede è *già ora* salvato e lo stesso criterio vale per la condanna (3,18). Questo discorso delicato e complesso, ancora più complicato nel cristianesimo dalla questione «risurrezione», è comunque solo il fondale dell'interrogativo più specifico del lettore, anch'esso formulato secondo le nostre categorie di gioia e di dolore, necessarie – in mancanza d'altro – ma insufficienti.

Ebbene, anche in questo caso dobbiamo riconoscere che l'aldilà comprende uno statuto nuovo che non elide ma trasfigura le nostre relazioni, collocandole in un livello di pienezza e perfezione. È curioso notare quello che Cristo dichiara a coloro che ironicamente gli sollevano il caso della moglie che ha avuto sette mariti e che nell'oltrevita sarebbe costretta a una strana poliandria: «Alla risurrezione non si prende moglie e marito ma si è come angeli nel cielo». E aggiungeva quella frase tanto cara a Pascal, secondo la quale bisogna infrangere gli schemi terrestri perché il Signore «non è Dio dei morti ma dei vivi» (*Mt* 22,23-32), ossia di un orizzonte eterno.

In questa luce la nostra moralità, che sulla terra è condizionata dal sentimento e dall'interesse, diverrà limpida condivisione della giustizia divina che voterà il peccatore all'assenza della gloria e della gioia, al contrario di quanto accadrà al santo. Certo, la realtà umana – si diceva sopra – non è cancellata, quindi rimarrà un «dolore» per l'assenza nella gloria di un figlio o di un genitore. Ma, come ha insegnato la teologia recente, esiste persino il dolore di Dio che è il «Beato» per definizione: è una sofferenza d'amore che non spezza mai il legame con la sua creatura anche peccatrice, come appunto fa una madre nei confronti del figlio ribelle. È certo un dolore, ma fa parte della bellezza suprema dell'amore vero e perfetto. Per questo dicevo che non si deve ricalcare la beatitudine piena e suprema in modo meccanico sulla nostra attuale esperienza, terrena e storica, della felicità.

Immortalità o risurrezione?

Come cristiani dobbiamo credere nell'immortalità dell'anima o nella risurrezione della carne, cioè dei corpi? Mi sembra, infatti, che l'escatologia, cioè il discorso sulle realtà ultime, oscilli tra queste due prospettive che però non mi sembrano compatibili. Il contrasto è evidente anche a livello immediato. Nel Credo diciamo di professare la nostra fede nella «risurrezione della carne», eppure continuiamo a parlare delle «anime» dei defunti.

S'intitola significativamente *Immortalità dell'anima o risurrezione dei corpi?* ed è opera di uno dei maggiori teologi protestanti del Novecento, Oscar Cullmann (in Italia apparve nel 1968). Si tratta di un saggio essenziale che pone appunto l'alternativa tra due escatologie (oltrevita) differenti, quella greca fondata sull'immortalità dell'anima e quella ebraico-cristiana che proclama nel Credo «la risurrezione della carne». Bisogna, però, riconoscere, come suggerisce il nostro interlocutore, che ci fu sempre un'oscillazione tra le due prospettive.

Così, se noi prendiamo in mano il libro della Sapienza (considerato come «biblico» solo dai cattolici ma, comunque, alta testimonianza del giudaismo della Diaspora, probabilmente di Alessandria d'Egitto), ci imbattiamo in una continua celebrazione dell'«immortalità» delle «anime dei giusti», secondo un indubbio influsso ideologico greco. Si legge, ad esempio, in 9,15: «Un corpo corruttibile appesantisce l'anima e la tenda d'argilla grava la mente dai molti pensieri», ed è facile pensare al dualismo platonico *psychè-sôma* (si veda *Fedone* 81c). Lo stesso san Paolo ai Corinzi parla di un «andare in esilio dal corpo», «quando verrà disfatto questo corpo, nostra abitazione sulla terra» (*2 Cor* 5,1.8-9); tuttavia nello stesso contesto afferma che «riceveremo un'altra abitazione da Dio, una dimora eterna, non costruita da mano d'uomo», riportando così il discorso sulla risurrezione dei corpi.

Quand'anche si dovesse assumere per la religione ebraico-cristiana la dottrina dell'immortalità, che largo spazio ha nella speculazione patristica e medievale, bisogna però riconoscere che la concezione giudaico-cristiana è radicalmente differente da quella greca. Per quest'ultima, infatti, l'incorruttibilità e quindi l'immortalità è una qualità metafisica «naturale», ossia costitutiva dell'anima. Per la visione biblica, invece, è grazia e dono perché comporta la piena comunione con Dio, la partecipazione alla sua vita in un'intimità perfetta, tant'è vero che nel Vangelo di Giovanni «vita eterna» è sinonimo di «vita divina», ed è per questo che essa è riservata solo alle «anime dei giusti», come diceva il libro della Sapienza.

Certo è che soprattutto con la Pasqua di Cristo, che depone un seme di eternità e divinità nella corporeità e nella temporalità, la risurrezione diventa la prospettiva che meglio esprime l'escatologia cristiana, senza per questo elidere la prospettiva dell'anima immortale. Questa visione, tra l'altro, si àncora saldamente all'antropologia biblica, che è unitaria: la persona umana non è frutto di una composizione tra corpo e anima ma è una totalità radicale unitaria di limite e di trascendenza, di fragilità e di «immagine» divina. È quindi l'uomo integrale a essere redento, e come questo avvenga è naturalmente complesso da descrivere. Ci accontenteremo, allora, di una semplice considerazione.

Nella risurrezione la creatura intera, come diceva Paolo, è «ricreata», cioè ricondotta a un nuovo progetto «cosmico» (nel senso etimologico di «ordine, armonia») nel quale cadono le coordinate limitative del tempo e dello spazio e quindi della finitudine, in cui ora siamo immersi, e della corruzione materiale e morale. Lo stesso Apostolo, nel capitolo 15 della Prima Lettera ai Corinzi, fatica nel rappresentare questo nuovo statuto che suppone la libertà dalla prigione del tempo e dello spazio, ma che ha come punto di partenza la personalità presente e storica dell'individuo. Egli, infatti, fa ricorso a immagini come quella del nesso tra seme e albero, nesso di continuità ma anche di novità e di diversità, e conclude: «Si semina corruttibile e risorge incorruttibile, si semina ignobile e risorge glorioso, si semina debole e risorge pieno di forza, si semina un corpo *psichico* e risorge un corpo *pneumatico*» (15,42-44).

È significativo l'ultimo contrasto: il corpo *psichico* ha in sé un'anima e una sua interiorità ed è lo status presente della persona; il corpo escatologico è *pneumatico*, non nel senso dell'evanescenza della realtà corporea in una sorta di ectoplasma, bensì nel senso che il corpo «psichico» risorto sarà in pienezza pervaso dallo *Pnéuma*, cioè dallo Spirito divino operante nel Cristo risorto, principio della nostra trasfigurazione e comunione con l'eterno e l'infinito divino, perché «Dio sia tutto in tutti» (15,28).

La risurrezione della carne

C'è una difficoltà che attraversa il mio pensiero e che mi spinge a ricalcare un tema che immagino Le sia stato spesso proposto: come si può adottare una categoria come «risurrezione della carne» (accanto a quella, a mio avviso più logica, di «anima immortale»), miscelando in tal modo materia e spirito, tempo ed eternità? Da qui si potrebbe procedere col rischio di far «saltare» la stessa escatologia cristiana.

Siamo riportati da questo intervento sul tema già affrontato nella precedente risposta, sia pure con una riduzione di prospettiva sulla sola risurrezione. Per affrontare i temi «ultimi» («escatologici», appunto) si è fatto ricorso da secoli a un immane sforzo intellettuale che ha prodotto modelli diversi di rappresentazione, con la costante consapevolezza di un margine di impotenza esplicativa. Come si è già detto, se vogliamo selezionare i due modelli che hanno maggiormente influito sul pensiero occidentale, dovremmo appunto rimandare a quello ebraico-cristiano della risurrezione, collegato a un'antropologia unitaria «psico-fisica», e a quello immortalistico greco, legato alla trascendenza dell'anima rispetto alla materialità finita e caduca.

In verità, la fede cristiana ha cercato di fondere questi due approcci, introducendo però l'elemento innovativo della risurrezione di Cristo che intreccia nell'umanità anche la divinità come sorgente di trasformazione della creaturalità. Ma se stiamo nell'ambito della filosofia e della teologia cristiana, potremmo dire che si è conservata anche la categoria «anima», concepita come una realtà personale distinta (e in questo ci si è accostati alla visione greca); essa, però, è intimamente vincolata alla corporeità con la quale dà origine alla creatura umana.

Ora, nemmeno nella morte si cancella radicalmente questo nesso (a differenza della concezione greca), ma si procede verso una sua trasformazione di difficile determinazione e descrizione. Aveva ragione un teologo del calibro di Karl Rahner quando osservava che «espressioni come "l'anima continua a vivere dopo la morte", "dopo la sua separazione dal corpo", e quelle che parlano della "risurrezione del corpo" non indicano necessariamente realtà diverse, ma sono soltanto modelli di rappresentazione diversi per indicare la medesima cosa, e cioè la definitività della storia dell'uomo portata a termine». In quell'orizzonte, il nesso anima-corpo è trasferito su un altro piano ove cadono le categorie del tempo e dello spazio e ci si inoltra nell'«aldilà» e nell'«oltrevita», ossia nell'eternità e nell'infinito che trascendono le nostre categorie mentali vincolate spontaneamente al «prima» e al «poi», al «qui» e «là». Nell'aldiquà dominano, infatti, le scansioni successive temporali e spaziali.

È per questo che, seguendo il linguaggio spazio-temporale, la tradizione cristiana ha parlato dell'attuarsi, dopo la morte, di un giudizio «particolare» e personale, ove si vagliano le scelte morali della singola persona libera e responsabile. A esso segue in molti casi un «tempo» di purificazione ed espiazione (il «purgatorio», spesso concepito anche come un «luogo») per «poi» accedere al giudizio finale, quando tutta l'umanità e lo stesso creato entreranno nel nuovo ordine di cose (la «redenzione» o «salvezza»). In realtà, questa successione è frutto del nostro computo temporale perché, oltre la vita terrena, c'è solo l'istante eterno e infinito in cui tutta la creazione è trasfigurata, giudicata, salvata o condannata.

Questo grembo, che è l'eternità, ingloba e supera il tempo e lo spazio. L'eterno è presente già durante lo stesso corso della storia fatto di tappe successive, destinato a concludersi a causa della sua finitudine. Infatti, la persona umana, anima e corpo, nella visione cristiana ha in sé il seme dell'eternità (la «grazia» divina) già durante l'esistenza terrena; perciò inizia già ora a partecipare di quell'orizzonte trascendente, di quell'istante perfetto, di quel centro che tutto in sé assume e trasfigura. Immortalità e risurrezione, come diceva Rahner, non si oppongono né si contraddicono ma esprimono su percorsi diversi la trascendenza a cui è destinata la persona umana (e san Paolo aggiunge: anche tutto l'essere cosmico). Una trascendenza che è un eterno e «puntuale» presente o istante perfetto in cui noi, legati al tempo, abbiamo l'impressione di entrare per gradi e per tappe. Fermiamoci qui, consapevoli di aver solo abbozzato qualche lineamento di un profilo complesso e arduo da decifrare, perché esige il superamento delle categorie spazio-temporali che sono dominanti nel nostro pensiero.

Inferno e paradiso

I Testimoni di Geova negano l'esistenza dell'aldilà e dell'anima. Tutto rimane nel mistero della risurrezione della carne da collocare in uno spazio ultraterreno. Esistono nella Bibbia testi che parlano del paradiso, del purgatorio e dell'inferno? Oppure tutto questo è frutto dell'interpretazione cattolica della Bibbia?

Lasciamo tra parentesi l'interpretazione biblica «fondamentalista» dei Testimoni di Geova, che abbiamo già trattato, e fissiamo la nostra attenzione sulla domanda: ci sono nella Bibbia prove testuali reali dell'esistenza dell'aldilà? Il messaggio biblico è espresso sotto il velo di un linguaggio spesso affidato a immagini, a simboli, a intuizioni tipiche della cultura dell'antico Vicino Oriente. La Bibbia, infatti, adotta per esprimere realtà trascendenti un linguaggio necessariamente simbolico la cui portata effettiva dev'essere opportunamente vagliata. Ora, le realtà di cui ci stiamo interessando sono di loro natura trascendenti, cioè al di là del tempo, dello spazio e dell'orizzonte entro cui ora noi siamo immersi. Riguardano l'eternità e l'infinito, dimensioni a noi ignote, che possiamo solo intuire e rappresentare per immagini.

La stessa parola «paradiso» deriva da un vocabolo di origine persiana che indica un parco regale lussureggiante. E se lo collochiamo in cielo è perché la sfera celeste è sopra di noi, purissima e invalicabile, e quindi ci sembra adatta a rappresentare il divino e l'infinito. All'opposto l'«inferno» è una parola che indica qualcosa di «inferiore», di sotterraneo, collocato appunto all'antipodo del cielo. La Bibbia presenta il destino a cui è chiamato il giusto proprio come il «paradiso» per eccellenza. «Oggi sarai con me in paradiso» dice Gesù crocifisso al malfattore pentito (*Lc* 23,43). Oppure ricorre al simbolo di una città perfetta, la Gerusalemme celeste, in cui non ci sono più lutto, lamento, affanno, morte e male (*Ap* 21,1-4), o anche all'immagine di un albero della vita a cui attingere cibo immortale (22,2). O ancora si parla del «seno di Abramo», come nella parabola del povero Lazzaro e del ricco egoista (*Lc* 16,19-31).

Sotto il manto colorato dei simboli l'idea è chiara: il giusto è chiamato a varcare la morte e a entrare nell'orizzonte divino, nella comunione eterna con Dio («gioia piena nella tua presenza, dolcezza senza fine alla tua destra», si legge nel Salmo 16,11). Com'è evidente, siamo ben lontani dall'immortalità pura e semplice, qualità propria dell'anima insegnata da Platone. La «vita eterna» biblica ha l'intimità piena e totale con Dio di tutta la persona; non è un attributo della creatura, ma una grazia (*Sap*, capp. 1-5).

Antitetico è il profilo dell'inferno. La Bibbia ricorre a immagini necessariamente negative perché devono indicare il distacco assoluto dalla luce, dalla vita, dalla gioia. Ecco, allora, il ricorso al «fuoco eterno» (*Mt* 3,12; 18,8; 25,41) o alla Geenna, una valle di Gerusalemme ove si incenerivano i rifiuti urbani e ove si celebravano riti infami (*Mt* 5,22.30). Ecco anche l'immagine del pianto e dello «stridore di denti», un'espressione che suggerisce non tanto il gelo ma il terrore (*Mt* 13,50), oppure il simbolo macabro di un verme che rode senza fine le carni (*Mc* 9,48), o ancora l'incombere delle tenebre (*Mt* 8,12). Attraverso queste e altre immagini, prese poi alla lettera dall'arte e dalla tradizione popolare, si vuole dipingere il destino amaro di chi è volontariamente separato dal Dio della vita e della gioia.

È questo l'inferno: l'assenza della speranza, dell'amore, dell'intimità divina. La Bibbia afferma alcune nette verità sul destino ultimo dell'umanità ma, trattandosi di una realtà trascendente, non ne vuole né può descrivere i particolari. Le immagini spaziali, in verità, vogliono descrivere piuttosto uno stato in cui la persona umana viene a trovarsi una volta varcata la soglia dell'eternità e dell'infinito, lasciando alle spalle tempo e spazio.

Esiste il purgatorio?

Se le Scritture devono essere il nostro punto di riferimento, come giustificare la tradizione cristiana riguardante il purgatorio? Mi è stato detto che ci si basa su un passo dell'Antico Testamento e sul fatto che san Paolo afferma questa sorte per il discepolo imperfetto: «si salverà, ma come attraverso il fuoco» (1 Cor 3,12-15). *Francamente mi sembra poco per sostenere una tesi che ha riscosso in certi secoli un tale successo da divenire persino causa scatenante della Riforma protestante attraverso la questione delle indulgenze.*

Per quanto concerne il purgatorio, al contrario di quanto è stato affermato anche da qualche storico famoso, non siamo in presenza di un'«invenzione» medievale. Certo, esso appare chiaramente nei documenti dei concili di Lione (1274) e di Firenze (1439), ribaditi poi da quello di Trento, in polemica con la Riforma protestante che considerava il purgatorio un'invenzione diabolica. In verità la dottrina di una purificazione ultraterrena – che, tra l'altro, appartiene anche ad altre religioni e dottrine (l'egiziana antica, il buddhismo, Platone, Virgilio) – era già patrimonio comune nei testi di molti Padri della Chiesa e di autori cristiani dei primi secoli, a partire da Origene (III secolo).

Oltre al testo paolino piuttosto generico evocato dal nostro interlocutore, qual è la base biblica per una simile asserzione? Il riferimento fondamentale è a un passo del Secondo libro dei Maccabei (12,39-45). Al termine di una battaglia, Giuda Maccabeo scopre con orrore che, sotto le vesti, alcuni soldati ebrei caduti in combattimento custodivano idoletti protettivi, violando così il Decalogo. Eppure erano morti per una causa alta, religiosa e nazionale. Decide, allora, di fare una colletta per un sacrificio espiatorio, nella convinzione che essi «potessero essere assolti dal peccato» commesso, attraverso l'intercessione dei vivi, e così entrare nella gloria. A suggerirgli questa idea era stato «il pensiero della risurrezione», perché «se non avesse avuto ferma fiducia che i morti sarebbero risorti, sarebbe stato superfluo e vano pregare per i morti».

Fin qui il testo biblico che loda l'atto di Giuda. Rimangono aperti molti problemi complessi riguardanti il cosiddetto «stato intermedio» tra la morte e la risurrezione finale. Purtroppo noi ragioniamo sempre in termini di tempo, che suppongono un prima e un poi, e ricorriamo allo spazio, che esige un luogo. In verità, dopo la morte, l'essere umano entra nell'eterno e nell'infinito che sono realtà «puntuali»: sono come un punto o una sorta di istante perfetto in cui tutto si condensa, trascendendo ogni durata e spazialità. Per questo il discorso sul purgatorio dev'essere liberato da rimandi a luoghi e a tempi definiti.

In questa luce diventa significativa l'affermazione del compendio del *Catechismo della Chiesa cattolica* che definisce così il purgatorio: «È *lo stato* di quanti muoiono nell'amicizia di Dio, ma, benché sicuri della loro salvezza eterna, hanno bisogno di purificazione per entrare nella beatitudine celeste» (n. 210). Il nostro limite umano e la nostra debolezza richiedono infatti che, per accedere alla pienezza di vita e di luce in Dio, ci sia una purificazione, e questo vale per la maggior parte dei giusti. Nel libro di Giobbe, infatti, si legge: «La luna stessa davanti a Dio manca di chiarore e le stelle non sono pure ai suoi occhi: tanto meno l'uomo, questo verme, l'essere umano, questo bruco!» (25,5-6).

L'inferno è vuoto?

Nel romanzo Diario di un curato di campagna *(1936) di Georges Bernanos mi ha colpito una frase che il curato rivolge a una sua parrocchiana: «L'inferno, signora, è non amare più». È un po' l'esatto contrario di quanto Sartre dichiarava nel suo dramma* A porte chiuse *del 1945: «L'enfer, c'est les autres». Il prossimo come il nostro inferno (ma Eliot era convinto che «l'inferno siamo noi stessi, perché l'inferno è solitudine»). Mi è così venuta in mente l'altra affermazione, quella di un grande teologo come Hans Urs von Balthasar secondo il quale l'inferno in realtà è vuoto, proprio a causa dell'amore misericordioso di Dio che prevale sulla sua giustizia e le relative esigenze. Le cose stanno veramente così?*

È ancora Bernanos che in un altro suo romanzo, *Il signor Ouine* (1946), scriveva: «Si parla sempre del fuoco dell'inferno, ma nessuno l'ha visto. L'inferno è freddo». Non per nulla per sette volte nei Vangeli (soprattutto in Matteo) ricorre la formula «stridore di denti» per designare l'estrema sorte del peccatore, e molti esegeti pensano che si evochi – oltre al terrore che fa tremare – appunto la reazione fisica al gelo delle tenebre infernali (altra immagine classica per definire il nadir degli inferi rispetto allo zenit celeste ove brilla la luce che è immagine di Dio). Certo è che l'inferno ha ricevuto nella storia molteplici rappresentazioni «spaziali», capaci di alimentare secoli di arte e letteratura. In realtà, esso è soprattutto uno stato, come ribadisce il compendio del *Catechismo della Chiesa cattolica*: «Consiste nella dannazione eterna di quanti muoiono per libera scelta in peccato mortale. La pena principale dell'inferno sta nella separazione eterna da Dio, nel quale unicamente l'uomo ha la vita e la felicità, per le quali è stato creato e alle quali aspira» (n. 212).

Aveva, perciò, ragione il poeta francese Paul Verlaine quando in *Jadis et naguère* (1884) dichiarava che «*l'Enfer, c'est l'absence*», l'assenza del divino, dell'amore, della speranza. Il problema che il nostro interlocutore pone è, però, un altro che si può sintetizzare così: come conciliare l'inferno con la redenzione finale dell'essere e l'infinita bontà di Dio? Egli fa riferimento a una battuta del celebre teologo del secolo scorso Hans Urs von Balthasar sull'inferno vuoto. In verità il suo pensiero era ben più complesso ed è formulato nel quinto volume (1983, tradotto in italiano nel 1986,) della sua opera *TeoDrammatica*, dedicato appunto all'«*Endspiel*», cioè all'atto finale (escatologico) del dramma della storia.

Il teologo svizzero faceva notare che si sono confrontate, già a partire dal Nuovo Testamento, due tesi in tensione tra loro. Da un lato, c'è la concezione «infernale» che emerge in non pochi detti del Gesù storico e che entrerà nel filone della teologia cristiana, soprattutto attraverso Agostino, Tommaso d'Aquino e Calvino. D'altro lato, c'è la dottrina dell'«apocatastasi», cioè della riconciliazione e redenzione finale globale, presente in san Paolo e nel quarto Vangelo giovanneo, e da lì sviluppata in particolare nella linea «mistica» della teologia. La prima tesi esalta il tema necessario della giustizia che esige un doppio esito nel giudizio sulle azioni umane (di salvezza per il giusto e di condanna per il peccatore); la seconda sottolinea il primato dell'amore misericordioso divino, aprendo un varco di «speranza universale», come scriveva von Balthasar che sembrava indulgere a questa seconda prospettiva.

Egli era, però, consapevole della tensione tra le due dottrine che sono entrambe necessarie. E a questo proposito si deve aggiungere un altro elemento ineliminabile, quello della libertà che è presa sul serio da Dio, pronto a rispettare le scelte umane autenticamente e coscientemente libere. In questa linea il citato compendio del *Catechismo* osserva: «Dio, pur volendo che tutti abbiano modo di pentirsi [è una citazione di *2 Pt* 3,9], tuttavia, avendo creato l'uomo libero e responsabile, rispetta le sue decisioni. Pertanto, è l'uomo stesso che, in piena autonomia, si esclude volontariamente dalla comunione con Dio se, fino al momento della propria morte, persiste nel peccato mortale, rifiutando l'amore misericordioso di Dio» (n. 213).

Fermo restando, quindi, che l'uomo non è una realtà meramente fisica che obbedisce a leggi estrinseche imposte, ma è libero nelle sue opzioni fondamentali, il problema è da porre sia nella definizione dell'autentica autonomia personale sia in quell'estremo istante in cui una soglia minima separa la creatura umana dall'eternità. In quell'ultimo bagliore che cosa può accadere? Può esserci una radicale e definitiva opzione? È un interrogativo molto delicato che può marcare maggiormente la misericordia divina, anche se non può elidere totalmente la libertà e la responsabilità che sono pur sempre strutturali all'essere umano.

Un cielo «alienante»?

Fin da bambini siamo stati invitati a guardare al cielo come sede divina e paradisiaca. Quella doveva essere la nostra meta, anche perché san Paolo ai Colossesi scriveva: «Se siete risorti con Cristo, cercate le cose di lassù ... rivolgete il pensiero alle cose di lassù e non a quelle della terra!» (3,1-2). Ma, così, non si corre il rischio di rendere alienante la religione? Qual è, dunque, il vero valore di quel «cielo» a cui anche Cristo ascende dopo la sua morte?

È celebre la frase del filosofo tedesco Immanuel Kant nel finale della sua opera *La critica della ragion pratica*: «Due cose riempiono l'animo di ammirazione e di riverenza sempre nuove e crescenti, quanto più spesso il pensiero vi si sofferma: il cielo stellato sopra di me, e la legge morale in me». Il cielo è visto come un simbolo divino, del mistero, del trascendente, di ciò che è oltre il limite della creatura. È per questo che, già a partire dall'Antico Testamento ove la parola ebraica *shamajim*, «cieli», risuona ben 458 volte, la volta celeste non è vista solo poeticamente come la cupola del mondo sulla quale sono appesi «i luminari», cioè le lampade cosmiche del sole, della luna e delle stelle, ma anche e soprattutto come la sede divina, ossia la dimensione della trascendenza.

È quasi l'osservatorio dal quale Dio «si china a guardare l'umanità per vedere se esista almeno un saggio, uno che cerchi Dio» (*Sal* 14,2). La stessa Incarnazione del Figlio di Dio nel Nuovo Testamento è rappresentata proprio come un viaggio di andata e ritorno cielo-terra-cielo. Infatti, Cristo diventa «il pane disceso dal cielo» per offrire all'umanità la vita eterna e ritorna al cielo nella gloria pasquale, una volta compiuta la redenzione: «Nessuno è asceso al cielo se non colui che è disceso dal cielo» dice Gesù a Nicodemo (*Gv* 3,13). Anzi, egli stesso durante la sua predicazione raffigura la meta della storia umana e dell'intero essere come «il regno dei cieli» e ci invita a pregare così: «Padre nostro che sei nei cieli...».

Tuttavia, già l'Antico Testamento è consapevole che il cielo non è che un segno perché Dio, che è infinito, va oltre e ingloba lo stesso orizzonte celeste. Salomone prega così, durante la consacrazione del tempio di Gerusalemme: «I cieli e i cieli dei cieli non possono contenerti, tanto meno questa casa che ti ho costruita!» (*1 Re* 8,27). Si pone allora la domanda sul significato delle due rappresentazioni teologiche più importanti del cielo, quelle dell'ascensione di Gesù risorto e dell'assunzione di Maria. Esse sono anticipate nell'Antico Testamento dall'esperienza di Elia rapito al cielo su un cocchio di fuoco (*2 Re* 2,1-13) e questa ascesa diventa un'immagine del destino dei giusti che, dopo la morte, vengono condotti tra le braccia di Dio, come canterà il Salmo 16 che abbiamo avuto già occasione di citare: «Tu non abbandonerai la mia vita negli inferi, né lascerai che il tuo fedele veda la fossa. Mi indicherai il sentiero della vita, gioia piena nella tua presenza, dolcezza senza fine alla tua destra» (vv. 10-11).

Questo Salmo sarà da san Pietro applicato, nel discorso di Pentecoste, alla risurrezione di Cristo (*At* 2,24-28). Ora la risurrezione di Gesù Cristo non di rado nel Vangelo di Giovanni e nelle Lettere di Paolo è raffigurata proprio come un «innalzamento» verso l'alto, un'«esaltazione» celeste: «Quando sarò elevato da terra, attirerò tutti a me» annuncia Gesù alle soglie della sua passione (*Gv* 12,32). Il significato dell'ascensione – che è descritta due volte da Luca, rispettivamente nel suo Vangelo (24,51) e negli Atti degli Apostoli (1,9) – è allora chiaro. Sotto l'immagine spaziale dell'«innalzamento» dalla terra al cielo si vuole indicare la realtà profonda della Pasqua di Cristo.

Spontaneamente e da sempre l'uomo ha considerato il cielo come l'area divina: non è forse sopra il nostro orizzonte e a noi inaccessibile? Proprio per questo si costruivano sui monti i santuari, per mostrare la meta verso cui ci dirige la fede, cioè l'infinito di Dio. Il sogno del patriarca biblico Giacobbe, che ebbe luogo ove sarebbe sorto il santuario di Betel (in ebraico «casa di Dio»), è significativo: «una scala poggiava sulla terra, mentre la sua cima raggiungeva il cielo e gli angeli di Dio salivano e scendevano su di essa» (*Gn* 28,12).

Ebbene, Cristo, dopo esser divenuto uomo entrando nel tempo e nello spazio in cui l'umanità è circoscritta, ritorna con la sua risurrezione nell'eternità e nell'infinito di Dio a cui egli appartiene come Figlio di Dio e che noi rappresentiamo nel cielo. Dietro a lui l'umanità redenta si mette in cammino e, per prima, ecco la madre di Gesù, Maria, che ci precede nel destino di gloria. L'ascensione-assunzione è, quindi, l'indicazione della meta ultima di Cristo ma anche di tutti i giusti. A essa si accede con tutto il nostro essere, che la Bibbia delinea nel «corpo» che ingloba in sé anche l'anima: è quindi la risurrezione il vero nostro destino, allorché tutto l'essere sarà trasfigurato, così come è accaduto a Cristo.

Proprio perché è ora nel «cielo», cioè nell'infinito e nell'eterno, Cristo può superare i limiti dello spazio e del tempo ed essere con noi dappertutto e per sempre, come egli aveva annunciato ai suoi discepoli nella finale del Vangelo di Matteo: «Ecco, io sono con voi tutti i giorni, sino alla fine del mondo» (28,20). Il «cielo», perciò, è un segno di grande rilievo nella teologia, purché sia spogliato da interpretazioni «astronautiche» e troppo «letteralistiche» e riportato al suo valore genuino e profondo, religioso e «pasquale».

La fine del mondo

Leggo nella Seconda Lettera di Pietro parole di questo genere: «Il giorno del Signore verrà come un ladro; allora i cieli spariranno in un grande boato, gli elementi si consumeranno dal calore e si dissolveranno e la terra, con tutte le sue opere, sarà distrutta» (3,10). Bisogna dire che anche

Gesù non scherza nella descrizione della fine del mondo, ricorrendo a simili immagini apocalittiche in quello che di solito è chiamato il suo «discorso escatologico», presente nel capitolo 13 del Vangelo di Marco o nei capitoli 24-25 di Matteo. Quindi hanno ragione certi movimenti che sostengono che Cristo ha annunciato la fine del mondo in una sorta di catastrofe o conflagrazione finale?

Nel formulare la sua domanda all'interno di uno scritto più ampio, il nostro interlocutore adduce un esempio molto significativo, desunto da quello che gli studiosi chiamano appunto «il discorso escatologico» di Gesù, ossia l'intervento che delinea la visione cristiana del senso ultimo della storia umana. In quella pagina, ad esempio, si legge che «si solleverà popolo contro popolo e regno contro regno; vi saranno carestie e terremoti in vari luoghi ... il sole si oscurerà, la luna non darà più la sua luce, gli astri cadranno dal cielo e le potenze dei cieli saranno sconvolte» (*Mt* 24,7.29).

Ebbene, in tutti i commenti ai Vangeli si spiega che queste immagini appartengono a un genere letterario, cioè a un modo di esprimersi pittoresco proprio della letteratura apocalittica, presente già nel libro biblico di Daniele. Non si tratterebbe, quindi, di «previsioni» che Gesù elabora sui segni della fine del mondo, bensì di un mezzo espressivo per creare tensione e ribadire che il regno di Dio, già in azione nel presente, è destinato a raggiungere una meta e che bisogna essere attenti e vigilanti, offrendo il proprio impegno e la collaborazione più intensa per la sua attuazione.

Ecco, a questo punto, l'interrogativo: ma la gente che ascoltava Gesù riusciva a comprendere il vero significato di quelle parole colme di colori così accesi e segnate da scene così impressionanti? La risposta si sviluppa lungo due traiettorie. La prima è abbastanza semplice: il linguaggio usato da Gesù era tradizionale e quindi aveva già un'eco negli orecchi dei suoi ascoltatori. Si pensi al fatto che anche ai nostri giorni noi riusciamo subito a distinguere i vari generi dei discorsi e quindi i reali contenuti: ad esempio, se parla un ministro, sappiamo già che alla sua enfasi che ci assicura che tutto va bene bisogna fare la tara, così come il linguaggio pubblicitario cerca di convincerci che i prodotti reclamizzati sono del tutto perfetti e necessari, e noi sappiamo che questo è il suo compito.

C'è però un'altra considerazione da fare. Anche noi, prima o poi, confondiamo modo espressivo e contenuto e – per stare all'esempio della pubblicità – acquistiamo quel prodotto cedendo all'esteriorità del messaggio prima di ogni verifica. Così, leggendo nei Vangeli quelle parole di Gesù, molti che avevano assistito alla rivolta antiromana del 66-70 d.C. e alla relativa distruzione di Gerusalemme pensavano che quelle immagini fossero un'anticipazione degli eventi di cui erano stati spettatori. Si creava, così, l'idea che la storia fosse ormai agli sgoccioli e incombesse la fine: già anni prima san Paolo aveva dovuto contrastare le idee di alcuni cristiani della città greca di Tessalonica, convinti che ormai la storia fosse giunta all'approdo.

Si tratta di un fraintendimento che viene riproposto ai nostri giorni dalle letture cosiddette «fondamentaliste», ossia letteraliste, sulle quali siamo già intervenuti, incapaci di cogliere l'intreccio tra il genere letterario e il messaggio e quindi la necessità di distinguerli. Si corre così il rischio di considerare la modalità espressiva con i suoi simboli, le sue immagini, le sue formule codificate non come strumento di comunicazione ma scambiandola per contenuto. Non per nulla, in passato, è accaduto che alcuni movimenti religiosi annunciassero la data della fine del mondo sulla base di una lettura letteralista dell'Apocalisse.

In realtà Gesù, che dichiara esplicitamente di ignorare la data della fine del mondo (*Mc* 13,32: «Quanto a quel giorno o a quell'ora, nessuno lo sa, né gli angeli del cielo né il Figlio, eccetto il Padre»), vuole puntare, più che *alla* fine del mondo, *al* fine della storia, cioè alla meta ultima, al senso supremo dell'essere e dell'esistere.

Il destino ultimo del suicida

Ormai parecchi anni fa, il mio carissimo padre, figura straordinaria per umanità, decise di porre fine anticipatamente ai suoi giorni, a seguito dello sconforto causato dalla precoce e straziante morte di sua moglie, mia madre. C'è qualche parola di conforto, se possibile, per coloro i quali, come mio padre, seppur protagonisti di un atto che, forse, apparentemente, viola il patto d'amore con il Padre della vita, meritano un supplemento di attenzione e di cura amorevole, e per coloro i quali, come il sottoscritto, credono e sperano che anche per il suicida esista, lassù, uno spazio di misericordia e di pietà?

Ho avuto qualche esitazione prima di rendere pubblica questa lettera così delicata, personale, intensamente sofferta, all'interno di una raccolta di scritti e domande ben più asettiche. Ma lo stesso autore, indirettamente, mi spingeva a farlo accennando a tutti coloro che hanno vissuto una così tragica esperienza. Tra l'altro, io stesso ho assistito alla drammatica conclusione della vita di un mio ex alunno, divenuto poi sacerdote e parroco, sensibile e tormentato interiormente e psicologicamente: pochi giorni prima della terribile scelta di impiccarsi l'avevo sentito al telefono e mai avrei immaginato la tempesta che covava in lui e che l'avrebbe condotto a quell'approdo.

È significativo, perciò, che la stessa Bibbia – le cui pagine sono costellate qua e là di qualche evocazione di atti suicidi – sia al riguardo estremamente sobria, quasi volendo evitare ogni giudizio sbrigativo. Vorrei soltanto fare due esempi. La cupa e disperata figura del primo re ebraico, Saul, è ritratta, nel suo gesto estremo, con una sola frase centrata su due semplici verbi: «Allora Saul prese la spada e vi si gettò sopra» (*1 Sam* 31,4). Nulla si aggiunge e nulla di questa fine dirà Davide nella splendida elegia che intonerà per la morte di Saul e del figlio Gionata, suo amico carissimo (2 *Sam* 1,17-27).

Analoga essenzialità per Giuda, il traditore di Gesù, nel Vangelo di Matteo: «Giuda, scagliate nel tempio le monete d'argento, si allontanò e andò a impiccarsi» (27,5). Questo silenzio, che non esclude l'orrore, è così rispettoso del mistero di quell'anima da aver permesso alla tradizione successiva persino di aprire uno squarcio di luce. Santa Caterina da Genova, una mistica quattrocentesca, affermava di aver ascoltato in visione un Cristo sorridente dirle: «Se tu sapessi quello che io ho fatto per Giuda...!». E don Primo Mazzolari, in una sua famosa predica, parlava di Giuda come del «prediletto di Gesù e nostro fratello».

C'è poi un'altra tipologia di suicidio: durante la guerra di liberazione dei Maccabei contro il potere oppressivo siro-ellenistico, un noto ebreo di Gerusalemme di nome Razis, pur di non far gloriare i nemici di Israele della sua cattura, «si piantò la spada in corpo, preferendo morire nobilmente piuttosto che divenire schiavo degli empi» (si legga la vicenda, che comprende un ulteriore sviluppo macabro, in 2 *Mac* 14,37-46). Questo atto, comunque, è da ricondurre a quei gesti estremi di testimonianza (chi non ricorda il caso di certi monaci buddhisti o quello del giovane Jan Palach che si dette fuoco a Praga durante l'occupazione militare sovietica?) o di sacrificio personale per salvare altri.

Solo Dio, «che conosce i cuori e i reni», come dice la Bibbia, ossia il conscio e l'inconscio più intimo di una persona, può giudicare il segreto ultimo del suicida. Un teologo francese, Roger

Troisfontaines, negli anni Sessanta nel saggio *Je ne meurs pas* ha pensato che Dio conceda all'uomo, giunto alla frontiera estrema della vita, la possibilità di un'ultima opzione attraverso uno sguardo sintetico e supremo della propria esistenza: ormai la persona è sul crinale tra tempo ed eterno e ha l'istantanea illuminazione che la abilita alla scelta netta e radicale tra bene e male, conversione e ostinazione, Dio e orgoglio. È proprio con questa speranza che anche la prassi ecclesiale è ora molto rispettosa nei confronti dei suicidi.

Certo, in un contesto socioculturale spesso simile a un deserto in cui si sono inariditi i valori, la vita è talora umiliata nella sua dignità profonda, la solitudine ferisce l'esistenza di molti, è necessario rieducare all'impegno per colmare di significato il vivere, per sostenere le persone in crisi spirituale o mentale, esaltando la grandezza e il mistero dell'uomo e della donna che non possono essere arbitri assoluti della vita: «Solo il Signore» si legge nel libro di Giobbe (12,10) «ha in mano l'anima di ogni vivente e il respiro dell'uomo di carne».

Fermo restando, però, il dichiarato principio della trascendenza della vita, caro a tutte le religioni, la Chiesa cattolica, in sede non solo pastorale ma anche giuridica (nel canone 1184 del Codice di diritto canonico, sia pure indirettamente), propone che la comunità celebri i funerali religiosi dei suicidi, tenendo conto proprio del mistero intimo, del travaglio, delle complesse e delicate dinamiche psicologiche e mentali che stanno alla base di quel gesto e dell'immensa sofferenza dei familiari, attestata così limpidamente dal nostro lettore. Certo, chi con spregio ostentato della vita (si pensi, tanto per semplificare, a una «roulette russa») o per scelta ideologica, in piena autonomia e per sfida (*deliberato consilio*, si diceva nel linguaggio morale latino tradizionale) si è dato la morte non potrà avere esequie ecclesiali. Ma questa sarà l'eccezione di fronte a una consuetudine di vicinanza, di rispetto, di affidamento al Signore della vita davanti ai gesti tragici di tanti infelici.

La reincarnazione o metempsicosi

Sono spesso esitante quando sento parlare di reincarnazione perché non mi parrebbe così estranea e incompatibile con la dottrina cristiana della purificazione. Ma in particolare mi colpisce il fatto che nei Vangeli si parli esplicitamente di una reincarnazione del profeta Elia nel precursore di

Gesù, Giovanni Battista. È Cristo stesso, infatti, a dichiarare che costui è l'Elia che non è stato riconosciuto, perché non si è creduto alle parole del Battista come il profeta reincarnato.

«I discepoli domandarono a Gesù: Perché gli scribi dicono che prima deve venire Elia? Egli rispose: Sì, verrà Elia e ristabilirà ogni cosa. Ma io vi dico: Elia è già venuto e non l'hanno riconosciuto; anzi l'hanno trattato come hanno voluto ... Allora i discepoli compresero che egli parlava di Giovanni Battista» (*Mt* 17,10-13). Sulla base di questo dialogo che intercorre tra Gesù e Pietro, Giovanni e Giacomo, mentre stanno scendendo dal monte della Trasfigurazione, il nostro interlocutore suppone che vi sia la possibilità di parlare del Battista come di una reincarnazione di Elia, il celebre profeta anticotestamentario.

Diciamo subito che la teoria reincarnazionistica – detta anche metempsicosi – è estranea alla visione biblica dell'uomo, concezione profondamente unitaria riguardo al nesso tra interiorità e corporeità, netta nell'affermare il carattere unico e irripetibile della persona creata da Dio. La matrice della teoria, invece, è legata al mondo indiano ma si era affacciata anche nel pitagorismo, nel platonismo e talora occhieggerà anche in ambiti esoterici o eterodossi del cristianesimo, dell'ebraismo posteriore (la Qabbalah) e persino dell'islam. La spiegazione delle parole di Cristo e della relativa connessione tra Elia e il Battista è, in realtà, molto più semplice se si conosce la tradizione ebraica antica.

Nel libro del profeta Malachia Dio dichiarava: «Io invierò il profeta Elia prima che giunga il giorno grande e terribile del Signore» (3,23). È noto, infatti, che la morte di Elia era stata descritta come un'assunzione al cielo per una perfetta ed eterna comunione col Signore (*2 Re* 2,1-13). Era così sorta la convinzione che il profeta, vivente per sempre presso Dio, dopo la sua ascensione al cielo, sarebbe stato il messaggero divino destinato ad annunciare al mondo la venuta del Messia: nel giudaismo del III-II secolo a.C. fu soprattutto un apocrifo (cioè un testo non «canonico» né «ispirato»), il *Libro di Enoc*, a introdurre questa speranza che rimase sempre viva acquisendo varie forme e applicazioni.

Non per nulla ancor oggi, nel rituale giudaico, durante la circoncisione di un bambino si lascia libera la cosiddetta «sedia di Elia», nella speranza che egli si renda presente; nella cena pasquale si ha il «calice di Elia», tenuto colmo in attesa che egli venga a comunicare l'arrivo del Messia attraverso la porta di casa lasciata socchiusa.

Si pensava anche che Elia venisse costantemente sulla terra, senza essere riconosciuto, a sostenere i poveri, i malati e i moribondi: non per nulla la folla crede che Gesù crocifisso, quando intona il Salmo 22 (in ebraico *'Elî, 'Elî lamâh 'azavtânî*, nella versione aramaica riportata da Matteo 27,46-47 *'Elî 'Elî lemâ sabachtàni*), invochi Elia, confondendo il suono iniziale di quelle parole (*'Elî 'Elî*, «Dio mio, Dio mio») col nome del profeta (notiamo che l'evangelista Marco in 15,34 presenta la frase in un aramaico più rigoroso: *Eloì, Eloì, lemà sabachtàni*).

A questo punto è facile intuire che Gesù, nella frase sopra evocata dal nostro interlocutore, partendo proprio dalla tradizione riguardante Elia, usi l'immagine del profeta, considerato come il Precursore del Messia, e la applichi a Giovanni Battista che era stato il suo annunciatore, incompreso e alla fine martirizzato (*Mc* 6,17-29). Anzi, in un'altra occasione, dopo avere tessuto l'elogio del Battista, Gesù aveva ribadito in modo lapidario questa identificazione simbolica: «Se lo volete accettare, egli è quell'Elia che deve venire» (*Mt* 11,14).

In appendice ricordiamo che la dottrina reincarnazionistica è stata riproposta con fervore in Occidente, a partire dall'Ottocento, nella teosofia, sulla base di matrici indiane, in particolare buddhiste (la teoria del *samsara*, ossia della catena delle continue rinascite, strumento di purificazione progressiva e di eliminazione del mutamento fino alla pace definitiva del *nirvana*). Tuttavia essa, come sopra si diceva, rimane estranea e incompatibile con la visione antropologica cristiana.

IV
Le domande «ebraiche»

> Non è straordinario che la Bibbia e il suo linguaggio parlino a tutti e dappertutto? Perché dunque queste parole remote non annoiano mai? ... Dove potremmo trovare una storia tanto antica di un piccolo popolo in terra straniera, alla quale è bastato solo di essere scritta per ottenere il dono dell'ubiquità, non solo in rapporto al contenuto, ma anche alla forma?
>
> ERNST BLOCH, *Ateismo nel cristianesimo*

Nei suoi *Discorsi a tavola* Martin Lutero ironizzava sul fatto che «in Italia la Sacra Scrittura è così dimenticata che rarissimamente si trova una Bibbia». Questo giudizio allora era fondato; oggi non lo è più perché il testo biblico è approdato sugli scaffali di moltissime case italiane, popolate di credenti, di indifferenti, di atei. Per alcuni è un libro di riferimento spirituale e vitale, per altri rimane comunque il cosiddetto «grande codice» della cultura occidentale. Il famoso critico tedesco Erich Auerbach, nel suo saggio principale *Mimesis* (1946), non esitava a riconoscere che due soli sono stati i modelli dell'intera nostra civiltà: l'Antico Testamento e l'Odissea.

Le domande e le relative risposte della sezione che ora si apre davanti al lettore sono state definite come «ebraiche», e questo certamente perché tale è la lingua dominante dell'Antico o Primo Testamento. Ma gli scritti in questione e i temi che vi affiorano non appartengono solo alla tradizione e alla religiosità giudaica; sono entrati a far parte a pieno titolo anche del cristianesimo. Ecco, quindi, la necessità di scavare al loro interno, per coglierne il succo sostanziale impastato con l'iridescenza dei simboli, il fascino delle narrazioni, la forza del linguaggio.

Due saranno gli atteggiamenti. Innanzitutto le idee bibliche fanno parte ormai della nostra eredità culturale, dell'arte, del pensiero, della stessa etica, della lingua. È, perciò, un orizzonte che tutti devono conoscere e perlustrare, pena la perdita della propria identità. In secondo luogo l'Antico Testamento è per il fedele ebreo e cristiano parola divina in parole umane. È, allora, significativo che lo si conosca come guida per la propria esistenza. Ma, per far questo, è necessaria un'analisi rigorosa e corretta, soprattutto delle pagine ardue e a prima vista sconcertanti.

Il risultato è, però, quello che Silvio Pellico formulava nel suo libro più celebre, *Le mie prigioni* (1832): «[La lettura della Bibbia] non mi diede mai la minima disposizione alla bacchettoneria, cioè a quella divozione malintesa che rende pusillanime o fanatico. Bensì m'insegnava ad amar Dio e gli uomini, a bramare sempre più il regno della giustizia, ad aborrire l'iniquità, perdonando agl'iniqui».

«Adamo»: storia o simbolo?

Da secoli sono pagine che hanno creato un'infinita produzione artistica: basti solo pensare agli affreschi impressionanti di Masaccio nella chiesa fiorentina di Santa Maria del Carmine. Intendo riferirmi ai primi tre capitoli della Genesi. Pagine che, però, sono state ricondotte criticamente a mitologia ingenua: si pensi all'ironia sulla donna come «costola» dell'uomo. Ecco pronta la domanda di base: sia pure sotto il manto di un linguaggio arcaico, Adamo è storia, mito, simbolo, racconto evocativo o altro ancora?

È necessaria una premessa proprio sul concetto di «storia». Se la intendiamo in senso stretto come ciò che è accaduto e come il relativo resoconto documentario, criticamente verificabile, è facile intuire che quelle pagine bibliche non sono classificabili sotto questa categoria. Non abbiamo, infatti, documenti che attestino ciò che è avvenuto alle origini della genesi umana, soprattutto se si tiene conto del fatto che essa fu un fenomeno molto complesso e non istantaneo, anche se retto dall'azione creatrice di Dio. Il fatto che quell'evento non sia documentabile in senso «storiografico» non significa, però, che esso non sia reale né che non possa essere analizzato in sede scientifica e in sede filosofico-teologica. Lasciamo stare la questione scientifica che non è di nostra competenza e prescinde dal nostro quesito. Fermiamoci su quella teologica: essa ha il suo referente di base nelle citate pagine bibliche.

Ora, quei capitoli, come aveva dichiarato anni fa anche papa Giovanni Paolo II durante una delle sue catechesi del mercoledì, sono «soprattutto di carattere teologico e nascondono in sé una potente carica metafisica». Il racconto della Genesi, più che rispondere alla domanda: «Che cosa è accaduto alle origini del cosmo e come si è formato l'uomo?», vuole infatti rispondere a quest'altro interrogativo: «Qual è la realtà profonda, qual è il senso dell'uomo all'interno della realtà creata?». Com'è evidente, la realtà «storica» dell'essere umano è coinvolta non nella sua dimensione scientifica o in quella estrinseca («fenomenica» dicono gli studiosi), quanto piuttosto nel suo senso profondo e intimo. Per questo gli esegeti biblici parlano di «metastoria» e classificano quelle pagine come «sapienziali», ossia filosofico-teologiche (ma questo non significa né fantasia, né leggenda!).

Facciamo un passo ulteriore. Protagonista di quel racconto è in ebraico *ha-'adam*, che in passato si traduceva come un nome proprio, Adamo. In realtà in ebraico *ha-* è l'articolo e *'adam* significa «uomo». Per l'autore sacro di scena, è dunque l'uomo che appare sulla faccia della terra, non sappiamo quando e come (almeno in modo «storico», nel senso tecnico sopra indicato). Ma proprio a causa di quel nome a lui attribuito, *'adam*-uomo, e a causa della qualità «sapienziale» di quella narrazione, l'autore «ispirato» da Dio vuole occuparsi dell'uomo nella sua identità ultima e profonda che sarà presente e operante in tutti gli uomini e in tutte le donne. Per questo si può parlare correttamente di «storia emblematica», non in un senso vago di metafora poetica (anche se quel testo è letterariamente efficace e ha stimolato la cultura e l'arte di tutti i secoli successivi), bensì in un senso esistenziale e reale che coinvolge l'intera umanità.

«Adamo» è, allora, il nome ultimo e profondo di nostro padre e di nostro figlio ma anche di noi stessi, e il suo peccato è una realtà che coinvolge tutti coloro che portano quel nome, cioè gli esseri umani. A questo punto si aprirebbe il discorso sulla qualità e sul significato di quel peccato «originale», nel senso che esso è alla radice e all'origine del nostro essere uomini, «adamici», liberi e dotati di senso morale. Ma questo è un discorso ulteriore di grande rilievo teologico, sempre però ancorato alla realtà «storica» dell'umanità nel senso più radicale del termine, sviluppato in vari testi ecclesiali e in tanti scritti dei teologi.

La moglie di Caino era sua sorella?

È evidente che i racconti primordiali della Genesi sono «storicamente» zeppi di contraddizioni e costringono gli interpreti a salti mortali. Un esempio fra tutti è la vicenda della genealogia dei Qeniti, ossia dei discendenti di Caino. Delle due l'una: o Caino per avere un figlio si è unito a una sua (ignota nel racconto biblico) sorella con un incesto; oppure si deve ipotizzare un'altra coppia primigenia creata da Dio.

A prima vista il nostro lettore sembra aver ragione. Infatti, se stiamo alla lettera del racconto della Genesi, abbiamo: «Adamo si unì a sua moglie, la quale concepì e partorì Caino ... Poi, partorì ancora suo fratello Abele ... [Dopo il fratricidio], Caino ... abitò nel paese di Nod, ad oriente di Eden. Là si unì alla moglie che concepì e partorì Enoc» (4,1-2.16-17). È ovvio che, stando sempre alla lettera, qualcosa non quadra: o Adamo ed Eva non sono l'unica coppia primordiale oppure Caino si sarebbe sposato con un'ulteriore sua sorella di cui non si fa cenno e che, comunque, sarebbe andata ad abitare all'«estero» (Nod).

In realtà, queste contraddizioni nascono dalla ormai ben nota lettura «letteralista» o «fondamentalista» della Bibbia che non tiene conto del genere letterario delle pagine di apertura della Genesi, cioè della loro vera qualità che non è quella di essere pagine storiche in senso «storiografico», quasi fossero documenti d'archivio. D'altronde, come sarebbe stato possibile avere documenti di un'epoca primordiale in cui non esisteva ancora la scrittura? Quelle pagine, infatti, sotto l'apparenza di un racconto storico rivelano un'altra tipologia più raffinata che ora cercheremo di precisare.

Già le traduzioni in varie lingue della Bibbia sono significative. Se si leggono i capitoli 2-3 della Genesi, ci si accorge che si traduce «l'uomo» e non «Adamo»: come si è già detto nella risposta precedente, in ebraico, infatti, si ha *ha-'adam* ove *ha-* è l'articolo e *'adam* significa «uomo» (letteralmente «uno che ha il colore ocra» del terreno). Protagonista, perciò, è l'umanità in quanto tale, presente nel primo uomo ma anche nei suoi discendenti attraverso la diramazione delle genealogie.

Si è già avuta occasione di accennare che, nel loro linguaggio sofisticato, gli esegeti e i teologi affermano che quelle pagine bibliche vogliono offrirci un'«eziologia metastorica sapienziale». Detto in parole più accessibili, siamo in presenza di un'apparente narrazione storica (con eventi, colpi di scena, personaggi precisi e una trama) che ha però un valore teologico, «sapienziale»: vuole cioè farci scoprire il senso ultimo e profondo dell'essere uomini e donne – *ha-'adam* o *hawwah*, Eva, «la vivente» – nel bene e nel male. Questa narrazione vuole anche farci risalire alla fonte stessa dell'umanità per trovarne il senso, la spiegazione, la finalità: è quindi un'«eziologia», parola di matrice greca che indica la ricerca delle cause, del significato, della sorgente del fiume della vita umana che giunge fino all'oggi.

Lo scopo non è spiegare cosa sia successo con precisione alle origini, ma individuare chi è veramente l'uomo, nella sua realtà intima, quella che permane in tutte le persone e in tutte le epoche: è per questo che si parla di «metastoria», cioè di qualcosa che è «oltre» la pura storia documentabile, quel filo segreto sotteso a tutte le creature umane e alle loro vicende storiche. La Bibbia, dunque, risale all'archetipo – che chiama appunto *ha-'adam*, l'Uomo per eccellenza – per identificare ciò che è fondamentale in tutti coloro che si chiamano «uomini» e «viventi» o «madri della vita» (Eva), cioè «donne». Da un lato, nel capitolo 2 si mostrerà lo splendore dell'armonia tra l'umanità, Dio, il mondo (gli animali) e all'interno della coppia umana; d'altro lato, nel capitolo 3 si mostrerà la tragedia del peccato «originale», radicale, che fiorisce dalla libertà di cui la creatura umana è dotata e che infrange quell'armonia.

In questa luce non dobbiamo leggere «letteralisticamente» la storia di Abele e Caino. Essa, infatti, incarna la violenza che pervade l'umanità e che divide la società: non per nulla si oppongono due modelli di vita, quello agricolo-sedentario di Caino e quello nomadico-pastorale di Abele. Il nome stesso di Caino, se è vero che è dalla Bibbia riportato al verbo ebraico *qanah*, «acquistare, generare, creare» (sua madre, partorendolo, esclama: «Ho acquistato/generato un uomo dal Signore», *Gn* 4,1), è altrettanto vero che rimanda anche al nome di una tribù, quella dei Qeniti, spesso in tensione con Israele. Com'è evidente, l'autore sacro trasferirebbe – anche in questo caso con un'«eziologia» – un dato concreto della storia, di cui è spettatore, alle origini, per individuarne il senso profondo, cioè lo scontro tra società, modi di vita e civiltà, scontro che si ripeterà spesso nella storia dell'umanità. Una corretta lettura della Bibbia richiede, dunque, una corretta interpretazione che tenga conto della sua espressione storico-letteraria e del suo messaggio teologico.

Il mito dell'androgino

Certamente il mito è ben altro rispetto a una vaga fantasia fiabesca, pur avendo i connotati del racconto simbolico. Ora, nella narrazione della Genesi i due protagonisti delle origini umane hanno un nome identico, sia pure declinato al maschile, 'ish, *«uomo», e al femminile,* 'isshah, *«don-*

na». Certo, si potrebbe trattare dell'affermazione della comune qualità umana dei due. Mi chiedo, però: non potrebbe trattarsi di una formulazione ebraica del mito dell'androgino, caro già ai Babilonesi e celebrato da Platone nel Convivio?

Lo ha dimostrato Mircea Eliade nel suo famoso *Trattato di storia delle religioni*: la tesi androgina considerata come una spiegazione della bipolarità e complementarità sessuale si affaccia in varie civiltà. Ma è stato proprio Platone, come ricorda il nostro interlocutore, a divulgarla in Occidente attraverso le parole che egli mette in bocca al commediografo Aristofane nel *Convivio*: «Un tempo l'androgino era un unico essere vivente, formato dai due sessi uniti insieme, maschio e femmina». Tuttavia, continua il filosofo greco, questo essere così potente e completo si lasciò tentare dall'*hybris* e sfidò gli dèi: «Zeus, allora, decise: Taglierò in due l'androgino, così che sia più debole e possa servirci meglio, dato che il numero risultante degli esseri umani si moltiplicherà». Sulla base di questa forzata «cesura» si spiega la reciproca attrazione sessuale: «L'amore riconduce all'antica condizione, cerca di far uno ciò che è due, medicando così la natura umana» (si legga il ragionamento integrale più complesso in *Convivio* 189d-193d).

L'amore ha, quindi, una funzione «sim-bolica» (da *syn-ballein*, «mettere insieme») che Platone cerca di applicare, con qualche affanno teorico, anche all'omosessualità. Ma veniamo al testo della Genesi che può offrire alcuni elementi orientabili in tal senso, come appunto i due nomi «umani» ebraici citati dal lettore o la frase «i due saranno una carne sola», usata per parlare dell'amore di coppia (2,24). Ora, il brano biblico rivela una diversa prospettiva antropologica generale. Infatti, mentre per Platone lo stato ideale dell'essere umano è nell'unità androgina, per la Genesi invece «non è bene che l'uomo sia solo» (2,18), mentre la realtà «molto buona/bella» è che esistano i due sessi (1,31), la cui identità distintiva non è frutto di una maledizione bensì di una benedizione divina (1,28). Anzi, l'essere maschio e femmina diventa «immagine» del Dio creatore, in quanto è dall'amore della coppia che la vita continua attraverso la generazione (1,27).

Inoltre, la creazione dei due sessi non è vista come conseguenza di un peccato di ribellione *(hybris)* contro Dio, bensì è al contrario un atto di amore del Creatore nei confronti della sua creatura che si sente sola e imperfetta e che riceve perciò un dono, un «aiuto *kenegdô*», come dice l'ebraico, cioè un sostegno e una presenza che gli stia «di fronte», in un dialogo d'amore. La considerazione finale sulla «carne sola» (2,24) che i due, uomo e donna, costituiscono – se teniamo conto del significato biblico del vocabolo *basar*, «carne» – non rimanda solo all'atto sessuale o alla generazione del figlio (che è «una sola carne» dei due genitori) ma anche e soprattutto alla condivisione dell'esistenza umana nella sua realtà mutevole e caduca (si vedano per questo significato «esistenziale» di *basar* i passi di Isaia 31,3; 40,6; Salmo 78,39).

Siamo quindi su un piano più psicologico-esistenziale che metafisico, siamo di fronte a un'antropologia teologica che cerca di illustrare il valore costitutivo delle relazioni con Dio (l'alito vitale e la *neshamah* che è in pratica la coscienza in Genesi 2,7), con la materia e gli animali («coltivare e custodire la terra», 2,15, e «dare il nome agli animali», 2,20) e, infine, col prossimo, incarnato appunto nella bipolarità sessuale e nel relativo archetipo matrimoniale. La prospettiva, perciò, è molto più elaborata e di chiaro impianto etico-teologico, tant'è vero che il peccato sarà compiuto dalla coppia ma secondo una personale e individuale responsabilità: inizia la donna e l'uomo s'associa e a ciascuno dei due sarà assegnato uno specifico giudizio divino di condanna, come si evince dalla lettura del capitolo 3 della Genesi. Siamo, dunque, in presenza di un più complesso e articolato sistema antropologico che ha soprattutto nella libertà della creatura umana il suo asse portante. Non per nulla è emblematica la scena, che abbiamo già avuto modo di ricordare, dell'uomo solitario ai piedi dell'«albero della conoscenza del bene e del male», ossia della scelta morale.

Il paradiso terrestre

Ogni tanto si viene a sapere che è stato identificata l'area del «paradiso terrestre» dei racconti primordiali della Genesi. Le regioni sono diverse e vanno dalla Turchia allo Yemen. Ma il «paradiso terrestre» non è una componente mitico-simbolica che delinea uno statuto dell'uomo? Non correremo il rischio che questi zelanti archeologi abbiano magari a trovare, oltre al cereale che là si coltivava, anche il seme o le radici dell'«albero della conoscenza del bene e del male» o dell'«albero della vita», rivoluzionando i manuali di botanica?

L'ironia del nostro interlocutore non è del tutto peregrina, se pensiamo che non di rado gli archeologi sono stati facili a comparativismi sbrigativi, usando il testo biblico, che è letterariamente stratificato, compaginato con la teologia e storicamente spesso reticente, come se fosse una sorta di *Guide Bleu* (la fortuna di Schliemann per Troia non si ripete facilmente e, tra l'altro, il risultato ottenuto non era indenne da clamorosi svarioni). Uno dei più fortunati libri di questo genere, il popolarissimo *La Bibbia aveva ragione* (la cui edizione originale risale al 1955), è ormai dagli studiosi gettato nel cestino, ma ben incarna questa metodologia, esasperata in quelle pagine stese dallo scrittore-giornalista Werner Keller. Sì, è vero che – ultima in ordine di tempo – un'équipe dell'archeologo Klaus Schmidt avrebbe scoperto l'Eden biblico a Göbekli Tepe, nell'attuale Turchia orientale. In verità la scoperta più significativa e fondata è solo il rinvenimento di un grandioso sistema templare – si è ricorso alla Stonehenge inglese per un'analogia riguardante le imponenti colonne, capaci di raggiungere le cinquanta tonnellate – da ricondurre al Neolitico superiore (9000 a.C.), divenendo così forse la più antica testimonianza sacra dell'antico Vicino Oriente.

L'area circostante attestava la presenza di coltivazioni favorite da uno status geo-climatico lussureggiante, meritevole perciò di quell'appellativo di «paradiso terrestre» che noi assegniamo alla descrizione del capitolo 2 della Genesi (si badi bene, però, che l'ebraico del testo originale non usa il termine *pardes*, di origine alto-iranica, termine per altro rarissimo nella Bibbia, generatore anche del nostro «paradiso», ma semplicemente l'ebraico *gan*, «giardino»). Ma eccoci alla questione esegetica e teologica. Diciamo subito che non è il caso di organizzare viaggi turistici o pellegrinaggi a Göbekli Tepe per la visita all'antico «paradiso terrestre», che in passato si cercava incamminandosi verso l'Arabia o lo Yemen o la Mesopotamia.

Ciò che correttamente si può ipotizzare è che forse nell'autore biblico (o, meglio, nella tradizione che ha generato quel testo) poteva echeggiare la memoria di un paesaggio mirabile, «coltivato e custodito» (si veda *Gn* 2,15), dotato di «alberi graditi alla vista e adatti all'alimentazione» (2,9), noto nell'antico Vicino Oriente. Esso, però, era assunto come base simbolica per un racconto che si presenta come storico non nel senso fattuale (descrittivo di eventi, di dati e date) bensì in senso esistenziale, cioè rappresentativo dell'esperienza costante dell'umanità. Non per nulla la vegetazione di quel giardino primordiale comprende due alberi che non potranno mai entrare nella tassonomia botanica, come nota il nostro lettore.

Infatti l'«albero della conoscenza del bene e del male» è un chiaro simbolo sapienziale per illustrare la scelta morale libera, così come il secondario «albero della vita» (2,9; 3,22), caro alla mitologia mesopotamica, è un chiaro segno della riflessione sulla morte e sull'oltrevita. Ma la stessa mappa geografica offerta dalla Genesi (2,10-14) va ben oltre una mera identificazione spaziale puntuale. I quattro fiumi che si dipartono dal giardino «paradisiaco» sono il Tigri e l'Eufrate e due altri fiumi ignoti, il Pishon e il Ghihon, variamente identificati (Indo-Gange e Nilo?), ma essi sono destinati a costruire una mappa idrografica planetaria centrata su una sorta di «ombelico del mondo», il giardino di Eden. In sintesi, può darsi che l'autore sacro abbia avuto in mente un rimando a un'area mirabile ed «esotica» o a una grandiosa oasi o a un centro antico, ma l'uso che ne fa è squisitamente «sapienziale» e simbolico, destinato a illustrare una situazione esistenziale e una struttura teologica e antropologica permanente e costitutiva dell'umanità.

Una piccola nota a margine per avere una conferma riguardo a questo procedimento applicativo. Il giardino «paradisiaco» (a chiamarlo così per prima sarà l'antica versione greca della Bibbia detta «dei Settanta») è collocato dalla Genesi in Eden, un vocabolo che di per sé significa «delizia, piacere», così da creare l'idea di un «giardino di delizie», segno della piena armonia dell'umanità col Creatore e col suo progetto storico-cosmico. Tuttavia in accadico (*e-dinu*) e in sumerico (*e-din*) la stessa parola rimanda all'idea di «steppa» o «deserto»: ora, c'è una località antica situata sul medio Eufrate denominata Bit-adini, cioè «casa del deserto». Anche in questo caso l'autore biblico è forse ricorso, per rappresentare l'Eden, a un riferimento topografico che comprendeva un'oasi (il giardino «paradisiaco») incastonata nella steppa desertica, più o meno un ambiente simile a quello che si può vedere anche in Terra santa a Gerico, altro riferimento simbolico ipotetico per quel «paradiso» terreno.

Il peccato originale

Una delle questioni antropologiche di base è affidata nella visione biblica, prima, e in quella della tradizione cristiana, poi, alla dottrina del peccato originale. Ora, a parte qualche sporadica battuta, non mi pare che ci si sia mai confrontati, da parte dei teologi, con la modernità, contrassegnata dalla presenza di scienze umane, come ad esempio la psicologia o nuove correnti filosofiche ben lontane dalla metafisica scolastica. Non è questo un segno di incertezza e di timore per un confronto che, a mio avviso, potrebbe essere benefico, nonostante qualche «devastazione» degli stereotipi teologici?

Pascal la considerava come la più incisiva e decisiva intuizione dell'antropologia cristiana. Sta di fatto che la dottrina del peccato originale è stata per secoli uno dei cavalli di battaglia della teologia, a partire dalla celebre sistematizzazione teorica operata da sant'Agostino, ma anche del pensiero di non pochi filosofi. Devo, però, contraddire il nostro interlocutore, convinto che – nel dibattito culturale contemporaneo – la dottrina in questione sia rimasta relegata nel recinto dei puri professionisti della teologia, anche se è vero che soprattutto in quel settore si sono configurate nuove proposte, come (e ne cito una per tutte) quella del teologo olandese Piet Schoonenberg che ha delineato una definizione del peccato originale come solidarietà universale (*Situirtsein*) nel peccato, anteriore ai peccati personali.

In realtà, si è assistito in questi ultimi decenni a una serie di tentativi teologici di neocomprensione del tema attraverso un dialogo e persino un'osmosi con tesi o contesti extrateologici. Provo ora a farne un elenco sommario, senza entrare nel merito delle singole proposte che spesso suscitano interesse ma anche perplessità. Il primo che mi viene in mente, e forse anche il più noto, è stato quello che chiamerei «il paradigma *sociologico*». Esso ebbe un supporto nella cosiddetta «teologia della liberazione» postconciliare: il peccato originale sarebbe da individuare nella collocazione costrittiva in cui viene a nascere e vivere la creatura umana, una collocazione all'interno di un'ingiustizia strutturale di tutte le società del mondo. La liberazione-salvezza avverrebbe, perciò, sia nella conversione del singolo alla giustizia, sia nel mutamento radicale delle strutture sociali oppressive.

Un secondo modello, che attecchì soprattutto nei paesi anglosassoni, fu quello che definirei *femministico*, sollecitato appunto dalle spinte alla «depatriarcalizzazione» della religione cristiana in nome della ritrovata coscienza femminista. Il peccato originale – e anche in questo caso ci si muoveva sostanzialmente nell'orizzonte sociologico – nasceva dal predominio maschilista e dall'impostazione sessista che dalla società si era infiltrata in tutti i rami dell'esistenza inquinandola e spingendola alla prevaricazione e all'oppressione.

Un terzo segno di dialogo interdisciplinare fu quello con la *psicologia*. Si cercò, così, di riesumare il concetto di *Angst*, angoscia, proposto dal filosofo Søren Kierkegaard nell'Ottocento, illuminandolo però coi contributi della psicoanalisi. Si elaborò in tal modo una visione del peccato originale come angoscia esistenziale radicale: famoso fu il trittico dei volumi (quasi 2000 pagine!) di Eugen Drewermann *Strukturen des Bösen* (1976), che intuiva nell'angoscia per l'assenza di Dio, e quindi per l'isolamento autodistruttivo, lo stato universale di peccato originale.

Un quarto paradigma è stato approntato attraverso il dialogo con la scienza, in particolare tenendo conto della teoria *evoluzionistica*. Considerata troppo antropocentrica la dottrina tradizionale, si è cercato di integrare in essa anche la dimensione cosmologica, oggetto delle verifiche delle scienze naturali. In questa prospettiva (lo diciamo semplificando il discorso) il male diventa una fase della totalità evolutiva universale. Esso sarebbe la molteplicità non ancora unificata dell'essere e, contemporaneamente, l'azione della libertà umana che può divenire rifiuto, ostacolo, inerzia, regressione nei confronti del processo evolutivo unificante. È un po' questa la tesi di Teilhard de Chardin che cerca di «sintetizzare» due ambiti di per sé dotati di percorsi propri, quelli della scienza e della metafisica.

In conclusione, possiamo dire che l'interesse di varie discipline esterne alla teologia nei confronti di una tesi antropologica così rilevante riguardo ai contributi delle altre scienze è stato abbastanza vivace. Certo, noi ora non abbiamo potuto delineare, per ovvie ragioni di spazio, una premessa indispensabile: è necessario, infatti, abbozzare una «storia» della dottrina teologica del peccato originale, dai testi biblici fondanti (soprattutto *Gn* 2-3 e san Paolo) a sant'Agostino, dalla Scolastica al Tridentino, dal giansenismo ai nostri giorni, definendo in modo essenziale il nucleo permanente di tale dottrina, tenendo conto che essa risulterebbe sempre monca senza il necessario contrappunto con la cristologia, ossia con la «nuova creatura» della redenzione operata da Cristo.

Gli extraterrestri e la loro «redenzione»

Ho letto tempo fa una dichiarazione che affermava: «Come esiste una molteplicità di creature sulla Terra, così potrebbero esserci altri esseri, anche intelligenti, creati da Dio. Questo non contrasta con la nostra fede, non possiamo porre limiti alla libertà creatrice di Dio». Vorrei, perciò, avanzare due quesiti o forse solo due considerazioni. Innanzi-

tutto, come (e se merita) collocarci nei confronti dei movimenti religiosi che si aprono a tali prospettive? Ma soprattutto come si pone la figura di Cristo davanti a un eventuale «ET»? Avrebbe bisogno della «redenzione» attraverso Cristo?

Il desiderio di affacciarci oltre il mondo in cui siamo collocati non è solo sbocciato nella scienza, ma ha anche coinvolto altri ambiti della cultura. Così, ad esempio, la letteratura ha dato origine alla cosiddetta «fantascienza», iniziata già con Plutarco e Luciano di Samosata: essa ha celebrato i suoi primi trionfi col *Micromégas* di Voltaire, coi *Viaggi di Gulliver* di Swift, con Verne e Wells per approdare ai vari Bradbury, Asimov, Amis e così via; molto prima, dunque, di quel 24 giugno 1947 quando il pilota Kenneth Arnold riferì di aver incontrato ben nove «dischi volanti» (*flying saucers*) nel cielo dello Stato americano di Washington. Da allora, però, gli Ufo (*Unidentified Flying Objects*) penetrarono anche nella religiosità popolare, talora sulla base di esilaranti «esegesi» di testi biblici. È il caso dei Raeliani che nel termine ebraico divino *'Elohîm* (che talora nella Bibbia ha il valore generico di «esseri trascendenti», come gli angeli) hanno identificato gli extraterrestri e hanno così interpretato un passo di taglio mitico del libro della Genesi (6,1-4) sui «giganti» come una conferma «teologica» all'ingresso di esseri alieni nel nostro orizzonte. Su quest'ultima interpretazione ci riserviamo di riprendere il discorso.

I gruppi o sette che si rifanno a simili fantasiose speculazioni sono presenti anche in Italia: oltre ai citati Raeliani, ci sono i «Nonsiamosoli», i «Novaconvivia», l'«Unarius-Science of Life», la «Cooperativa operante opportunità di pace – condivisione olistica in simbiosi multiplanetaria organizzata» (*sic*!), che dà origine all'acronimo *Coopcosmo* e altri ancora, alcuni dei quali scomparsi dopo situazioni piuttosto oscure, con vicende giudiziarie, come i Telsen Sao. Alla base di questo confuso e spesso stravagante esoterismo spirituale ci sono aneliti trascendentali, messianici e millenaristici, miscelati con componenti tecnologiche e catastrofistiche, sempre nella tensione verso una «nuova rivelazione».

Se lasciamo da parte questa pittoresca e frastagliata fenomenologia di «contattisti» coi vari «ET» e ci riportiamo al quesito centrale del nostro interlocutore, dobbiamo diventare subito molto più sobri e reticenti. È ormai acquisizione comune, infatti, che i testi sacri non offrano adito alla soluzione di questioni più o meno «scientifiche», come quella dell'ipotetica esistenza di altri esseri viventi negli spazi siderali. La Bibbia si interessa dell'umanità terrestre, della sua identità antropologica, spirituale e morale e del suo destino ultimo. Ciò non toglie che ci si possa liberamente interrogare sull'esistenza di altre «umanità», basandoci sulla verità teologica fondamentale del Dio creatore di tutto l'essere, verità sostanzialmente condivisa da tutte le religioni.

In questo caso rimarrebbero da approfondire due questioni principali. Da un lato, quella antropologica, ipotizzando analoghi o differenti statuti umani. Tuttavia, trattandosi sempre di creature, permarrebbero gli stessi elementi strutturali del limite, della finitudine, della mortalità e della libertà con le sue implicazioni morali. D'altro lato, per il cristianesimo, sarebbe sul tappeto anche la questione cristologica. Ora, se stiamo al messaggio di riferimento capitale, quello neotestamentario, una risposta previa sarebbe già offerta: a più riprese si ribadisce che la funzione di Cristo non è solo protesa alla redenzione della nostra umanità, ma che essa ha anche una dimensione salvifica cosmica. Così, ad esempio, nel celebre inno di apertura alla Lettera agli Efesini, san Paolo parla del disegno divino di «ricapitolare in Cristo tutte le cose, quelle del cielo, come quelle della terra» (1,10), mentre ai Colossesi, in un altro inno, l'Apostolo ribadisce che «per mezzo di Cristo sono state create tutte le cose, celesti e terrestri, visibili e invisibili ... tutte le cose sono state create per mezzo di lui e in vista di lui» (1,16).

I fantasiosi e misteriosi *'Elohîm*

Mi è capitato tra le mani un volume intitolato Il libro che dice la verità, *un'impressionante raccolta di speculazioni e teorie più o meno «ufologiche». Ho poi saputo che dietro lo pseudonimo Rael dell'autore – che in realtà sarebbe un tale Claude Vorilhon (nato a Vichy in Francia nel 1946) – si cela il fondatore della religione raeliana che in passato ha fatto parlare di sé per un conclamato e mai dimostrato esperimento di clonazione umana. Tra le fantasie di questo autore c'è anche il ricorso al nome divino biblico* 'Elohîm *che in ebraico è effettivamente un plurale. Non potrebbe, allora, rimandare a molti «esseri divini», pur non accettando la teoria raeliana degli extraterrestri venuti dal cielo e accoppiatisi con donne terrestri?*

Questo interrogativo può essere idealmente posto in dittico col precedente. Tra le teorie del gruppo religioso «ufologico» dei Raeliani, ce n'è effettivamente una che riguarda proprio il nome divino usato dalla Bibbia, ma attestato anche in altre culture semitiche dell'antico Vicino Oriente. Il vocabolo è *'Elohîm*, e nella sua configurazione grammaticale è un plurale. Presente più di 2600 volte nell'Antico Testamento, è di solito tradotto con «Dio» (il singolare, molto meno usato, è *'Eloah* ed è alla base dell'arabo *Allah*) ma talora anche con «dèi», mentre il nome specifico del Dio d'Israele è indicato con le quattro consonanti JHWH, che si è soliti vocalizzare in *Jahweh* o, erroneamente, in *Jehowah* (donde il «Geova» degli omonimi Testimoni).

Per i Raeliani il vocabolo plurale *'Elohîm* indicherebbe «coloro che sono venuti dal cielo», cioè gli extraterrestri. Del loro approdo tra noi, delle loro avventure mirabolanti e sconcertanti, liberamente ricavate anche dai racconti biblici, a noi ora non interessa parlare: tra l'altro, secondo i seguaci di Rael, Gesù sarebbe nato dall'unione tra il capo degli *'Elohîm* extraterrestri e una donna, così come il popolo ebraico sarebbe frutto delle unioni tra gli *'Elohîm* e le indigene terrestri. Cerchiamo, invece, di penetrare nel vero significato di quel vocabolo che nella Bibbia copre accezioni diverse.

Per la Bibbia il primo significato è indubbiamente quello di «Dio» in senso stretto e «monoteistico», tant'è vero che il verbo che ha per soggetto *'Elohîm* si coniuga al singolare. Si veda, ad esempio, la prima riga della Bibbia stessa: *Bereshit bara' 'Elohîm*, «in principio Dio creò...». Il plurale, anche per le altre culture che pure avevano concezioni politeistiche, non indicava necessariamente una molteplicità. Poteva, infatti, esprimere un'«eccellenza», una «maestà», più o meno come accade al nostro «plurale maestatico», il «Noi» solenne al posto del più normale «io». Poteva essere anche una sorta di «plurale astratto», destinato a definire quella che noi siamo soliti designare come «divinità» e che i semiti, abituati al concreto, non erano capaci di formulare (in ebraico «giovinezza e vecchiaia», ad esempio, sono espressi col plurale «giovani e vecchi»).

Non manca, però, anche il riferimento a Dio concepito come un sovrano circondato dal suo consiglio della corona: nelle concezioni politeistiche si tratterebbe di un pantheon in cui c'è un Dio-principe, chiamato spesso solo *'El*, oltre che *'Elohîm*, e altri dèi inferiori, denominati anch'essi *'Elohîm*. La Bibbia, invece, ha ridotto i membri del consiglio di Dio al rango di angeli: è per questo che talvolta nella Bibbia anche gli angeli sono chiamati *'Elohîm*, e questo nome può essere usato persino per un inviato divino come Mosè o lo stesso re. È evidente, però, che esiste per l'Antico Testamento una netta distinzione tra lo *'Elohîm*, Dio unico e onnipotente, denominato più propriamente come *Jhwh*, e gli *'Elohîm*, cioè gli dèi dei popoli o delle varie località, oppure gli *'Elohîm* angeli o messaggeri divini.

In appendice ricordiamo che nella Genesi c'è un racconto di origini mitiche (a cui rimandano in modo fondamentalistico i Raeliani), secondo il quale alcuni figli di *'Elohîm* si unirono alle «figlie degli uomini», dando origine agli «eroi» e ai «giganti» (6,1-4). Simili narrazioni di unione fra esseri divini o semidivini e donne erano molto diffuse nell'antichità. La Bibbia, però, partendo da quel dato mitologico offre una lezione morale che paradossalmente potrebbe adattarsi proprio alla condanna della clonazione: chi mira a scavalcare le regole armoniche fissate da Dio per la creazione produce alla fine non esseri superiori ma creature fragili, «carne» destinata a perire. Il Signore, infatti, dichiara: «Il mio spirito non resterà sempre nell'uomo, perché egli è carne e la sua vita sarà di centoventi anni» (*Gn* 6,3). Per questa via l'autore sacro condannava anche i culti pagani della fertilità di allora che immaginavano una sorta di matrimonio sacro tra l'uomo e la divinità, attraverso un atto sessuale con la sacerdotessa o il sacerdote del dio della fecondità.

L'angelo necessario

Il racconto della Genesi nel capitolo 3 finisce coi Cherubini, nome che ho letto derivare dalla cultura mesopotamica, nella quale indica gli esseri monumentali alati che custodivano le aree sacre o regali. Costoro bloccano l'ingresso al paradiso terrestre, evidente simbolo, a mio avviso, della «scomunica» dell'uomo peccatore dalla comunione con Dio. Il mio quesito, oltre che interrogare sugli angeli e la loro realtà, vorrebbe puntare a una particolare tradizione, quella dell'angelo decaduto, un mito di straordinaria efficacia, presente nel Paradiso perduto *di Milton, tanto per fare un esempio, ma anche sotteso al celebre film* L'angelo azzurro.

La figura angelica ha sempre attirato l'interesse dell'arte e della letteratura e il pendolo della loro *rappresentatio* è oscillato tra il polo del realismo e quello antitetico della visione mitica. Quest'ultima è stata adottata anche da alcuni teologi come Rudolf Bultmann, che considerava l'angelologia biblica e tradizionale un'eredità ingenua della concezione arcaica e mitologica della relazione tra Dio e le sue creature.

Sta di fatto, però, che dalla prima pagina della Bibbia coi «Cherubini dalla fiamma della spada folgorante», posti a guardia del giardino dell'Eden (*Gn* 3,24), fino alla folla angelica che popola l'Apocalisse, le Sacre Scritture sono animate dalla presenza degli angeli, figure sovrumane ma non divine, la cui realtà era nota anche alle culture circostanti a Israele, sia pure con modalità differenti. Il nome stesso ebraico, *mal'ak* (215 volte nell'Antico Testamento!), e greco, *ánghelos*, ne denota la funzione: significa infatti «messaggero». Da qui si riesce a intuire la missione e, per usare un'espressione del filosofo Massimo Cacciari, la «necessità» (*L'angelo necessario* è il titolo di una sua opera) di questa figura biblica, affermata ripetutamente dalla tradizione giudaica e cristiana, confermata dal magistero della Chiesa nei documenti conciliari (a partire dal Credo di Nicea del IV secolo) e papali, e accolta nella liturgia e nella pietà popolare.

Il compito dell'angelo è sostanzialmente quello di salvaguardare la trascendenza di Dio, ossia il suo essere misterioso e «altro» rispetto al mondo e alla storia, ma al tempo stesso di renderlo vicino a noi comunicando la sua parola e la sua azione, proprio come fa il «messaggero». È per questo che in alcuni casi l'angelo nella Bibbia sembra quasi ritirarsi per lasciare spazio a Dio che entra in scena direttamente. Così, nel racconto del roveto ardente, ad apparire a Mosè tra quelle fiamme è innanzitutto «l'angelo del Signore», ma subito dopo è «Dio che chiama dal roveto: Mosè, Mosè!» (*Es* 3,2-4). La funzione dell'angelo è, quindi, quella di rendere quasi visibili e percepibili in modo mediato la volontà, l'amore e la giustizia di Dio, come si legge nel Salterio: «L'angelo del Signore si accampa attorno a quelli che lo temono e li salva ... Il Signore darà ordine ai suoi angeli di custodirti in tutti i tuoi passi; sulle loro mani ti porteranno perché non inciampi nella pietra il tuo piede» (34,8; 91,11-12).

Il compito dell'angelo, quindi, è quello del mediatore tra l'infinito di Dio e il finito dell'uomo e questa funzione la espleta anche nei confronti di Cristo. Come scriveva il teologo Hans Urs von Balthasar, «gli angeli circondano l'intera vita di Gesù, appaiono nel presepe come splendore della discesa di Dio in mezzo a noi; riappaiono nella Risurrezione e nell'Ascensione come splendore della ascesa in Dio». La loro è ancora una volta la missione di mettersi vicini all'umanità per svelare il mistero della gloria divina presente in Cristo in un modo che non ci accechi, come sarebbe con la luce divina diretta.

Al di là delle complesse riflessioni sulle gerarchie angeliche che hanno scandito molte pagine di un misterioso autore del V-VI secolo, noto come lo Pseudo-Dionigi, la concezione fondamentale biblica e tradizionale vede l'angelo come un segno dell'Unico che dev'essere adorato, Dio; è solo un indice puntato verso l'unico mistero, quello divino; è un mediatore al servizio dell'unico perfetto mediatore tra Dio e gli uomini, Cristo Signore: «A quale degli angeli» si chiede l'autore della Lettera agli Ebrei (1,5) «Dio ha detto: Tu sei mio figlio, oggi ti ho generato?». È, quindi, pericolosa la deriva a cui ha condotto il movimento di New Age con l'immissione di elementi magico-esoterici e di «misteriose presenze» nella concezione degli angeli. L'angelo, infatti, può per questa via sconfinare paradossalmente in demonio o per lo meno si riconduce a quell'universo immaginativo mitico a cui sopra facevamo riferimento oppure a una pura e semplice metafora come quella del «brusio degli angeli», evocata dal titolo di un noto saggio dell'americano Peter L. Berger.

Ora, se non tutti gli angeli che appaiono nelle pagine bibliche sono da considerare angeli, bensì in alcuni casi solo figure che esprimono l'intervento di Dio nella storia, bisogna però riconoscere che, in molte altre pagine, essi si presentano con una loro identità precisa, persino con un nome. Pensiamo all'angelo «custode» e compagno di viaggio di Tobia che porta il nome di Raffaele, pur presentandosi sotto lo pseudonimo «umano» di Azaria. Pensiamo al misterioso cavaliere, accompagnato da due giovani, da considerarsi come incarnazione angelica, che nel Secondo libro dei Maccabei (3,25-27) colpiscono l'arrogante e sacrilego Eliodoro, o all'angelo combattente Michele e all'angelo interprete delle visioni di nome Gabriele, presente nel libro di Daniele e nel racconto dell'annunciazione a Zaccaria, futuro padre del Battista, e a Maria, madre di Cristo (*Lc* 1,19.26). C'è, poi, l'angelo dei sogni di Giuseppe, il padre legale di Gesù, e ci sono gli angeli del Natale che si rivolgono ai pastori (*Lc* 2,9-14). Pensiamo all'angelo consolatore di Gesù nel Getsemani o di Paolo nei suoi travagli apostolici (*At* 18,9-10 e 27,23-24) e così via.

Il nostro interlocutore, però, ci conduce a una questione più circoscritta: in quale testo biblico si descrivono la creazione degli angeli e la ribellione di alcuni di essi, destinati a diventare «il diavolo coi suoi angeli» (*Mt* 25,41)? Ebbene, a differenza degli scritti «apocrifi», cioè i testi giudaici e cristiani non riconosciuti dalla Chiesa come ispirati da Dio, che su questo argomento sono molto loquaci, la Bibbia canonica è estremamente sobria. Certo, anche gli angeli sono creature di Dio, ma nelle due pagine che descrivono la creazione, presenti rispettivamente nel capitolo 1 e nei capitoli 2-3 del libro della Genesi, non si dice quando essi sono creati. Lo stesso serpente è identificato col diavolo non dalla Genesi ma da uno degli ultimi libri – cronologicamente parlando – della Bibbia, quello della Sapienza (2,24).

Anche per la «caduta» degli angeli le Scritture ispirate sono molto reticenti e solo allusive. Nella Lettera di Giuda si parla degli «angeli che non conservarono la loro dignità ma lasciarono la propria dimora; Dio li tiene in catene eterne, nelle tenebre, per il giudizio del gran giorno» (v. 6). Analoga è la testimonianza della Seconda Lettera di Pietro: «Dio non risparmiò gli angeli che avevano peccato, ma li precipitò negli abissi tenebrosi dell'inferno, serbandoli per il giudizio» (2,4). L'idea è sottesa anche nella scena simbolica del libro dell'Apocalisse ove si afferma che «il grande drago, il serpente antico, colui che chiamiamo il diavolo e satana e che seduce tutta la terra, fu precipitato sulla terra e con lui furono precipitati tutti i suoi angeli» (12,9).

Per sapere qualcosa di più sulla ribellione degli angeli bisogna, allora, ricorrere alle pagine, spesso incerte tra teologia e fantasia, dei testi apocrifi giudaici, come il *Libro di Enoc* (III-II secolo a.C.), che offre quei particolari entrati successivamente nella tradizione e nelle raffigurazioni artistiche, colte e popolari. È a questi scritti che attinse anche il Corano che presenta la legione dei demoni come formata da angeli che, avendo a capo Iblis (deformazione del greco *diábolos*, «diavolo»), rifiutarono l'ordine divino di prostrarsi in venerazione davanti ad Adamo e furono perciò maledetti da Dio. Una nota finale a margine. «Lucifero», considerato come il capo degli angeli ribelli nella tradizione popolare cristiana, in realtà nel libro di Isaia è il titolo solenne del re di Babilonia, il cui peccato fu quello di considerarsi come Dio. Il profeta sarcasticamente lo interpella così: «Come mai sei caduto dai cieli, stella del mattino [*Lucifero*], figlio dell'aurora?» (14,12).

Il diluvio biblico: catastrofe naturale o mito?

Per me il diluvio biblico è tutto nelle splendide scene musive della basilica di San Marco a Venezia o in quelle figure sbigottite o terrorizzate che cercano disperatamente di aggrapparsi a rocce o ad alberi nel Giudizio *di Michelangelo della Sistina. Meno lo è nelle fantasiose ricerche di relit-*

ti lignei dell'arca di Noè sul monte Ararat in Turchia. Ma ecco il quesito: il diluvio biblico è una memoria «enfatica» di una catastrofe naturale o è un mito puramente simbolico del giudizio sul male?

Il tema del diluvio come catastrofe cosmica ha sempre affascinato l'umanità, tant'è vero che è presente in molte civiltà distanti tra loro: lo si trova in Egitto nel *Libro dei morti* e nel mito greco di Deucalione e Pirra, è evocato tra gli aborigeni dell'Australia ed è cantato anche in India, lo conoscevano gli Amerindi e affiorava pure in Nuova Guinea, Indonesia e Birmania. Ma il racconto biblico dei capitoli 6-9 della Genesi ha un indubbio referente in alcuni antichi testi mesopotamici come la celebre tavoletta XI dell'*Epopea di Gilgamesh* e il *Poema di Atrakhasis*, coi quali si possono identificare ben 17 punti di contatto.

Alla base di questo mito mesopotamico c'era probabilmente la memoria di una tragedia naturale, forse causata dai due fiumi Tigri ed Eufrate che, tra l'altro, per un tratto di 350 chilometri prima della foce procedono quasi come su una tavola piatta (si ha un dislivello solo di una trentina di metri!): ogni rigonfiamento eccessivo delle loro acque poteva dar origine a esondazioni clamorose, tant'è vero che gli antichi Babilonesi erano ricorsi a un complesso sistema di canalizzazioni. È naturale che l'evento, una volta entrato nel mito, aveva subìto amplificazioni grandiose che la stessa Bibbia accoglie e che ovviamente non devono essere prese alla lettera.

Così, ad esempio, l'arca di Noè, se stiamo alle misure esorbitanti indicate dal testo biblico, era simile a un grattacielo galleggiante lungo 156 metri, alto 30, largo 26, con una capacità di 70.000 metri cubi. Gli stessi ospiti di quell'imbarcazione sono descritti secondo una classificazione di stampo rituale, comprendente le coppie di animali puri e impuri sulla base delle distinzioni sacrali. La catastrofe, poi, acquista dimensioni planetarie, divenendo appunto un «diluvio universale». Non ha, quindi, molto senso assumere alla lettera questi e altri dati, né tanto meno – come ha fatto qualche buontempone (tra di loro anche un astronauta americano) – è possibile andare alla ricerca dei resti lignei dell'arca sul monte Ararat in Turchia: la Genesi, tra l'altro, con questo termine fa riferimento all'accadico *Urartu* che in realtà era una regione montuosa, identificata poi con l'Armenia.

Ma allora, qual è il significato di questo racconto biblico? Nel testo sacro esso è frutto dell'intarsio di due diverse tradizioni, fuse insieme anche con qualche incongruenza (il diluvio, ad esempio, in Genesi 7,12 dura 40 giorni, mentre in 8,1-14 un anno). La finalità nella Bibbia, però, non è più mitica come nei paralleli mesopotamici ove il diluvio era il castigo per il rumore degli uomini che disturbavano il sonno degli dèi, oppure era concepito come il risultato di una lotta intradivina. Per la Sacra Scrittura quell'evento acquista i contorni di un atto di giudizio divino morale sul peccato umano: il Dio biblico non è indifferente di fronte alla corruzione e all'immoralità.

È per questo che all'inizio del racconto si legge questa frase: «Il Signore vide che la malvagità degli uomini era grande sulla terra e che ogni progetto concepito dal loro cuore non era altro che male» (6,5). Siamo, quindi, davanti al binomio peccato-castigo, raffigurato emblematicamente attraverso una sorta di anti-creazione (nella creazione, infatti, le acque erano state separate dalla terra, *Gn* 1,9-10). Ma l'ultima parola non è quella del giudizio e della morte. Nell'uomo giusto, Noè, e nella sua discendenza, si manifesta l'amore del Creatore che fa pace con l'umanità, attraverso un'alleanza universale che lo vincola a ogni creatura e che ha il suo segno nell'arcobaleno, che è quasi l'arco da guerra divino ormai deposto (*Gn* 9,1-17). Sorge così l'aurora di un nuovo mondo e di una nuova storia ed è per questo che la tradizione cristiana ha riletto l'epopea del diluvio in chiave battesimale, come anticipazione simbolica delle acque che cancellano l'uomo vecchio e fanno rinascere l'uomo che vive nella giustizia e nella santità (si legga *1 Pt* 3,20-21, ove il diluvio è esplicitamente ricondotto a essere «un'immagine del battesimo»).

Il male «cosmico»

Molto si è scritto e molto ho letto sul dibattito filosofico che innescano le varie tragedie naturali, come gli tsunami, gli eventi sismici, le catastrofi naturali. Si rispolvera spesso Leibniz col suo «migliore dei mondi possibili», Voltaire col terremoto di Lisbona del 1755 oppure Kant. Si ripesca anche la questione del diluvio. Di fronte a questi eventi è ovviamente coinvolta anche la teologia, che balbetta qualche risposta, ma che registra probabilmente più di uno scacco.

Il male, una sfida alla filosofia e alla teologia: era emblematico già nel titolo il saggio del famoso filosofo Paul Ricoeur, destinato ad affrontare un tema che affatica da secoli il pensiero filosofico e religioso. La stessa teologia è in pratica nata nella culla della teodicea, ossia della «giustificazione» di Dio, messo in causa dalla presenza «scandalosa» del male fisico, metafisico, cosmico e morale. Anche il diluvio – del quale abbiamo trattato nella precedente risposta – sembra essere una sorta di universale tipologia mitico-storica votata alla decifrazione di una causa o almeno alla ricerca di una motivazione che spieghi i cataclismi naturali.

Tutte le civiltà, abbacinate di fronte alla veemenza del male, hanno escogitato risposte ovviamente complesse, spesso parziali. Tanto per stare ancora all'esempio citato, il diluvio, in Mesopotamia esso, tra l'altro, è interpretato in chiave politeistica e dualistica come frutto di una conflittualità intradivina, che oppone una divinità creatrice a un'altra distruttiva; la Bibbia si orienta, invece, come si è visto, verso una lettura storico-etica: «Il Signore vide che la malvagità degli uomini era grande sulla terra e che ogni progetto concepito dal loro cuore non era altro che male» (*Gn* 6,5). Il diluvio è, perciò, in questa interpretazione uno strumento di giudizio secondo la classica teoria della retribuzione per cui a ogni delitto deve già ora corrispondere un castigo. Il cosiddetto *Chaoskampfmotiv*, ossia il tema della lotta contro il caos e il nulla, presente nella creazione, viene ripreso in senso inverso nella de-creazione diluviana, ma con finalità storico-morali.

In poche righe non è possibile render conto di questo insonne interrogare e rispondere della filosofia e della teologia. Certo è che nel caso del male cosmico si può almeno riconoscere in partenza che esso è quasi strutturale al creato stesso, ne è la condizione «naturale». Infatti la creazione è di sua natura limitata, quindi imperfetta, finita, affidata a meccanismi che possono incepparsi: il suo essere «buona/bella», come si ripete nella Genesi (cap. 1), è solo il segno dell'approvazione della sua realtà, dei suoi dinamismi, della sua vita, ma questo non esclude la sua qualità creaturale e non «divina». Il Creatore, perciò, per essere coerente con se stesso, rispetta, da un lato, la libertà dell'uomo (da lui creato tale) con la conseguenza del male morale e, d'altro lato, rispetta la finitudine e i limiti insiti alla natura, segno della sua creaturalità e radice del male cosmico.

Detto questo, però, non si può ridurre Dio a un mero notaio della realtà e qui le religioni introducono prospettive differenti per equilibrare verità e amore in Dio, il suo rispetto delle qualità specifiche delle creature e la sua presenza partecipe. Stando solo in ambito biblico, segnaliamo ad esempio la proposta del libro di Giobbe che si affida a una *'esah*, ossia a un «progetto» metarazionale (non irrazionale) trascendente, nel quale anche il male trova una sua collocazione. Come scriveva Kant nel suo saggio *Sull'insuccesso di ogni tentativo filosofico in teodicea* (1791) commentando proprio il libro di Giobbe, l'incidenza del male riesce a «dimostrare che per noi è raggiungibile una saggezza negativa, vale a dire la comprensione della necessaria limitazione delle nostre pretese riguardo a ciò che per noi è troppo alto».

Il cristianesimo va oltre e supera il «ritrarsi» di Dio, compiuto nell'atto creativo per lasciare uno spazio autonomo al creato, proponendo invece il successivo ingresso di Dio nel creato e nella storia con una partecipazione diretta, quella del Cristo, Figlio di Dio. Così Dio sperimenta in se stesso il limite, la morte, il male, deponendo però in queste realtà l'energia dirompente del divino, preparando in tal modo nella trama del tempo e dello spazio, della storia e dell'umano una ricomposizione dell'essere creato nel quale non ci sia più «la morte, né lutto, né lamento, né affanno, perché le cose di prima sono passate» (*Ap* 21,4). È per questo che san Paolo nella Lettera ai Romani parla della «creazione che attende con impazienza ... di essere liberata dalla schiavitù della corruzione» (8,20-21) così da pervenire a una pienezza che Teilhard de Chardin, come abbiamo già osservato, concepiva come un «punto Omega» cristologico, approdo dell'evoluzione (con qualche rischio metodologico nella sua visione troppo «indistinta» di scienza e fede). Certo è che, nella lettura teologica, quando l'essere creato (umanità e natura) sarà giunto a quell'apice terminale, «Dio sarà tutto in tutti» (*1 Cor* 15,28), non attraverso un panteismo metafisico, ma in un abbraccio redentivo di liberazione e di salvezza (come dicono i teologi, un «en-teismo» soteriologico, ossia un «essere in Dio» per comunione salvifica).

Esodo dall'Egitto: fuga o espulsione?

Se si leggono le pagine dell'Esodo, il libro biblico che descrive la trionfale uscita degli Ebrei oppressi dall'Egitto, si provano sensazioni che possono dilagare anche su altre pagine storiche della Bibbia. Che cosa realmente è accaduto, sotto il velo di una descrizione così epica e retorica? Siamo in presenza di un effettivo dato storico e non di un mito fondativo dalla genesi oscura? E se qualcosa di reale è sotteso a quel racconto, è possibile ricostruirlo con qualche attendibilità?

Anche se il quesito verte su un tema specifico com'è quello dell'esodo di Israele dall'Egitto, il nostro interlocutore mette sul tappeto una questione generale che è stata da sempre oggetto di dibattito sia fra i teologi sia fra gli storici: si tratta del rapporto fra fede e storia all'interno dei testi sacri, un tema che è già stato oggetto di riflessione nelle pagine del nostro libro dedicate all'interpretazione (o ermeneutica) della Bibbia. Il pendolo ha oscillato e oscilla continuamente tra due opposti estremismi: per alcuni le Sacre Scritture sono solo opere teologiche rivestite di storia, per altri sono resoconti storiografici attendibili quasi fin nei particolari.

Nel nostro caso specifico le domande potrebbero essere queste: le pagine del libro dell'Esodo che descrivono quest'epopea di liberazione di Israele dall'oppressione faraonica lasciano trasparire un evento storico o un mito? L'evidente interpretazione teologica, che queste pagine rivelano, ha alla radice un nucleo storico o solo il tema religioso del Dio salvatore e del popolo redento? La risposta è tutt'altro che facile e non dev'essere data in modo quasi «istintivo», come facevano e fanno alcuni credenti per i quali tutto nella Bibbia è chiaramente fondato su un resoconto ordinato dei fatti, o come fanno, al contrario, altri lettori agnostici che riducono la Bibbia solo a un ammasso di tesi religiose e di miti o leggende.

Il punto capitale – spesso dimenticato anche nell'analisi degli stessi Vangeli – è che le Sacre Scritture non appartengono al genere dei libri di storia documentaria, pur interessandosi di eventi storici. Esse, infatti, li affrontano leggendoli alla luce della fede, cioè come attraversati da una presenza e da un'azione che supera la storia e la trascende: non per nulla si è soliti parlare di «storia sacra». Ebbene, nel caso dell'esodo, all'interno del libro biblico che lo narra, si ha indubbiamente un rimando a memorie e tradizioni riguardanti un evento storico; solo che esso è assunto per offrire un messaggio superiore, che viene sceverato e fatto emergere attraverso l'esperienza religiosa: è appunto la fede nel Dio che si rivela, che salva, che guida il suo popolo verso il dono della libertà.

Ricostruire l'evento sotteso è possibile, anche se difficile, ed è necessario anche a livello religioso perché quella biblica è una fede storica, ancorata all'irruzione di Dio nelle vicende umane. Nel nostro caso gli studiosi, vagliando le pagine bibliche che sintetizzano varie tradizioni e documenti in un unico racconto, hanno ad esempio individuato almeno due esodi storici differenti. Da un lato, ci sarebbe un *esodo-fuga* di un gruppo consistente di Ebrei: essi hanno tentato di scrollarsi di dosso il giogo imposto probabilmente dalla XIX dinastia egiziana, di impronta nazionalistica e meno liberale con gli stranieri di quanto lo fossero le precedenti dinastie. Non per nulla nel libro dell'Esodo (1,11) si fa cenno a Ramses, una città che forse rimanda al faraone Ramesse II, che regnerà per quasi tutto il XIII secolo a.C., la cui *grandeur* è nota anche al turista distratto che visita oggi l'Egitto faraonico, per gli straordinari monumenti eretti da quel sovrano.

D'altro lato, gli studiosi individuano nelle stesse pagine bibliche l'eco di un altro esodo, più vicino a un'*espulsione*: Israele, come popolazione indesiderabile, fu accompagnata alla frontiera settentrionale egiziana e rispedita nella terra di provenienza. Si intravedono nella Bibbia, infatti, due differenti itinerari. L'esodo-fuga dovette penetrare nella penisola sinaitica per evitare posti di blocco e controlli, scegliendo una faticosa deviazione. L'esodo-espulsione seguì, invece, la più breve e normale «Via del mare», che costeggiava il Mediterraneo, partendo dall'Egitto, proseguendo verso l'area siro-palestinese, varcando la frontiera all'altezza del cosiddetto «torrente d'Egitto», oggi wadi el-Arish.

Di questi esodi, che la Bibbia descrive in un unico racconto glorioso in cui predomina l'esodo-fuga, c'è forse qualche traccia nella documentazione faraonica? Una traccia c'è e piuttosto concreta. Nel Museo egizio del Cairo si erge, in un angolo, dimenticata dai turisti ma cara ai biblisti, una stele di basalto nero, ritrovata nel 1895 a Tebe, dove il figlio di Ramesse II, il faraone Merneptah o Merenptah ha fatto incidere per la prima volta in un documento antico a noi giunto il nome di *Israilu*, in una menzione liquidatoria: «Devastato è Israele, senza più seme». È probabile che, nello stile encomiastico delle iscrizioni faraoniche, quella fuga di alcune tribù ebraiche sia stata presentata come un trionfo egiziano.

Certo, non dobbiamo stupirci di avere a disposizione una testimonianza «profana» così limitata per un evento che la Bibbia dipinge in modo così grandioso. È ovvio che per la superpotenza occidentale di allora, l'Egitto, quella fuga o quell'espulsione di un gruppo etnico modesto era un fatto del tutto marginale e non poteva lasciare più di tanto un solco nella storia faraonica. Israele, comunque, conserverà tracce di questa esperienza nella sua vicenda secolare. Al riguardo è curioso notare che lo stesso nome «Mosè», interpretato liberamente dalla Bibbia come «salvato dalle acque» (*Esodo* 2,10), in realtà è un termine egizio e significa semplicemente «figlio» (come, ad esempio, si ha «Thutmose», o «Thutmosi», figlio del dio Thot).

In conclusione, però, vogliamo ritornare sull'antefatto che ha sempre impressionato ogni lettore dei capitoli 14-15 del libro dell'Esodo, ossia la traversata clamorosa degli Ebrei lungo le acque del Mar

Rosso (in verità la Bibbia parla di un *Yam-sûf*, cioè «Mar delle Canne»). L'immaginario popolare e artistico ha avuto la sua ultima rappresentazione emblematica nei *Dieci comandamenti*, il famoso film di Cecil De Mille, ove il transito avviene tra due muraglie d'acqua, realizzate con la duplice ripresa antitetica delle cascate del Niagara. Semplificando le sofisticate analisi condotte dagli studiosi su quelle due pagine, ci accontenteremo di offrirne la sostanza interpretativa.

Una tradizione narrativa più antica, confluita nei testi biblici e denominata convenzionalmente come «Jahvista», offre dell'evento «esodo» una spiegazione più vicina all'effettivo dato storico. Il «Mar delle Canne» corrisponderebbe alle paludi e agli acquitrini della regione dei Laghi Salati, a est del Delta del Nilo. Il passaggio di Israele sarebbe stato favorito da un forte vento che, spirando per un'intera notte, avrebbe prosciugato vaste aree rimuovendo le acque. Così, almeno, si racconta nel libro dell'Esodo: «Il Signore durante tutta la notte risospinse il mare con un forte vento orientale, rendendolo asciutto» (14,21). Israele riesce a passare, mentre l'esercito egiziano incappa nel riflusso delle acque. Non è escluso che l'autore sacro faccia allusione in realtà a una marea, essendo quelle paludi in contatto col Mar Rosso.

Ben diversa è, invece, la versione più tarda, proposta da un'altra tradizione narrativa biblica denominata dagli esegeti come «Sacerdotale» (VI secolo a.C.). A questa linea letteraria interessa piuttosto l'interpretazione teologica dell'avvenimento. Perciò vengono abbandonati i riferimenti storici diretti e ci si affida a una scenografia teofanica: Mosè stende l'insegna del suo potere taumaturgico, il bastone-scettro, e gli Ebrei sfilano trionfalmente in processione tra due muraglie d'acqua che assistono al prodigio, pronte a scatenare la loro furia devastatrice non appena l'armata faraonica proverà ad attraversarle. Si tratta, quindi, di una rielaborazione simbolica e teologica.

La radice storica dell'evento sarebbe, dunque, verificabile attraverso la Tradizione Jahvista, mentre la sua dimensione religiosa sarebbe rappresentata dalla Tradizione Sacerdotale attraverso la sua interpretazione teologico-simbolica. È questa alla fine a dominare nelle pagine bibliche, come attesta anche il cantico di Mosè presente nel capitolo 15 del libro dell'Esodo. Ormai centrale è questa descrizione-interpretazione di taglio religioso: Dio combatte con la sua armatura cosmica (gli elementi naturali) a fianco del suo popolo, vincendo le forze del male, simboleggiate dal mare e dalla potenza militare egiziana. Dal sepolcro d'acqua esce il nuovo Israele libero e muore l'oppressore, vittima del giudizio divino. È facile comprendere che nella medesima traiettoria si porrà la rilettura battesimale cristiana dell'esodo, attribuendo quell'esperienza al battezzato, entrato nel fonte battesimale schiavo del peccato e uscitone salvato e libero (*Rm* 6,1-11).

Le mura di Gerico

Si è detto che Gerico è la città più antica del mondo. Il pellegrino o il turista che oggi la visita rimane impressionato dalla grandiosità delle sue rovine, ma anche dallo splendore della sua oasi. Per il lettore della Bibbia resta, però, incisa nella mente una domanda: come intendere la famosa caduta delle mura al suono delle trombe, descritta nel libro di Giosuè?

«Il popolo lanciò l'urlo di guerra e suonarono le trombe. Appena il popolo ebbe udito il suono delle trombe ed ebbe emesso un formidabile grido di guerra, le mura della città crollarono su se stesse e il popolo entrò in città, ciascuno dritto davanti a sé, e se ne impossessarono.» Queste righe del capitolo 6 del libro di Giosuè sono nella memoria di tutti, come la scena delle mura che si sgretolano: ben due film americani, del 1948 e del 1978, portano appunto il titolo *Le mura di Gerico*, affidandosi alla resa «colossale» di quell'evento. Gerico ritorna nella mente e negli occhi di tutti i pellegrini in Terra santa che visitano questa stupenda e fertilissima oasi di cinque chilometri di diametro posta nella valle del Giordano, a 250 metri sotto il livello del mare.

Quando vi si giunge, percorrendo la strada romana «che da Gerusalemme scende a Gerico» (chi non ricorda la parabola del Buon Samaritano?), si vive un'esperienza di forte suggestione. Dopo chilometri nel deserto di Giuda, tra aride pietraie, in cui spunta solo qualche ciuffo d'erba o qualche raro «giglio dei campi», quasi all'improvviso, ecco questa macchia di verde in mezzo a un paesaggio lunare. In ebraico la parola «Gerico» rimanda proprio alla «luna», mentre l'arabo *ar Rihà* allude al vento. «Lunare» o «ventosa» che sia, Gerico con le sue palme e le sue rose, cantate dal Siracide (24,14) come simbolo della sapienza divina, è un emblema di bellezza, è il segno della vita in un mondo morto.

Nei loro approssimati resoconti storici alcune guide locali o alcuni testi martellano con i soliti luoghi comuni: Gerico è la città più antica del mondo, è la città del crollo delle mura, è la città maledetta («Giosuè fece giurare: Maledetto davanti al Signore l'uomo che si alzerà e ricostruirà questa città di Gerico! Sul suo primogenito ne getterà le fondamenta e sul figlio minore ne erigerà le porte!», *Gs* 6,26). Come sempre la realtà è più complessa. L'antichità di Gerico è insidiata da una città dell'attuale Turchia, Çatal Hüyük. Certo è che fu la presenza di una sorgente e di un'oasi a dar origine a un antichissimo stanziamento, attorno al 7800 a.C., nell'area oggi chiamata Tell es-Sultan.

Gli scavi, soprattutto quelli condotti da Kathleen Kenyon dal 1952 in avanti (l'archeologa inglese morì nel 1978), misero in luce reperti di questo straordinario centro e ancora oggi pellegrini e turisti salgono sul *tell* (così vengono chiamate in arabo le colline artificiali archeologiche) a contemplare quelle rovine monumentali, in particolare un enorme torrione e il muro di cinta a massi.

Alle prime popolazioni erano subentrate altre di cultura più raffinata che costruivano anche in mattone e che ci hanno lasciato statuette in argilla di una dea della fecondità, strutture edilizie a cortile centrale e sette teschi di defunti le cui fattezze erano state ricostruite con l'argilla e gli occhi con conchiglie, segno di una primitiva fede nella sopravvivenza oltre la morte.

Attorno al 5000 a.C. si verificò una nuova invasione di popolazioni che si stanziarono, però, in abitazioni troglodite esterne all'antica città, ma che portarono un elemento decisivo per la datazione, la ceramica. Da allora Gerico divenne – per la sua posizione strategica – la chiave d'ingresso nella terra di Canaan, ed è per questo che essa fu distrutta e ricostruita a più riprese: la Kenyon ha dimostrato che un muro urbano fu demolito e rialzato almeno 17 volte! Giungiamo, così, alla spinosa questione delle «mura di Gerico». L'archeologia ha scoperto che all'epoca della conquista della terra promessa da parte degli Ebrei (XIII secolo a.C.) Gerico era distrutta e quasi disabitata (al massimo c'erano stanziamenti di seminomadi attorno alle mura: si legga nel capitolo 2 del libro di Giosuè l'episodio di Rahab, la prostituta). Scavi più recenti hanno, però, messo in luce tracce (grano e materiali bruciati) di una conquista anche di quest'area allora decaduta. Tuttavia non è possibile con i dati attuali immaginare una città dalle mura fortificate, nel periodo storico dell'ingresso ebraico.

E allora la vicenda delle mura crollate è leggenda miracolistica? In realtà, si potrebbe pensare a una vera e propria conquista, dipinta però dalla Bibbia in modo epico e «teologico». Ebbene, anche se accettiamo il dato più probabile di una Gerico già distrutta all'epoca dell'arrivo degli Ebrei, la Bibbia col suo racconto risulterebbe ugualmente attendibile. E questo come si può dimostrare? Giunti al Giordano con l'incubo di superare una città potente com'era Gerico, gli Israeliti trovarono un centro ormai quasi abbandonato. La conquista, allora, fu descritta non come un attacco militare, ma come una processione liturgica con l'arca: la città era stata, infatti, consegnata nelle mani d'Israele da Dio stesso. Ecco spiegata la scenografia delle mura crollate al suono delle trombe sacre e al grido del popolo, al termine di un settenario di processioni. La rappresentazione simbolico-teologica cercava, quindi, di spiegare un dato storico concreto, quello della città potente già piegata da una precedente conquista distruttiva.

Gerico rifiorì secoli dopo, soprattutto con Erode, che vi innalzò una città residenziale invernale a due chilometri da quella antica, con ville, piscine, anfiteatro, ippodromo e il palazzo reale ove morì nel 4 a.C. Qui passò anche Gesù guarendo il cieco Bartimeo (*Mc* 10,46-52) e convertendo Zaccheo, «capo dei pubblicani e ricco», che per vedere Gesù era salito su un albero di sicomoro (*Lc* 19,1-10).

La voce dei profeti

Tutte le volte che leggo le pagine dei profeti biblici, mi affiora una domanda che oserei definire teologica, anche se io sono solo un semplice «curioso» di temi religiosi. E la domanda è questa: se i profeti sono gli interpreti teologici del presente e non vaghi premonitori o elaboratori di oroscopi futuri – come di solito si spiega nei commenti biblici –, perché mai devono essere individuati solo in queste figure del passato? Quando sento la domenica nel Credo della Messa la frase: «Ha parlato per mezzo dei profeti», mi chiedo: perché mai questa frase è solo al passato?

L'apparente semplicità del quesito del nostro interlocutore coinvolge questioni di alto rilievo teologico che noi ora potremo solo evocare. Parlando infatti della profezia, nel suo senso specifico di Rivelazione divina attraverso la voce e la testimonianza umana (la parola «profeta», di origine greca, indica soprattutto «colui che parla in luogo di un altro», cioè il portavoce di Dio), si rimanda a temi di grande complessità come quelli del Canone e dell'ispirazione delle Sacre Scritture, della Tradizione e così via.

Per risolvere, però, l'interrogativo più generale che ci è posto, noi cercheremo di muoverci partendo da una premessa fondamentale: il rapporto tra Rivelazione e Scrittura non è di mera identità. Il Concilio Vaticano II inizialmente voleva intitolare il documento dedicato alla parola di Dio *De Sacra Scriptura* ma alla fine preferì *De Divina Revelatione*, facendo notare che la Rivelazione divina abbraccia un orizzonte più ampio rispetto alla sola Sacra Scrittura. Infatti entra in scena anche la «sacra Tradizione ... che fa conoscere alla Chiesa l'intero Canone dei Libri Sacri [cioè la Scrittura] facendoli profondamente comprendere e rendendoli ininterrottamente operanti» (*Costituzione dogmatica sulla Divina Rivelazione Dei Verbum*, n. 8), cioè svelandone progressivamente le molteplici ricchezze e attualizzandoli nella storia.

Il Concilio continuava così: «La Sacra Tradizione e la Sacra Scrittura sono strettamente tra loro congiunte e comunicanti, poiché entrambe scaturiscono dalla stessa divina sorgente ... La Sacra Scrittura è parola di Dio in quanto scritta per ispirazione dello Spirito di Dio; la Sacra Tradizione trasmette integralmente la parola di Dio» perché, attraverso lo Spirito Santo che opera nella Chiesa durante i secoli, essa sia «conservata, esposta, diffusa», incarnata nei vari contesti e diventi guida per nuove questioni e in nuove situazioni. Perciò, «la Chiesa attinge la certezza su tutte le cose rivelate non dalla sola Scrittura», ma anche dalla Tradizione, ed entrambe «devono essere accettate e venerate con pari sentimento di pietà e reverenza» (*Dei Verbum*, n. 9).

A questo punto possiamo offrire la risposta principale alla domanda del lettore. Il Credo, affermando che Dio «ha parlato per mezzo dei profeti» (questa è, tra l'altro, una frase dell'avvio della Lettera agli Ebrei), vuole rimandare alla Scrittura che in sé è conclusa e definita, com'è attestato dal Canone dei libri ispirati: è così legittimo l'uso del verbo al passato. Ma poiché la Tradizione continua a rendere viva e operante la Scrittura, è necessario un altro tipo di profezia che è quella dell'annuncio fedele e duttile, capace di conservare la Scrittura ma anche di incarnarla nella storia che continua.

È il compito affidato ai pastori ma anche a tutti i fedeli, in virtù della loro consacrazione battesimale, come dichiara ancora il Concilio Vaticano II nel documento sulla Chiesa: «Il popolo santo di Dio partecipa pure dell'ufficio profetico di Cristo col diffondere dappertutto la viva testimonianza di lui» (*Lumen Gentium, n.* 12). In questa luce si può affermare l'esistenza di profeti che «parlano» ora (al presente) in nome di Dio, annunciando la Scrittura e facendola brillare nella vita e nella storia. E se tutti i cristiani debbono essere in questo modo profeti, alcuni lo sono in modo esemplare e luminoso: pensiamo, ad esempio, a tanti santi come Benedetto, Francesco, Caterina da Siena, Teresa d'Avila, al beato Giovanni XXIII e, più genericamente, a quelli che siamo soliti chiamare «profeti del nostro tempo».

Certo, come non c'è identità tra Scrittura e Tradizione, pur essendo ambedue sotto il manto della divina Rivelazione, così non c'è identità tra profeti biblici e profeti della Chiesa nei secoli. Eppure c'è un'analogia perché entrambi sono sotto l'azione dello stesso Spirito di Dio, sia pure a livelli e in forme differenti. Si possono allora configurare due profili del profeta. Quello più specifico dei grandi portavoce di Dio, ispirati dallo Spirito divino, a partire dai «veggenti» dell'Antico Testamento fino al Cristo, Figlio unigenito del Padre e suo rivelatore supremo (*Gv* 1,18), e agli apostoli, suoi inviati diretti e fondamento della sua comunità. Ma c'è anche un altro profilo profetico, quello che è nel volto spirituale di tutti i battezzati, consacrati come profeti, mossi dallo Spirito Santo, per annunciare la Parola e operare i segni dell'amore divino. Occorre, perciò, che i fedeli siano pronti e docili a questo impegno che è proprio di tutti loro ma che spesso lasciano spegnere o impallidire, a differenza dei grandi testimoni, i «profeti» che continuano a parlare in ogni epoca della storia.

Tre Isaia in un unico libro?

I commenti moderni al libro del profeta Isaia sono soliti rimandare ad almeno tre diversi Isaia: al primo grande personaggio vissuto nell'VIII secolo a.C. se ne aggiungerebbero altri due, i cosiddetti Secondo (o Deutero-Isaia) e Terzo Isaia (o Trito-Isaia), vissuti un paio di secoli dopo. Per altri libri della Bibbia ugualmente si rimanda – attraverso l'analisi storico-critica – ad autori o redattori differenti. Siamo, quindi, in presenza di vere e proprie operazioni editoriali che hanno coinvolto diversi soggetti. Se le cose stanno così, come la mettiamo con l'«ispirazione» divina del profeta o dell'autore sacro?

Nel 1775 il tedesco Johann Christoph Döderlein, per la prima volta, «osava» frantumare l'unità del libro di Isaia, profeta vissuto nell'VIII secolo a.C. Il rotolo di 66 capitoli della sua profezia veniva spezzato in due tronconi: i capitoli 1-39, appartenenti a Isaia, e 40-66, da attribuire a un anonimo profeta vissuto due secoli dopo, all'epoca del ritorno degli Ebrei dall'esilio di Babilonia, in seguito all'editto di Ciro (538 a.C.), e denominato «Secondo Isaia». Nel 1892 lo svizzero Bernhard Duhm spezzava anche il secondo troncone: i capitoli 40-55 assegnati al Secondo Isaia e i capitoli 56-66 attribuiti a un altro anonimo profeta del post-esilio babilonese, chiamato «Terzo Isaia». Lo stesso studioso nella sezione di Isaia 40-55 isolava quattro carmi, i celebri «Canti del Servo del Signore», come opera di un altro autore. Altri esegeti, in seguito, infransero l'unità anche del Terzo Isaia ritenendolo un'antologia di testi diversi, mentre dal Primo Isaia era necessario scorporare i capitoli 24-27 e 34-39, da attribuire al Secondo Isaia e ad altri autori ignoti.

Per quanto ciò possa sconcertare e lasciare perplessi, in realtà anche il non specialista si accorge che il testo della Bibbia in generale non è così fluido e continuo, rivela gibbosità, ripetizioni e presentazioni differenti di uno stesso evento. Ad esempio c'è nella prima e nella seconda pagina della Genesi una duplice narrazione della creazione notevolmente diversificata. Nella prima l'uomo è creato alla fine dei sei giorni simbolici della creazione; nella seconda l'uomo, invece, è la prima opera di Dio e il racconto è molto più pittoresco e sfocia nel «peccato originale», ignoto alla prima descrizione. Nel libro di Geremia, il più lungo dell'Antico Testamento, accanto a testi del profeta ci si imbatte in racconti in terza persona dovuti al suo segretario Baruc (e gli studiosi vanno oltre, introducendo l'intervento di altre mani). Si pensi, poi, alle tradizioni del Pentateuco (Jahvista, Elohista, Sacerdotale e Deuteronomista), al Primo e Secondo Zaccaria, ma anche alle (almeno) due edizioni del Vangelo di Giovanni, segnate da due diverse conclusioni visibili nei capitoli 20 e 21.

Due sono le considerazioni generali. La prima è di indole storico-letteraria. I testi biblici in molti casi hanno alle spalle complesse vicende «editoriali»: prima di essere cristallizzati in una pagina scritta, i ricordi e le vicende di Israele, la predicazione dei profeti, le riflessioni dei sapienti, gli stessi atti e le parole di Gesù sono stati conservati in quella pagina viva che era la memoria delle varie comunità. La redazione scritta non era, poi, così rigorosa come quella che segue ora uno storico o un critico letterario. Si accostavano senza imbarazzo relazioni differenti di uno stesso evento, oppure si impastavano in un'unica trama racconti o fatti letterariamente e cronologicamente diversi. Il tutto, sovente, veniva posto sotto l'autorità di un unico autore o di un personaggio che era forse solo la fonte da cui derivavano le memorie o le narrazioni delle varie vicende.

Così, ad esempio, si mise sotto il patronato di Mosè tutto il Pentateuco (che, tra l'altro, comprende anche la descrizione della sua morte!); sotto quello di Davide buona parte del Salterio; sotto la figura di Salomone i Proverbi, il Cantico dei Cantici, Qohelet e persino il Libro della Sapienza (scritto in greco forse attorno al 30 a.C., mentre Salomone era vissuto nel X secolo a.C.!). Sotto Isaia si è posto anche un profeta che parla di Ciro, il sovrano persiano vissuto due secoli dopo Isaia, e che rivela uno stile, una lingua e una teologia del tutto differenti. Com'è noto, il profeta non è un visionario che lancia oracoli sul futuro, ma è un interprete del presente alla luce della Rivelazione di Dio, ed è solo così che egli intuisce il procedere della storia verso più alte mete. L'Isaia dell'VIII secolo non poteva parlare agli Ebrei del VI secolo in modo diretto.

C'è, però, un'altra osservazione, di natura più teologica. Bisogna distinguere tra «autenticità», «canonicità» e «ispirazione». Reagendo a un'impostazione razionalistica che riduceva le Sacre Scritture a semplice complesso letterario orientale, dominato da fenomeni storici, la teologia in passato aveva ricondotto i testi sacri ai singoli profeti, sapienti, evangelisti e apostoli per salvaguardarne l'«ispirazione». Avendo essi ricevuto il dono dello Spirito divino, le loro opere risultavano «ispirate», cioè parola di Dio espressa in parole umane. L'«autenticità» delle attribuzioni assicurava la loro qualità ispirata. La Chiesa riconosceva questa qualità dichiarando quei libri «canonici», ossia norma per la fede e la morale dei credenti.

Ora, invece, si fa notare che l'ispirazione divina è un concetto molto più ampio che definisce il profeta o l'apostolo, ma anche lo scritto che a lui è riferito e tutti coloro che hanno guidato Israele e la Chiesa in nome di Dio e che hanno avuto una funzione nel comunicarci la Rivelazione divina. In questa luce le origini letterarie e storiche delle opere non condizionano la loro qualità ispirata e canonica che è di tipo teologico e che si pone su un altro piano, abbracciando tutti gli attori del processo di formazione degli scritti. La *Dei Verbum*, il documento del Concilio Vaticano II sulla Bibbia, afferma che il Vangelo fu trasmesso «tanto dagli apostoli ... quanto da uomini della loro cerchia i quali, per ispirazione dello Spirito Santo, misero in iscritto l'annuncio della salvezza» (n. 7). Tra questi «uomini apostolici», come dice letteralmente il testo latino, possiamo collocare non solo Marco e Luca (che non erano apostoli), ma anche tutti coloro che contribuirono alla redazione degli scritti neotestamentari e che sono a noi ignoti, ma la cui presenza è visibile a livello di analisi storico-critica dei testi sacri (analogo discorso vale per l'Antico Testamento).

Il misterioso Servo del Signore

A partire dal Nuovo Testamento, la figura misteriosa di quel «Servo del Signore» che entra in scena nel libro del profeta Isaia è stata interpretata come una prefigurazione di Gesù Cristo e della sua passione, morte e gloria. Per gli Ebrei naturalmente le cose non stanno così. Anzi, ho letto da qualche parte che la stessa interpretazione messianica di quella serie di canti che hanno per protagonista il «Servo» è entrata in epoca tarda nel giudaismo. Come si possono conciliare letture così diverse del medesimo testo?

Era il 1892 e – come abbiamo ricordato nella precedente risposta – a Basilea lo studioso svizzero Bernhard Duhm pubblicava un commento su Isaia in cui, oltre a distinguere almeno tre mani diverse nel libro del profeta (due erano già state riconosciute un secolo prima dal biblista tedesco Döderlein), isolava quattro canti autonomi nei capitoli 42, 49, 50 e 52-53 e li intitolava, dal nome del loro misterioso protagonista, «i Canti del Servo del Signore». È da notare che in ebraico il titolo *'ebed*, «servo», non ha necessariamente un significato spregiativo: può essere un titolo «nobiliare» equivalente al nostro «ministro».

Ci si è da sempre interrogati sull'identità precisa di questo Servo, le cui caratteristiche fondamentali erano due. Da un lato aveva i connotati di un profeta (la sua era una vocazione per l'annuncio della parola di Dio e aveva punti di contatto con alcuni passi di Geremia), dall'altro egli espletava la sua missione di salvezza attraverso la sua sofferenza personale che acquistava un valore sacrificale. In particolare il quarto canto – che va da Isaia 52,13 a 53,12 – narrava una specie di passione-morte-glorificazione del Servo, la cui sofferenza era espiatrice non di una colpa sua, ma di quella degli altri: «Egli si è caricato delle nostre sofferenze, si è addossato i nostri dolori ... è stato trafitto per i nostri delitti, schiacciato per le nostre iniquità. Il castigo che ci dà salvezza si è abbattuto su di lui, per le sue piaghe noi siamo stati guariti» (53,4-5).

È facile che, di fronte a una simile rappresentazione, la tradizione cristiana scoprisse in quel profilo misterioso il volto di Gesù Cristo sofferente, morto e risorto. Ma a chi pensava l'anonimo profeta, chiamato convenzionalmente Secondo Isaia, vissuto due secoli dopo il celebre Isaia, attorno al 540-520 a.C., autore di queste quattro pagine e dei capitoli 40-55 del libro di Isaia? È necessario fare una precisazione preliminare di grande rilievo, a cui si è già accennato di sfuggita altrove.

La profezia è troppo spesso intesa come una specie di preveggenza quasi magica, quasi fosse una «tele-visione» del futuro, cioè una descrizione a distanza di eventi lontani e posteriori. In realtà, basterebbe sfogliare proprio Isaia per accorgersi che il profeta è per eccellenza uomo del presente, coinvolto nella società e nella politica del suo tempo, capace di intravedere negli eventi spesso scandalosi della storia (per Isaia il re Acaz, la cosiddetta guerra siro-efraimitica, la Siria, l'Assiria, gli Stati circostanti, la corruzione dei politici e dei magistrati, le speranze riposte nel re Ezechia e così via) la misteriosa azione divina.

Perciò, il profeta offre una guida morale per il presente, ma apre l'attesa a un futuro di salvezza che egli fa solo balenare. Dio lo «ispira» perché sveli il senso profondo e ultimo della storia nella quale anche il Signore è in azione. Torniamo, allora, alla domanda fondamentale: a chi pensava il Secondo Isaia parlando del Servo del Signore? Le risposte degli studiosi sono molteplici e non sempre attendibili. C'è chi ha pensato al profeta stesso e chi ha visto nel Servo il principe Zorobabele, colui che guiderà gli esuli ebrei da Babilonia, ove erano stati deportati in seguito alla distruzione di Gerusalemme a opera dei Babilonesi nel 586 a.C., alla terra dei padri. C'è anche chi ha pensato all'Israele del rientro, anche perché nel secondo canto si legge: «Mio Servo tu sei, Israele» (49,3). Questa identificazione sembra, però, un'aggiunta della tradizione ebraica posteriore, perché nello stesso canto si dice che il Servo deve «ricondurre a Dio e riunire Israele», distinguendolo così dal popolo. Nei famosi manoscritti del Mar Morto sono stati individuati dei passi in cui sembra che il Servo isaiano fosse identificato, almeno da parte di quel gruppo di Ebrei separati e dissidenti presenti a Qumran, come il Messia.

Non siamo, perciò, in grado di dare una risposta all'enigma del Servo: è probabile che il profeta pensasse a una figura regale-profetica messianica sperata e attesa per quegli anni fervidi di rinascita dopo l'esilio babilonese. Riusciamo, però, a capire molto bene com'è avvenuta l'identificazione cristiana. Di fronte agli eventi della condanna, della passione, della morte e della gloria pasquale di Gesù, gli evangelisti – e dopo di loro tutta la tradizione cristiana – non ebbero esitazione: quei passi isaiani, soprattutto il quarto carme, interpretavano e prefiguravano le vicende salvifiche di Cristo. Con il suo dolore e la sua morte egli avrebbe ricondotto a Dio non solo l'Israele fedele, ma anche tutte le nazioni, come si dice nei canti del Servo.

Il profeta aveva intuito una speranza, che aveva connotati anche di restaurazione nazionale; il Nuovo Testamento vede nella figura di Gesù il salvatore più profondo e spirituale di Israele e dell'umanità, e comprende che Dio, autore ultimo della profezia, nelle parole del profeta aveva lasciato un senso segreto, «più pieno» e spirituale, che la venuta del Cristo esplicitava e attuava. Il rapporto tra profezia anticotestamentaria e Nuovo Testamento non dev'essere inteso infatti in modo meccanico, ma in una forma più armonica che salvaguardi l'identità dei due Testamenti: essi sono un dialogo che Dio sta conducendo progressivamente con l'umanità, passando di tappa in tappa, e la battuta finale (Gesù Cristo) è incomprensibile senza quelle che la precedono (la Legge, i profeti, i sapienti biblici).

L'anguilla di Giobbe

Il libro di Giobbe è tradizionalmente considerato una parabola della sofferenza di ogni individuo, una ricerca sul mistero del male e sul patire dell'innocente. Ma non solo. Giobbe sa che lo «scandalo» del male è affidato non al caos o alla razionalità umana limitata, bensì al disegno trascendente di Dio, che può essere scoperto solo per via mistica, con la fede («Io ti conoscevo per sentito dire, ora i miei occhi ti vedono»). Ebbene, io posso avere fede, frutto di un atto di volontà e di ricerca continua. Ma il misticismo non mi sembra un atteggiamento alla portata di tutti, evocando piuttosto personaggi in aura di santità. Come possiamo anche noi raggiungere l'intimità mistica con Dio, per capirne il progetto e assecondarlo? Inoltre, che senso autentico ha la «sfida» tra Giobbe e Dio?

«Gigantesco e imperfetto, come un ciclope cui manchi un occhio o abbia dita in eccedenza. Forse questa sua imperfezione e incompiutezza è segno dell'insufficienza umana di fronte ai problemi ultimi dell'uomo.» Sì, aveva ragione un importante commentatore del libro di Giobbe, Luis Alonso Schökel, quando definiva così questo capolavoro assoluto di poesia e di teologia fatto di 8343 parole ebraiche che la tradizione posteriore ha suddiviso in 1047 versetti e 42 capitoli. Infatti l'opera – basata su un'antica «parabola» orientale posta ora a cornice e destinata a conquistare i lettori di tutti i tempi (compreso Goethe che ne ricalcherà lo schema col «prologo in cielo» e quello «sulla terra» nel suo *Faust*) – si ramifica in un vero e proprio dramma dai percorsi poetici e logici molto ardui. Un'opera, però, che si rivela anche, in non poche pagine, lesionata, frammentaria, incompiuta, sottoponendo gli esegeti a defatiganti interpretazioni e decifrazioni. Già l'antico interprete san Girolamo non esitava a comparare Giobbe a un'anguilla che più è premuta, più scivola via.

La domanda capitale, è, allora, questa: qual è il senso ultimo di questo dialogo tra lo sfortunato sceicco orientale Giobbe e i suoi compassati e alteri amici teologi? Non è certo nella conquista di quella rassegnazione che ha fatto coniare lo stereotipo «paziente come Giobbe», se è vero che per capitoli e capitoli il protagonista urla, protesta e contesta sconfinando fin nella blasfemia. Forse la chiave di volta è in quell'incessante ed estremo appello che, dal letto di cenere e di desolazione in cui giace, Giobbe lancia alla suprema corte divina perché Dio, accusato e giudice, abbia il coraggio di presentarsi a fare la sua deposizione e a offrire una giustificazione riguardo al male e al dolore.

E Dio, a sorpresa, decide di accogliere questa sfida ed è nelle sue parole, paradossalmente contrappuntate di domande – come abbiamo avuto occasione di ricordare nella nostra introduzione generale –, che si annida quasi certamente il vero significato di un libro che, pur muovendosi sul terreno pietroso e arduo della sofferenza e del male, ha uno scopo squisitamente «teo-logico», ossia quello di «dire Dio» e di far scoprire il vero volto divino. Un volto incomprensibile a chi si accontenta – stando nel quieto benessere – di spiegazioni di seconda mano, di compassati schemi razionali, di «decotti di malva» (6,6), come ironizza Giobbe. Un volto trascendente, ma non irrazionale, che può essere solo da Lui svelato. Non per nulla – come ricorda il nostro interlocutore – le ultime parole del sofferente sono: «Io ti conoscevo per sentito dire, ora i miei occhi ti vedono» (42,5). Concludeva, allora, il citato Alonso Schökel: «Terminata la scena, quando si toglie lo scenario, parleremo con Dio, parleremo di Dio nello stesso modo di prima?».

Ecco, dunque, la mia ipotesi interpretativa. Il libro di Giobbe non è un testo di antropologia del dolore (che pure è in quelle pagine oggetto di finissime analisi); non è un manuale di teodicea (che è, per altro, sbeffeggiata nel vano tentativo degli «amici» di escogitare spiegazioni esaurienti al tema del male); non è un saggio etico sulla pazienza (la contraddice l'urlo «ribelle» della vittima). Siamo, invece, in presenza di un discorso sulla fede autentica che esige il superamento di ogni concezione «economica» del credere, così come propongono le teorie retributive degli amici (se soffri, è perché hai peccato; se credi, sarai premiato). La fede è libera e non risponde a canoni schematici di giustizia, di ricompensa e di logica immediata.

Credere è avviarsi – liberi e nudi – sul terreno più arduo della storia, quello del male, del silenzio, della negazione, non per scovare un sistema esplicativo ma per incontrare una persona, quella di Dio. E questo incontro comprende una rivelazione che Dio stesso propone curiosamente attraverso una batteria di domande (capp. 38-39): è la forza dell'interrogazione che supera la mera logica formale e che – come accade, per analogia, nella conoscenza d'amore che ha i suoi canoni «veri», anche se non comparabili con quelli meramente logici – conduce a una scoperta. È quella che in ebraico è detta la *'esah* divina, ossia un progetto trascendente, in sé coerente, anche se non secondo lo schema della nostra metodologia. È metarazionale ma non irrazionale. Questa esperienza può essere definita «mistica» nel vero senso del termine; infatti la mistica non è uno status estatico, ma semplicemente la pienezza e la purezza della fede autentica. È quindi una via impegnativa, ma aperta a tutti coloro che bussano alla porta del mistero, del trascendente, del senso ultimo dell'essere e dell'esistere.

Scandaloso Qohelet

È vero che, prendendo in mano il libro biblico di Qohelet-Ecclesiaste, si sente quasi il sapore della modernità. Uomo in crisi, l'autore trova infatti priva di senso la nostra storia, costretta a un perpetuo ritorno su se stessa; considera scetticamente la ricerca intellettuale; ritiene che Dio se ne stia nei suoi cieli dorati, indifferente al lamento degli oppressi; arriva al punto di dire che è più fortunato l'aborto perché non deve vivere quest'esistenza disgraziata; ci lascia in finale un triste addio pronunciato da un vecchio com'è lui, per concludere che «tutto è vanità». Ecco, allora, spontanea la domanda: che ci sta a fare un libro come questo nella Sacra Scrittura? Qohelet come può essere definito «parola di Dio» da parte del credente?

La domanda è più che legittima, considerato il tenore generale di questo scritto nonostante lo sforzo di alcuni esegeti di renderlo meno «scandaloso», sottolineando i sette passi del libro in cui si invita a «mangiare e bere e godersi il frutto delle fatiche perché mi sono accorto che anche questo viene da Dio» (2,24). C'è però da dire che, subito dopo, il Nostro aggiunge che «anche questo è vanità e correre dietro al vento»! (2,26). Per non parlare poi delle pagine aspre che compongono il testo e che il nostro interlocutore ha ben illustrato ed esemplificato. Come ha fatto, dunque, il Canone delle Sacre Scritture, e quindi l'ebraismo e il cristianesimo, ad accoglierlo all'interno dei libri «ispirati» da Dio?

Un tentativo antico di giustificazione è ricorso all'interpretazione «ascetica», leggendo l'opera come un invito al distacco dal mondo per cogliere i veri valori. Ma si tratta di una lettura di comodo perché, come si è visto, Qohelet non ignora il godimento degli scarsi e insignificanti beni in cui pure ci imbattiamo. Lo stesso redattore finale del libro, nell'epilogo elogiativo, afferma con evidente semplificazione che il vero succo del discorso è la dottrina tradizionale: «Temi Dio e osserva i suoi comandamenti, perché qui sta tutto l'uomo» (12,13). Ma lo scritto nel suo insieme è ben altro rispetto a una simile riduzione. In realtà c'è una via per comprendere come questa lezione del Maestro (Qohelet, da *qahal*, «assemblea», può indicare la funzione di uno che guida una comunità di discepoli) possa far parte e non stridere con la Rivelazione biblica.

Abbiamo avuto occasione di ripetere più volte che quest'ultima è storica, ossia si incarna e si esprime attraverso le vicende umane. Non per nulla si fa talora supplica (Salmi), diventa persino imprecazione (Giobbe), si fa strada anche attraverso le guerre, le miserie e i peccati. È, quindi, possibile che nella stessa crisi – qual è quella vissuta da Qohelet – si possa nascondere una parola divina, un'epifania segreta del Dio Emmanuele, cioè «con noi» nella trama della storia. Il terreno così umano dell'interrogativo amaro, il disincanto e la caduta della speranza nella sapienza, che fanno parte della testimonianza di questo autore biblico, possono diventare un misterioso spazio in cui Dio si colloca tacendo, ma cercando di fecondare e salvare anche un simile orizzonte oscuro.

In questa linea si può paradossalmente affermare che il libro di Qohelet è in qualche modo «cristiano». Cristo, infatti, è entrato nel groviglio del dolore umano, Dio «l'ha fatto peccato in nostro favore» (così san Paolo in 2 *Cor* 5,21), assumendo su di sé le colpe del mondo, è giunto allo «svuotamento» (la *kénosis*, come dice ancora san Paolo in *Fil* 2,7) della morte in croce per donare la forza divina della redenzione. Qohelet diventa allora la testimonianza di un Dio che si fa povero, che ci è vicino persino condividendo le nostre crisi e domande di senso, che non si presenta con l'apparato sontuoso della sua onnipotenza, ma con la prossimità e l'umiliazione dell'incarnazione. Ed è in questa fratellanza che salva e si rivela.

Infine – nonostante la concezione (forse di matrice ellenistica) propugnata da Qohelet secondo la quale la storia è ciclica («quel che è stato sarà e quel che si è fatto si rifarà», 1,9) – la lettura globale della Bibbia, quella «canonica» che tiene cioè conto dell'unità finale delle Scritture, ci mostra un disegno sotteso alle vicende umane, un progetto orientato verso una meta, anche se la trama storica esteriore sembra così contraddittoria. Qohelet dev'essere, perciò, interpretato non come un approdo, bensì come una tappa di questa storia di salvezza. È una freccia che lascia aperta una direzione che va oltre e giunge fino al Messia, a Cristo, al suggello ultimo della storia. E questo movimento verso un oltre diverso, che quindi colloca il nostro autore in un ulteriore contesto, lo si ha già nel libro biblico che segue Qohelet, cioè nello splendore gioioso del Cantico dei Cantici.

Il Cantico dei Cantici, poema erotico?

Siamo stati abituati da predicatori e catechisti a considerare il Cantico dei Cantici come un testo metaforico, spirituale, allegorico. Ora, vedo invece che nei commenti moderni si afferma che questo poema biblico non va letto come una metafora dell'amore tra Dio e il suo popolo, ma alla lettera, come una storia di amore in cui la sessualità ha connotazione positiva. Qual è, allora, la sua vera chiave di lettura? E se è un poemetto d'amore persino erotico, come mai è collocato all'interno di un'opera spirituale, cioè nella Bibbia?

Origene, il grande maestro cristiano di Alessandria d'Egitto (III secolo), scriveva: «Beato chi comprende e canta i cantici della Sacra Scrittura; ma ben più beato è chi canta e comprende il Cantico dei Cantici!». Effettivamente comprendere quel piccolo gioiello poetico della Bibbia fatto di sole 1250 parole ebraiche, di 117 versetti e di 8 capitoli, non è mai stata un'impresa facile, se almeno cerchiamo di vagliare la tradizione interpretativa. Ma prima di tutto diamo uno sguardo al testo così come si presenta.

Il Cantico dei Cantici (il titolo, che è posteriore e attribuisce l'opera a Salomone, è un superlativo e vuole indicare un «cantico sublime») è un poemetto dalla trama fluida, intarsiato di simboli. Dominano la luce e la gioia: anche i due suggestivi e gelidi «notturni» dei capitoli 3 e 5 – quando l'amato scompare nella notte – hanno lo scopo di far brillare meglio la solarità che inonda tutto il paesaggio esteriore e interiore. Un paesaggio primaverile che ci fa dimenticare la quotidianità arida del deserto di Giuda che circondava l'autore sacro e circonda idealmente il lettore nella vita d'ogni giorno. Perché l'amore riesce a trasfigurare ogni realtà.

È infatti l'amore il filo conduttore della musica del Cantico. Al centro del giardino primaverile attraversato da gazzelle e da colombe, segnato da profumi e percorso da voci festose, ci sono Lui e Lei, l'eterna coppia degli innamorati che appare ogni giorno sulla faccia della terra, pronta a ripetere quelle parole definitive che la donna pronuncia con intensità: «Il mio amato è mio e io sono sua ... Io sono del mio amato e il mio amato è mio» (2,16 e 6,3). Parole che diventano supreme quando si aprono sulla vita e oltre la vita: «Forte come la morte è l'amore ... Una fiamma divina» (8,6). Il Cantico, infatti, è destinato a unire in un nodo di amore la sessualità e la bellezza, l'eros e l'amore totale e purissimo. I corpi sono presentati nei capitoli 4, 5 e 7 nell'abbraccio d'amore e nella loro nudità, ma senza sbavature pornografiche – come accadeva talora nell'antica poesia erotica egizia e mesopotamica, da cui pure l'autore mutua simboli – perché essi sono il segno di una donazione assoluta di tutto l'essere: «Ponimi come sigillo nel tuo cuore, come un sigillo sul tuo braccio» (8,6).

È a questo punto che possiamo capire il significato di base del Cantico. L'opera parte dall'amore puro e totale della coppia umana: al centro ci sono la donna e l'uomo innamorati, raffigurati come re e regina, destinati a incarnare l'eterna vicenda dell'amore e della sua donazione assoluta. È necessario, perciò, fondarsi, nell'interpretazione del Cantico, su questa matrice originaria, ricordando che l'amore umano nella sua forma piena e perfetta viene da Dio e indica Dio. Nella vita terrena chi ama in pienezza conosce Dio e lo irradia proprio attraverso il suo amore. Questo è il senso letterale e fondamentale del Cantico. Ma da qui si può intuire il percorso successivo fatto dalla tradizione. Quell'amore umano, che è il nodo d'oro capace di unire e reggere tutta la composizione, è divenuto il simbolo del rapporto tra il Signore e il suo popolo Israele. È ciò che già appare nella tradizione giudaica. I Padri della Chiesa e la successiva interpretazione cristiana sono andati oltre e hanno visto in quel libro biblico la velata rappresentazione dell'unione sponsale di Cristo con la Chiesa o con l'anima fedele e persino del legame tra Cristo e sua madre Maria.

Il punto di partenza, che era profondamente umano, trascolorava in una specie di cifra simbolica, e ogni particolare del testo – soprattutto in quei versetti in cui si addensavano le emozioni dell'eros

– veniva trasfigurato e teso verso altri significati spirituali, divenendo il manifesto ideale dell'unione mistica, dell'amore divino, della comunione perfetta col Signore. Si tratta di quell'operazione che viene detta «allegoria», termine di origine greca che significa «parlare in altra maniera». Si andava cioè oltre il testo, verso significati non direttamente intesi dall'originale.

In realtà, come si è detto, se si rimane al suo senso primordiale, quello dell'amore umano, il testo del Cantico ci invita a intuire in esso il valore simbolico sotteso, ossia la sua funzione di esprimere e di rimandare a ogni forma d'amore, anche quella tra Dio e la sua creatura. In questo senso possiamo accogliere quanto scriveva l'antico maestro giudaico, rabbí Aqiba, morto nel 135 d.C.: «Il mondo intero non è degno del giorno in cui il Cantico è stato donato a Israele. Tutti i libri della Bibbia sono santi, ma il Cantico dei Cantici è il più santo di tutti».

V
Le domande «cristiane»

Abbiamo perduto quei lineamenti [di Cristo]
come si può perdere un numero magico,
fatto di cifre abituali,
come si perde per sempre
un'immagine nel caleidoscopio.
Possiamo scorgerli e non riconoscerli.
Forse un tratto del volto crocifisso
si cela in ogni specchio.
Forse il volto morì, si cancellò
affinché Dio sia tutto in tutti.

JORGE LUIS BORGES, *Paradiso* XXXI, 108

Lo scrittore greco Nikos Kazantzakis, nella sua opera *L'ultima tentazione* (1955), sulla falsariga del Vangelo di Giovanni, immaginava la morte di Gesù così: «Levò un grido di trionfo: Tutto s'è compiuto! Ma fu come se dicesse: Tutto comincia!». L'esecuzione capitale di Gesù di Nazaret su un modesto picco roccioso gerosolimitano denominato in aramaico – forse per la sua configurazione – Golgota, cioè «cranio», è a prima vista contraddittoria, come aveva già intuito san Paolo, l'apostolo più appassionato del cristianesimo.

Egli, infatti, scriveva che Cristo crocifisso è «scandalo per i Giudei e stoltezza per i pagani; ma per coloro che sono chiamati, sia Giudei sia Greci» Cristo è «potenza e sapienza di Dio» (*1 Cor* 1,23-24). La morte in croce è fallimentare e sconcertante perché era il sigillo giudiziario destinato dai Romani agli schiavi e ai ribelli; eppure essa è gloriosa e trionfale perché è il segno della secolare storia cristiana, a cui tutti apparteniamo, credenti e agnostici.

Proprio per il rilievo unico dell'evento Gesù Cristo, le domande «cristiane» che ora seguiranno sono particolarmente ampie e toccano aspetti molto variegati, senza poter esaurire un soggetto tematico che dilaga nelle più diverse direzioni. I testi capitali rimangono i quattro Vangeli, fatti di 64.327 parole greche. Un lascito quantitativamente modesto che, però, continua a essere oggetto di un'insonne ricerca critica e teologica, ma che soprattutto non cessa di interpellare il lettore. Come scriveva Mario Pomilio nel suo *Quinto evangelio* (1975), «Cristo ci ha collocati di fronte al mistero, ci ha posti definitivamente nella situazione dei suoi discepoli di fronte alla domanda: Ma voi, chi dite che io sia?».

Tante sono le risposte che si sono sviluppate nei secoli, attestandosi anche sui particolari di quel volto, della sua voce, dei suoi pensieri o sull'opera delle sue mani. Le domande e risposte che ora sono affidate a queste pagine non fanno che ritornare su quella figura per confermare quanto riconosceva lo scrittore Alfredo Oriani (1852-1919): «Credenti o increduli, nessuno sa sottrarsi all'incanto di quella figura, nessun dolore ha rinunciato sinceramente al fascino della sua promessa».

L'«avventura» dei Vangeli

Partire dalla voce di Gesù per giungere a una pagina scritta: è un po' questa l'avventura dei Vangeli. Un'avventura complessa che si sviluppa attraverso alcune decine d'anni, se è vero che il primo Vangelo scritto – stando almeno agli studiosi – è quello di Marco, che appare poco prima del 70 d.C. È possibile ricostruire, almeno per sommi capi, questa avventura che naturalmente coinvolge vari attori e implica non pochi problemi storico-letterari?

Ci sono due premesse da fare. La prima riguarda la vicenda della genesi dei Vangeli: essa è illustrata, oltre che da una sterminata bibliografia, per il mondo cattolico da un documento ufficiale della Pontificia Commissione Biblica datato 21 aprile 1964 (*Istruzione sulla verità storica dei Vangeli*). Tre sono le fasi fondamentali di quell'«avventura», come la definisce il nostro interlocutore. C'è innanzitutto l'attività pubblica e l'insegnamento di Gesù di Nazaret. Segue il momento della predicazione apostolica durante il quale atti e detti di Gesù vengono annunciati con fedeltà, ma anche interpretati alla luce dell'esperienza della Pasqua vissuta dalla comunità cristiana originaria. È probabile che in questa seconda fase – da collocare nel secondo terzo del I secolo – siano sorti anche alcuni scritti (ad esempio, un racconto della passione-morte-risurrezione o un embrionale «Vangelo dell'infanzia» o qualche raccolta di detti di Gesù, come quella che gli studiosi definiscono «Fonte Q»). L'ultima fase è quella della redazione dei quattro Vangeli canonici che ha inizio dopo il 60 d.C. e che si conclude attorno al 90, stando almeno all'opinione prevalente degli studiosi.

La seconda premessa riguarda invece il concetto di autore che, per l'orizzonte biblico e in genere per l'antico Vicino Oriente, non è da ridurre alla nostra concezione, che è illustrata dall'idea del copyright, cioè dei diritti specifici connessi all'opera originale di uno scrittore ben identificato. In quell'ambito socioculturale, invece, autore non è solo colui che redige un testo ma anche chi lo ispira col suo insegnamento o la sua testimonianza (non dimentichiamo che ci troviamo in una civiltà a matrice orale) e coloro che lo trasmettono. Si tratta, quindi, di un concetto molto più fluido e variegato. In questa luce, l'«ispirazione» divina, tipica delle Sacre Scritture, riguarda l'intero arco di persone che sono coperte da quel concetto di «autore», con particolare rilievo ovviamente per il redattore finale.

Con queste premesse passiamo ora ai singoli evangelisti. I titoli dei quattro Vangeli («Vangelo secondo Marco» e così via) vengono apposti agli scritti nel II secolo. Ma c'è a favore della loro attribuzione un'antica testimonianza (attorno al 125), quella di un vescovo di Gerapoli (Pamukkale, nell'attuale Turchia centrale, città famosa per le sue candide cascate pietrificate), di nome Papia, che si fonda sulle parole di un «anziano» (*presbýteros*), una figura che alcuni studiosi identificano anche nelle Lettere di Giovanni (*2 Gv* 1,1; *3 Gv* 1,1). Si tratta di un testimone della prima generazione cristiana, che parla di Marco come discepolo e «interprete» di Pietro. Potremmo dire, perciò, che Marco organizzò e riformulò un contenuto proveniente dalla predicazione apostolica (il secondo stadio a cui sopra si accennava), probabilmente petrina, e lo fece forse poco prima del 70.

Di Matteo, Papia dichiara solo che «mise in ordine i detti [di Gesù] in lingua ebraica [= aramaico]». In realtà noi non conosciamo questo testo attribuito direttamente all'apostolo Matteo-Levi: l'attuale Vangelo secondo Matteo, pur rivelando forti influssi semitici, fu scritto in greco ed è possibile che si basi su quel testo «aramaico», ma aggiungendo molti altri elementi. In esso potrebbero essere all'opera sia lo stesso Matteo, che doveva avere una certa conoscenza del greco essendo un funzionario delle imposte, sia un discepolo giudeo-cristiano. Saremmo dopo il 70.

Giungiamo così al terzo Vangelo, che è riferito a un collaboratore di Paolo, Luca: costui è citato tre volte nell'epistolario dell'Apostolo (*Fm* v. 24; *Col* 4,14; *2 Tm* 4,11) ed è presentato a più riprese anche dagli Atti degli Apostoli. Il prologo del suo Vangelo (1,1-3) illustra in modo esemplare il procedimento da lui adottato, cioè quello di raccogliere e vagliare le narrazioni dei testimoni oculari della vita di Gesù. La sua buona conoscenza del greco ma anche del giudaismo ha fatto pensare a lui come a un pagano divenuto «proselito», cioè convertito all'ebraismo e poi al cristianesimo.

Eccoci, infine, al quarto Vangelo, lo scritto più complesso, per la sua genesi. È evidente, ad esempio, che ci furono almeno due redazioni perché, come abbiamo già accennato altrove, si hanno due evidenti finali diverse che invitiamo a leggere in 20,30-31 e 21,24-25. Non possiamo ora delineare in modo compiuto e sistematico la tradizione che parte da Giovanni, l'apostolo, sorgente di una memoria originale e originaria su Gesù. Probabilmente è lui «il discepolo amato» che entra in scena come testimone, a partire dagli eventi della passione di Cristo. O forse «il discepolo amato» era un ignoto – almeno per noi – «evangelista» che raccolse la predicazione dell'apostolo Giovanni in un testo ben redatto e strutturato, testo che ebbe probabilmente un'ulteriore redazione, attestata dall'aggiunta del capitolo 21, con la quale saremmo già attorno al 90 d.C.

Ma, al di là di questa ricostruzione complessa, nel quarto Vangelo brillano le due premesse da cui siamo partiti: il Vangelo scritto sorge al termine di un itinerario di predicazione fedele ma approfondita e attualizzata; l'autore può essere una figura «corale» che comprende più persone, a partire dall'apostolo per giungere all'«evangelista» vero e proprio.

I Vangeli e la storia

Vengono, tra le altre, spontanee due domande. La prima: il Gesù «terreno» è tout court identificabile col Gesù «storico»? Ovviamente no, perché solo una parte della sua vicenda biografica è documentabile. E allora che cosa noi conosciamo di lui? O meglio, oltre alla storiografia, c'è qualche altra strada legittima da percorrere per sapere qualcosa d'altro su di lui? La seconda considerazione è questa: perché il credente attribuisce tanta importanza alla definizione del Gesù storico? Oggetto della sua fede è il Cristo Salvatore e Figlio di Dio e non tanto il Gesù ebreo «storico» o «terreno».

L'immensa bibliografia attorno alla storicità dei Vangeli, soprattutto in questi ultimi decenni, impedisce o almeno rende arduo dibattere sinteticamente questioni spesso complesse e delicate come quella del rapporto fede-storia o anche semplicemente delineare la metodologia e i risultati dell'investigazione sul Gesù storico, a partire dai due recenti approcci, la cosiddetta *New Quest* («nuova ricerca») e la *Third Quest* («terza ricerca»). Si tratta di ricerche che

– usando il metodo storico-critico e i canoni ormai codificati della storiografia – tentano di vagliare nei Vangeli e nel loro contesto i dati storici di Gesù e su Gesù. La «nuova ricerca», rispetto allo scetticismo degli studiosi ottocenteschi (la cosiddetta *Old Quest*, «l'antica ricerca»), propone una serie di criteri di verifica per identificare l'autenticità storica di molti dati evangelici, mentre la «terza ricerca» si preoccupa di collocare Gesù nel contesto giudaico entro cui egli è vissuto, mostrandone sia la coerenza sia l'originalità.

Il nostro interlocutore mette sul tappeto due considerazioni di rilievo. La prima riguarda un fenomeno a cui poco si bada: non tutto il reale è «storico», laddove per «storico» s'intende ciò che è sufficientemente documentato e attestato. Quanti detti e atti effettivamente pronunciati e avvenuti nella vicenda millenaria dell'umanità non possono essere verificati documentariamente e testimonialmente e quindi non sono «storici», pur essendo stati reali! Questo ovviamente vale anche per Gesù di Nazaret del quale – pur avendo a disposizione documenti da sottoporre a esame critico (ed è ciò che fanno le varie *Quests* a cui sopra si accennava) – si può ricomporre solo parzialmente il profilo «storico».

È per questo che ai nostri giorni si ricorre anche a ricostruzioni di altro genere, soprattutto attraverso percorsi indiretti, contestuali, interdisciplinari: si pensi solo al contributo della sociologia, della psicologia, dell'antropologia culturale e così via. È a questo punto che si colloca anche il vaglio dell'attestazione «mistica» e teologica, che lo storico positivista tradizionale sprezzantemente liquidava come mito o creatività fantastica posteriore della comunità credente (la cosiddetta *Gemeindebildung*). In questa linea si sviluppa l'approccio proposto da alcuni saggi come il *Gesù* di Klaus Berger (tradotto in italiano nel 2006) e soprattutto il *Gesù di Nazaret* pubblicato da Benedetto XVI nel 2007. Approccio molto delicato ma inevitabile, essendo robusta la presenza nei Vangeli di elementi non riducibili alla mera verificabilità storiografica «fattuale» tradizionale (tra parentesi, si ricordi quanto ai nostri giorni riscuota rispetto e credito la stessa categoria del «mito», che è non certo relegabile nell'orizzonte nebuloso del fantastico).

L'altra considerazione proposta dal nostro lettore è, invece, di taglio più teologico, eppure è connessa intimamente alla questione storica. In pratica egli ripropone l'asserto del celebre teologo Rudolf Bultmann (1884-1976), il quale riteneva centrale per la fede l'annuncio del Cristo risorto salvatore (il cosiddetto *kérygma*) e non certo la vicenda storica dell'ebreo Gesù di Nazaret. In verità si tratta di una dissociazione, segnata da una vaga colorazione «gnostica», che non è sostenibile. Certo, oggetto e fondamento della fede cristiana non è di per sé il solo Gesù storico; eppure il Gesù storico è componente fondamentale e ineliminabile perché la fede cristiana ha al centro la persona di Gesù Cristo, che è quell'unità inscindibile di umanità e di divinità a cui fa riferimento la documentazione evangelica e la stessa testimonianza originaria della comunità cristiana primordiale. È l'intreccio inestricabile, già ricordato, tra *Lógos* e *sarx*, tra Verbo e carne, per usare il linguaggio del prologo giovanneo, che da un lato rende complessa l'analisi storiografica ma che, dall'altro lato, esige anche l'integrazione della ricerca storica su Gesù nella stessa cristologia.

Gesù e gli storici romani

Due domande indipendenti tra loro eppure dotate di qualche connessione. Innanzitutto ci sono tracce dell'esistenza di Cristo fuori dei Vangeli? A quale secolo risalgono le copie più antiche dei Vangeli e quali sono gli eventuali frammenti dei primi Vangeli scritti? In entrambe le domande si pone la questione di una documentazione esterna.

Veniamo subito al primo quesito: è noto che negli *Annales* Tacito (circa 55-125), evocando l'incendio di Roma del 64 d.C., annotava che «Nerone dichiarò colpevoli e condannò ai tormenti più atroci coloro che il popolo chiama Cristiani ... che prendevano nome da Cristo, condannato a morte ad opera del procuratore Ponzio Pilato, sotto l'impero di Tiberio» (XV, 44, 2-5). Un altro storico romano, Svetonio, nella sua *Vita di Claudio*, scritta attorno al 120, ricorda che i «giudei, che tumultuavano continuamente per istigazione di "Cresto" [Cristo], furono cacciati da Roma» (n. 25). Le imprecisioni cronologiche e storiche sono evidenti, ma il rimando a Cristo rimane indubbio.

Tuttavia, il testo più importante e antico è la lettera che, attorno al 111-113, Plinio il Giovane, allora governatore in Bitinia (Turchia nordoccidentale), scrive all'imperatore Traiano, denunciando la «pertinacia e inflessibile ostinazione» di un movimento che si riunisce «in un giorno stabilito, prima dell'alba» per proclamare «un canto a Cristo come a Dio» (*Epistulae* 10, 96). Altre tracce sono reperibili in Epitteto, Marco Aurelio, Frontone, Luciano, Celso, mentre fondamentale è il passo su Gesù presente nell'opera *Antichità giudaiche* (XVIII, 63-64) dello storico giudeo-romano Giuseppe Flavio, contemporaneo di Paolo. Egli presenta la figura di Gesù con ammirazione: alcuni pensano che il testo sia stato ritoccato in chiave filocristiana, ma è indubbio che la sostanza è autentica e proviene da un testimone di pochissimo posteriore e di sua natura «neutro».

Eccone il testo così come è giunto a noi con gli eventuali ritocchi a cui si accennava, che sono semplificati in un'antica versione araba di Giuseppe Flavio. «Verso quel tempo visse Gesù, uomo saggio, se pur conviene chiamarlo uomo; infatti egli compiva opere straordinarie, ammaestrava gli uomini che con gioia accolgono la verità, e convinse molti Giudei e Greci. Egli era il Cristo. E dopo che Pilato, dietro accusa dei maggiori responsabili del nostro popolo, lo condannò alla croce, non vennero meno coloro che fin dall'inizio lo amarono. Infatti apparve loro il terzo giorno di nuovo vivo, avendo i divini profeti detto queste cose di lui e moltissime altre meraviglie. E ancora fino ad oggi non è scomparsa la tribù dei cristiani che da lui prende nome.»

Veniamo poi in modo molto essenziale al secondo quesito. Se lasciamo tra parentesi il discusso frammento 7Q5, scoperto nelle grotte di Qumran sul Mar Morto, che da alcuni è ritenuto contenere 13 lettere greche appartenenti a una frase del Vangelo di Marco (6,53-54) e databile attorno al 50 d.C., se scartiamo gli ancor più discussi tre frammenti di Matteo del codice del Magdalen College di Oxford (databili, secondo uno studioso, molto ipoteticamente tra il 40 e il 70 d.C.), la testimonianza certa più antica a noi giunta è il cosiddetto «Papiro Rylands», o «Papiro 52 (P^{52})», da collocare prima del 125 e che conserva alcuni versetti del capitolo 18 del Vangelo di Giovanni. Sono almeno un centinaio i papiri del II-III secolo con parti del Nuovo Testamento, mentre i codici in pergamena scritti in lettere greche maiuscole (i più antichi) sono 300, iniziano a essere prodotti nel III secolo e hanno testimonianze fondamentali nel IV-V secolo (Codice Vaticano, Sinaitico, Alessandrino, Beza).

Siamo, quindi, di fronte a una massa enorme di documenti (ci sono anche i codici a scrittura minuscola, i «lezionari», gli *ostraca* o «cocci» con iscrizioni evangeliche) per un totale di oltre 5000 testimonianze. Si pensi che spesso per i classici greci e latini dobbiamo accontentarci di una o due o poche copie a noi trasmesse, e in vari casi si tratta di manoscritti posteriori di molti secoli. Per conoscere maggiormente l'immenso patrimonio testuale che ci ha trasmesso il

Nuovo Testamento e la scienza che ne vaglia l'attendibilità (la «critica testuale»), è necessario ricorrere a testi specifici di taglio prevalentemente scientifico, ma non mancano neppure sussidi abbordabili anche da un pubblico più vasto.

I titoli dei Vangeli

Nell'antichità le opere tendenzialmente non avevano titoli: essi furono imposti in seguito, spesso sulla base del genere oppure del contenuto. Il termine greco euanghelion, *«buona notizia», era usato nel mondo classico per indicare le ricompense per una vittoria militare o sportiva o i favori elargiti in caso della nascita di un re o del suo anniversario. Il cristianesimo attribuisce un significato più spirituale e generale, almeno se si esamina l'uso del sostantivo (e del verbo «evangelizzare») all'interno del Nuovo Testamento. Quando e con quale procedimento fu, allora, assegnato questo titolo ai quattro Vangeli, allegando anche i nomi dei quattro autori? E soprattutto che cosa significa quel «secondo Matteo, Marco, Luca e Giovanni»?*

I titoli dei quattro Vangeli sono espressi con la formula greca *katá Mattháion... Márkon... Loúkan... Ioánnen*, cioè «secondo Matteo, Marco, Luca, Giovanni». Sul valore di questa formula si confrontano due opinioni degli studiosi. La prima ritiene che equivalga a un semplice genitivo, sia cioè una forma tarda (non classica) per esprimere il complemento di specificazione, non con la declinazione del caso, ma attraverso una preposizione (*katá*) e quindi il valore sarebbe «Vangelo *di* Matteo» ecc. È significativo notare che le antiche versioni dei Vangeli in siriaco traducono appunto questi titoli col genitivo.

Un'altra interpretazione, invece, dà valore a questa particolare formula e la traduce letteralmente: «Vangelo secondo Matteo...», come si fa ancor oggi nella liturgia. Si pensa, infatti, che con questa locuzione si volesse affermare che il Vangelo è uno solo, anche se espresso in quattro tipologie diverse. Alla base di questa concezione c'è lo stesso itinerario storico vissuto dalle parole e dagli atti di Gesù, la cui memoria inizialmente fu trasmessa attraverso la predicazione orale apostolica nella quale si annunciava in modo omogeneo e fedele la sostanza del messaggio di Cristo, ma lo si adattava anche alle varie comunità destinatarie.

Unico era, quindi, il Vangelo ma esso non era custodito come un reperto o un gioiello bensì come un seme da far vivere e fruttificare. A maggior ragione questo accadde quando si iniziò a cristallizzare in uno scritto quell'annuncio iniziale. Ogni evangelista – come è facile verificare anche attraverso una lettura superficiale dei quattro Vangeli – rielaborava i dati ricevuti dalla tradizione orale o da fonti letterarie preesistenti secondo la propria prospettiva, comportandosi così da vero «redattore». Si poteva allora ben dire che quell'unico sostanziale Vangelo era comunicato in forme diverse «secondo» (*katá*) l'angolo di visuale dell'evangelista, stimolato in questo dalla comunità cristiana a cui si rivolgeva.

A questo punto affiora una domanda: quei titoli furono apposti dagli stessi autori? Abbiamo già precedentemente osservato che allora non c'erano, come oggi, problemi di copyright, ossia di diritti specifici connessi all'opera originale di uno scrittore ben identificato (tra l'altro, nei Vangeli si notano anche interventi redazionali successivi). Pare che i titoli siano stati aggiunti già nel II secolo, tant'è vero che sono conosciuti da autori cristiani di quel periodo come Ireneo di Lione, Clemente Alessandrino e Tertulliano. Un importante testo in papiro dei Vangeli, composto di 104 fogli (quelli a noi giunti), denominato Papiro Bodmer II (dal nome del proprietario svizzero) o P^{66} e databile attorno al 200 d.C., possiede quella titolatura già come un dato di fatto scontato.

Che essi siano veritieri anche nell'assegnazione degli autori – cioè i due apostoli Matteo e Giovanni (il cui testo ebbe, però, una redazione molto complessa) e i due discepoli degli apostoli, Marco e Luca – è fondato non solo sull'antichità dei titoli stessi ma anche sulla testimonianza, già da noi citata, databile attorno al 125, di un certo Papia, vescovo di Gerapoli (l'attuale Pamukkale in Turchia), il quale rimandava ai dati ricevuti da un *presbýteros*, un «anziano», che era un testimone della prima generazione cristiana, figura che alcuni identificano – come si è già avuta occasione di dire – col *presbýteros* che appare nelle Lettere di san Giovanni. Avremmo, quindi, in quei titoli – anche se posteriori agli autori dei Vangeli – una solida attestazione della loro autenticità.

I manoscritti del Mar Morto e i Vangeli

Se è ormai appurato che non è possibile stabilire un ponte di connessione tra Gesù e il probabile fondatore della comunità di Qumran, situata lungo le rive del Mar Morto, fondatore denominato come «Maestro di giustizia», è però possibile stabilire altri collegamenti tra il cristianesimo delle origini e quella comunità. Si tratta di contatti diretti, come vorrebbero alcuni, fino al punto di supporre una presenza di testi cristiani a Qumran, o più genericamente di significative ma indirette consonanze tematiche?

Nel 1947 un giovane pastore beduino, Mohammed ed-Dib, inseguendo una capra sulle rupi che si stagliano sulla costa nord-ovest del Mar Morto, scopriva in una grotta – come ormai tutti sanno – quelli che (in seguito a ricerche successive e dopo vicende che coinvolsero persino i servizi segreti e l'esercito di Israele, mercanti arabi ed ecclesiastici cristiani) verranno chiamati i manoscritti di Qumran, dalla località del rinvenimento. Là, dal 1953, attraverso campagne di scavi, vennero alla luce anche gli edifici di una comunità ebraica dalla tipologia piuttosto originale, molto probabilmente da ricondurre alla corrente degli Esseni (i «puri») che erano già noti fin dall'antichità (ne parlava persino lo storico latino Plinio il Vecchio nel I secolo) e che brillavano per la loro intensa spiritualità.

I membri della comunità di Qumran, che praticavano il celibato e vivevano secondo una «regola» di vita venuta alla luce proprio tra quei reperti, al sopraggiungere delle armate romane che, dopo aver distrutto Gerusalemme nel 70 d.C., stavano bonificando tutto il deserto di Giuda dai ribelli zeloti antiromani, decisero di mettere in salvo i loro testi, sia quelli biblici sia quelli interni alla loro comunità, in undici grotte naturali sovrastanti il loro «monastero». Là quei manoscritti giacquero per quasi due millenni, fino a quel giorno in cui il pastore si trovò di fronte a essi.

Tra quei documenti, ad esempio, venne alla luce un rotolo di 17 pelli di pecora cucite insieme così da comporre una pergamena di 7 metri alta 20 centimetri: su di essa 54 colonne di 29 righe ciascuna recavano il testo del profeta Isaia in una copia del I secolo a.C., eseguita da quella comunità. Ma si trovarono anche scritti molto interessanti riguardanti la vita e la dottrina di quegli Esseni, come la citata *Regola della Comunità* o il *Libro della regola della guerra tra i figli della luce e i figli delle tenebre*. Di questi materiali un comitato internazionale e interconfessionale di studiosi ha proceduto con molta lentezza alla pubblicazione, sollevando sospetti infondati e persino illazioni e fantasie giornalistiche. Frattanto si sviluppava una letteratura scientifica e divulgativa sterminata.

Una delle questioni più dibattute è stata, ed è ancora, quella del rapporto col cristianesimo che allora nasceva. Essa acquistò una particolare vivacità allorché uno studioso, il gesuita spagnolo José O'Callaghan, nel 1972 propose, per uno dei 19 frammenti venuti alla luce nella settima grotta (dove furono trovati solo testi scritti in greco e non in ebraico come nelle altre grotte), di far combaciare, come abbiamo accennato, le 13 lettere superstiti con alcune di quelle che compongono una frase del Vangelo di Marco: «Compiuta la traversata, approdarono e toccarono terra a Gennesaret. Appena scesi dalla barca, la gente lo riconobbe...» (6,53-54). Favorivano l'identificazione in particolare le lettere *nnes*, collegate alla parola Gennesaret, località ignota all'Antico Testamento.

Alcuni studiosi – tra costoro si distinse il tedesco Carsten P. Thiede – si schierarono a difesa di questa lettura che retrodatava il Vangelo di Marco attorno al 50, contrariamente all'opinione comune che lo colloca poco prima del 70, e che connetteva intimamente Qumran col cristianesimo. Altri, invece, espressero riserve aspre sull'identificazione e sull'uso improprio che se ne faceva per il discorso più ampio del nesso con la nascente comunità cristiana. Successivamente si è tentato di gettare altri ponti tra queste due realtà, soprattutto per quanto riguarda la concezione messianica, che forse a Qumran sembrava comprendere anche l'immagine di un Messia sofferente sulla base di un'interpretazione del quarto canto del Servo del Signore (*Is* 52,13-53,12) cara al cristianesimo ma ignota alla più comune tradizione giudaica.

Anche il Battista, per il suo rito «battesimale» (ampiamente praticato a Qumran) e per alcuni temi del suo messaggio, fu messo in relazione con quella comunità. In realtà, le scoperte del Mar Morto sono molto rilevanti per ricomporre il quadro del giudaismo del I secolo, assai più complesso di quanto si pensasse, e le coordinate entro cui si collocano Gesù di Nazaret e il suo messaggio. Importanti furono per lo studio del testo ebraico della Bibbia e per lo sviluppo del pensiero apocalittico e, in genere, per la teologia giudaica. Paralleli molto suggestivi sono stati scoperti tra Qumran e passi dei Vangeli sinottici, delle Lettere paoline, della Lettera agli Ebrei e dell'Apocalisse.

Tuttavia, non è possibile stringere troppo il legame tra Qumran e il cristianesimo. E non tanto perché Gesù non vi è mai menzionato quanto piuttosto perché – come ha scritto sinteticamente lo studioso americano John P. Meier – «il suo atteggiamento disinvolto nei confronti di una più rigorosa interpretazione della legge mosaica è la vera antitesi dei superosservanti di Qumran, che consiravano troppo lassisti persino i farisei». Esiste, dunque, un'originalità di Cristo e del cristianesimo che impedisce ogni «concordismo» sbrigativo tra Qumran e la fede cristiana.

Il Vangelo di Giovanni è antisemita?

Nel Vangelo di Giovanni gli avversari di Gesù sono spesso denominati semplicemente come «Giudei». In un passo (20,19) si parla dei discepoli che temono i Giudei: essi, infatti, avevano chiuso le porte del Cenacolo «per timore dei Giudei». Perché questa paura se anche loro sono Giudei? Non è che il passo o tutto il quarto Vangelo è stato scritto quando c'era già attrito fra Giudei e cristiani? Si deve, allora, bollare l'opera come antisemita?

Piuttosto complesse sono le questioni sollevate dal nostro interlocutore. Vorremmo, perciò, allargare il nostro discorso al processo di formazione dei Vangeli. Prima questione. Come abbiamo già avuto occasione di dire, i Vangeli a noi giunti hanno alle spalle una loro «preistoria». Alla loro origine c'è la figura storica di Gesù, la sua predicazione pubblica per le strade, i villaggi e le città della Galilea e della Giudea, la sua morte a Gerusalemme e l'evento «misterioso» (a livello storico e teologico, ma naturalmente con sensi diversi) della sua risurrezione. È questa come la sorgente di un fiume, che subito comincia a scorrere. Il suo fine è l'«annuncio» – quello che tecnicamente si dice, con parola greca, *kérygma* – che i discepoli e i credenti in Cristo faranno negli anni successivi. Non si tratta di una pura e semplice ripetizione di parole o di memorie; quei ricordi storici, infatti, sono illuminati dall'esperienza della Pasqua vissuta da quella comunità. Il fiume probabilmente qua e là si ferma in qualche ansa: fuor di metafora, nascono i primi testi, sono quasi dei «protovangeli» che raccolgono come in un fascicolo o in una scheda una collezione di detti del Signore o il racconto della sua passione, morte e risurrezione, o ancora qualche serie di atti miracolosi da lui compiuti.

In un arco di tempo difficilmente determinabile, giungiamo così alla foce, che è come un delta a quattro bracci: si tratta appunto dei Vangeli. In essi confluiscono memorie storiche di Gesù e su Gesù, che la testimonianza dei primi discepoli, la precedente predicazione e gli eventuali primi scritti avevano elaborato. I singoli evangelisti, però, non ripetono materialmente quei dati, quasi fossero freddi compilatori, ma li selezionano e adattano alle Chiese o comunità a cui li indirizzano, li ordinano comportandosi da veri «redattori», li interpretano alla luce della fede cristiana. È per questo che il volto di Gesù Cristo nei quattro Vangeli è sostanzialmente lo stesso, ma ha talora lineamenti nuovi, sottolineature differenti, espressioni inedite. Quando ciò avvenga è oggetto di discussioni: l'opinione ancor oggi prevalente ritiene, invece, che si debba avere come punto di riferimento il 70 d.C. (per Marco, prima di questa data, per gli altri e soprattutto per Giovanni, dopo il 70), anno della distruzione di Gerusalemme.

Seconda questione. Essa riguarda proprio la qualità specifica dei Vangeli e della stessa predicazione cristiana precedente a cui si accennava. I Vangeli non sono libri che raccontano un mito, non sono neppure trattati di teologia speculativa; ma non possono neanche essere catalogati come rigorosi manuali di storiografia o biografie scientifiche. Il loro genere è, in un certo senso, unico. Partono dalla storia di Gesù di Nazaret, ma non si accontentano di narrarla dedicando tutto il loro sforzo alla precisione dei dati (si notano, infatti, facilmente divergenze di dettaglio, di ambientazione, di formulazione). Essi vogliono comprendere quei dati nel loro significato più profondo e la luce che riesce a perforarne la superficie, per coglierne il valore di rivelazione e di salvezza, è la Pasqua di Cristo, un evento che ha lasciato dietro di sé tracce storiche, ma che è ben più grande e trascendente.

È perciò legittimo e doveroso interessarsi al Gesù storico offerto dai Vangeli. Ma si è anche convinti che i Vangeli ci vogliono offrire molto di più. Intendono attualizzare quelle memorie incarnandole nella vita delle comunità cristiane alle quali gli evangelisti si rivolgono, così da alimentare la loro fede. Come dice Luca nel suo prologo, gli evangelisti hanno investigato risalendo anche alle testimonianze oculari e alle attestazioni storiche solide, ma, come afferma Giovanni nel suo epilogo, «queste cose sono state scritte perché crediate che Gesù è il Cristo, il Figlio di Dio, e perché, credendo, abbiate la vita nel suo nome» (20,31).

Terza e ultima questione. I Vangeli sono antisemiti? La risposta è ovviamente negativa perché il loro Gesù è profondamente radicato nella fede d'Israele, perché essi stessi rimandano all'Antico Testamento come a parola di Dio e perché la Chiesa delle origini era legata etnicamente, culturalmente e spiritualmente a Gerusalemme. Tuttavia bisogna anche sottolineare che lo stesso Gesù e la stessa Chiesa avevano una loro originalità che non poteva non creare tensioni col giudaismo o, almeno, con alcuni suoi ambiti. Ecco, allora, le polemiche registrate nei Vangeli tra Gesù e i farisei o i sadducei, ecco anche il processo presso il Sinedrio e la condanna a morte, la cui esecuzione fu, però, di competenza solo romana. Ecco anche certe annotazioni in Matteo e Giovanni che riflettono lo stato di tensione esistente tra alcune Chiese e la Sinagoga.

A proposito del Vangelo di Giovanni, bisogna tuttavia fare un'osservazione. I «Giudei», di cui si temono le reazioni, che vengono accusati e giudicati, sono – nello stile dell'evangelista – una specie di personificazione del rifiuto di Gesù. In essi, quindi, si riassume un atteggiamento che può essere di tutti e che Giovanni altre volte incarna nel «mondo», amato da Dio, ma che ha rifiutato Cristo e la sua salvezza. Si leggono, infatti, frasi di condanna del «mondo»: «il mondo ha odiato» i discepoli di Gesù (17,14). Ma anche dichiarazioni di questo genere: «Dio ha tanto amato il mondo da dare il Figlio suo unigenito» (3,16). Lo stesso si dovrebbe ripetere per la formula giovannea dei «Giudei».

Per ritornare alla domanda sull'antisemitismo di Giovanni, bisognerà riconoscere che il Vangelo riflette una situazione di tensione, emblematicamente rappresentata dai genitori del cieco nato guarito da Gesù: «essi avevano paura dei Giudei; infatti i Giudei avevano stabilito che, se uno avesse riconosciuto Gesù come il Cristo, venisse espulso dalla sinagoga» (9,22). Eppure è sulle labbra del Gesù di Giovanni che troviamo questa confessione illuminante sulla funzione del popolo ebraico nella storia della salvezza: «La salvezza viene dai Giudei» (4,22).

La genealogia di Gesù Cristo

Che significato ha quella sequenza di nomi con cui si apre il Vangelo di Matteo? Si tratta di improbabili genealogie cucite insieme da qualche cristiano dei primi tempi, desideroso di dimostrare che Gesù discendeva dal re Davide, così da giustificare la sua messianicità? Il valore è, allora, più teologico che storico? È un po' quello che accade anche per altre genealogie bibliche, come ad esempio quella dei popoli della terra, presente nel capitolo 10 della Genesi?

Cominciamo subito ricordando che le genealogie di Gesù presenti nei Vangeli sono due e molto diverse tra loro. Innanzitutto c'è Matteo che – proprio in apertura al suo scritto (1,1-17) – offre una genealogia «discendente», che parte da Abramo e attraverso 41 nomi perviene a «Gesù chiamato Cristo». Lo stesso evangelista, che delinea la sequenza degli anelli genealogici con la formula «A generò B», ordina simbolicamente la serie in un trittico storico (da Abramo a Davide, da Davide all'esilio babilonese, da Babilonia a Giuseppe, «sposo di Maria»), ciascuno segnato da 14 generazioni.

Ora, è evidente che siamo in presenza di uno stampo interpretativo che è preoccupato di scoprire un senso profondo nella storia che riguarda Israele e Cristo più che ricostruirne una trama documentaria. Il 14 è naturalmente un numero simbolico (7 per 2, e 7 è una cifra «perfetta») ma c'è anche chi ha ipotizzato una specie di crittogramma del nome «Davide» le cui consonanti radicali, ebraiche, considerate secondo il loro valore numerico, avrebbero come somma proprio il numero 14: DWD = 4+6+4 = 14. Com'è noto, per molte culture i numeri parlano di armonie e di proporzioni insite nella natura e nella stessa realtà umana.

Non per nulla Matteo intitola: «Genealogia di Gesù Cristo, figlio di Davide, figlio di Abramo». Sua intenzione, perciò, è quella di illuminare non solo l'«ebraicità» di Gesù («figlio di Abramo») ma anche la sua «davidicità» e quindi la sua messianicità. Si riesce, allora, a comprendere quanto questa pagina, apparentemente così arida e simile a un catalogo monotono, fosse cara e trasparente per il lettore giudeo-cristiano. È altrettanto facile capire che l'intenzione dell'evangelista non era quella di fare una ricerca d'archivio sugli antenati di Gesù, quanto piuttosto – ricorrendo alla storia d'Israele e alle sue tappe fondamentali – delineare il senso della figura di Cristo all'interno di quella storia che, per il credente, è salvifica.

Non ci si stupisce, allora, delle diversità rispetto all'altra genealogia offerta da Luca (3,23-38) in occasione non della nascita di Gesù, come accade per Matteo, bensì dell'inizio del suo ministero pubblico. La sua è una genealogia «ascendente»: si parte da Gesù, «figlio, come si credeva, di Giuseppe», e si sale non più fino ad Abramo bensì ad Adamo, attraverso la formula «A figlio di B», comprendente 77 nomi (forse si ripropone simbolicamente la cifra sacra del 7). Anzi, l'ultimo anello della catena genealogica è Dio stesso («figlio di Adamo, figlio di Dio»).

Anche in questo caso è evidente che l'intenzione dell'evangelista è tutt'altro che documentario-archivistica, almeno secondo i nostri canoni, bensì è di taglio teologico. Usando materiali della storia d'Israele e fonti non facilmente identificabili, Luca vuole esaltare l'universalità («figlio di Adamo») e la divinità («figlio di Dio») di Gesù Cristo, tenendo conto anche dell'uditorio a cui l'evangelista si rivolge: esso non è più composto soprattutto da giudeo-cristiani, come accadeva a Matteo, ma di gentili, cioè di cristiani di matrice pagana, e quindi era necessario andare oltre Abramo e pervenire ad Adamo, padre di tutti gli uomini.

A questo punto è facile rispondere al dubbio del nostro interlocutore. Come spesso avviene per le liste genealogiche della Genesi o per quelle degli antichi re babilonesi, o per gli annali delle varie civiltà dell'antico Vicino Oriente, o per le stesse tradizioni beduine e nomadiche, la sequenza generativa, pur utilizzando fonti storiche, ha finalità tutt'altro che storiografiche. Si tratta di una vera e propria definizione dell'identità nazionale, tribale, familiare e personale, delle sue caratteristiche e dei suoi valori spirituali e tradizionali. Luca, perciò, come fa la stessa Genesi con la sua genealogia di Adamo presente nel capitolo 5 di quel libro o con quella dei popoli (cap. 10), non vuole rispondere a interrogativi di tipo strettamente storico – né affrontare la questione paleoantropologica (del tutto aliena all'orizzonte culturale di quel tempo) – bensì a domande di tipo teologico: «chi è Gesù di Nazaret?»; «che senso ha la storia della salvezza nei suoi confronti?»; «qual è il suo legame con le promesse patriarcali?»; «in che rapporto egli è con l'umanità?» e così via.

Legittimo rimane il desiderio di verificare a quali fonti i due evangelisti abbiano attinto per ricostruire queste genealogie che, pur essendo primariamente «teologiche», non escludono il ricorso a dati offerti dalla storia biblica e dalle tradizioni giudaiche. Questa ricerca, ovviamente molto complessa, è affrontata dai vari commentari ai Vangeli o da saggi specifici.

L'enigma dei Magi

Sono stati un soggetto amatissimo dall'arte cristiana: basterebbe evocare il Trittico dell'Epifania *di Bosch conservato al Prado di Madrid, o la deliziosa storia fantastica che Michel Tournier nel 1980 ha intessuto nel suo romanzo* Gaspare, Melchiorre e Baldassarre. *Ma dal punto di vista storico-critico i Magi rimangono un enigma. La rilettura religiosa della loro figura è, a mio avviso, molto forte, tanto che l'eventuale nucleo storico, piuttosto esile (erano membri di una carovana di mercanti?), viene trasfigurato ed esaltato dall'evangelista che, tra l'altro, più che in una grotta, sembra introdurli in una sala del trono come una delegazione straniera in visita ufficiale a Cristo.*

Il nostro interlocutore ha impostato il discorso in modo corretto. Le figure dei Magi, tanto care alla storia dell'arte cristiana, possono essere assunte a modello di un fenomeno che spesso si ripete nella storia della cristianità, fin dalle sue origini. Al testo evangelico, intenso ma sobrio, si accostano elementi popolari, frutto in alcuni casi di interpretazioni allegoriche, ossia connesse ad altri dati biblici affini o ritenuti analoghi, in altri casi risultato di tradizioni folcloriche e persino leggendarie. Il significato di base del racconto di Matteo (2,1-12) è, comunque, nitido nel suo insieme.

Alcuni personaggi stranieri (provenienti da un generico «oriente»), forse membri di una delle tante carovane commerciali, incontrano la famiglia di Gesù. Due sono le guide simboliche che li conducono al «Bambino e sua madre»: il segno cosmico della stella (potremmo parlare di «Rivelazione naturale», ma la stella nella Bibbia è anche un simbolo messianico, come si dice in Apocalisse 22,16) e la stessa Rivelazione biblica, offerta proprio dai sacerdoti di Gerusalemme che citano il profeta Michea in un passo messianico riguardante Betlemme che – non lo si dimentichi – era anche la patria di Davide (*Mic* 5,1).

I Magi, allora, incarnano la prospettiva universalistica della salvezza che lo stesso Gesù affermerà nella sua predicazione pubblica: «Molti verranno da oriente e da occidente e siederanno a mensa con Abramo, Isacco e Giacobbe nel regno dei cieli, mentre i figli del regno saranno cacciati fuori nelle tenebre» (*Mt* 8,11-12). È infatti evidente l'incomprensione dei sacerdoti gerosolimitani e l'aggressività di Erode nei confronti del Bambino. Su questa base teologica sono cresciute libere applicazioni, deduzioni, creazioni. A causa dei tre doni, il numero dei Magi si è orientato verso il tre; sulla base del Salmo 72, che afferma la prosternazione dei sovrani davanti al re-Messia, essi sono diventati re e per di più appartenenti alle cosiddette tre razze: bianca, gialla e nera.

Si sono escogitati nomi vari, con prevalenza di Gaspare, Baldassarre e Melchiorre; sono stati identificati come sapienti di Babilonia oppure come discepoli di Zarathustra e quindi persiani, e da alcuni studiosi persino come membri della comunità giudaica degli Esseni, diffusa anche in Siria e non solo a Qumran sulle rive del Mar Morto; molteplici eventi miracolosi accompagnano il loro ritorno in patria, come è attestato da alcuni Vangeli apocrifi. È a questo punto che entrano in scena anche le loro reliquie, attraverso una serie di racconti che mescolano memorie locali e leggende. Nel *Milione* (cap. 30) Marco Polo ricorda che le tre tombe dei Magi erano presenti in una città persiana, sottolineando che le tre salme sono complete con capelli e barba («sonvi ancora tutti interi con barba e co' capegli»).

Ma un'altra tradizione fa risalire la vicenda delle reliquie dei Magi a Elena, la madre dell'imperatore Costantino: essa le avrebbe trasferite dall'Oriente a Costantinopoli. Da quella città sant'Eustorgio, vescovo di Milano nella metà del IV secolo, le avrebbe traslate nella sua sede lombarda. Esse furono collocate nella basilica da lui iniziata e che da lui prese nome. In questa chiesa le reliquie rimasero fino al 1162, allorché Federico Barbarossa, conquistata Milano, le fece trasferire nella cattedrale di Colonia, ove sono tuttora custodite nel *Dreikönigenschrein*, un reliquiario a forma di tempio in argento dorato con smalti e gemme, approntato da Nicolas de Verdun nel 1181. Nel 1904 il cardinal Ferrari ottenne che a Milano ritornassero piccoli frammenti di quelle reliquie, che rimangono ovviamente del tutto ipotetiche ma che sono il simbolo di una devozione antica e, soprattutto, il segno di un'esperienza spirituale di ricerca e di approdo alla fede. È ciò che ha illustrato col suo film *Cammina cammina* (1983) il regista Ermanno Olmi, pur con un esito finale meno positivo.

Giovanni il Battezzatore

La figura di Giovanni Battista incombe sui primi passi pubblici di Gesù: il rilievo del personaggio fa sì che egli sia circondato da una cerchia di discepoli che, a quanto pare, faticano a cedere il passo al nuovo maestro, Gesù di Nazaret. Interessante è, infatti, il racconto del Vangelo di Luca (7,18-30) in cui il Battista invia alcuni suoi discepoli a interrogare il rabbí Gesù, ricevendo una lode dallo stesso Cristo, il quale però mostra quello che egli ormai è e fa. Quale fu, allora, il legame tra i due? Si può parlare anche di un discepolato iniziale di Gesù presso il Battista?

La figura di Giovanni il Battezzatore o Battista (un calco linguistico sul greco) ha sempre registrato un interesse particolare non solo nella devozione popolare ma anche nella ricerca storica ed esegetica. Si pensi, ad esempio, che lo studioso americano John P. Meier, nel secondo volume del suo ritratto storico-critico su Gesù intitolato *Un ebreo marginale* (tradotto in italiano nel 2002), riserva a colui che chiama «il mentore» di Cristo più di 250 pagine!

Due sono le questioni principali che di solito vengono affrontate. La prima riguarda il nesso del Battista con la comunità giudaica di Qumran sul Mar Morto, i cui manoscritti, come abbiamo già ricordato, sono venuti alla luce a partire dal 1947. A questo proposito, ad esempio, Benedetto XVI nel suo libro *Gesù di Nazaret* scriveva: «Sembra che Giovanni, ma forse anche Gesù e la sua famiglia, fossero vicini alla comunità di Qumran. In ogni caso quei manoscritti presentano molteplici punti di contatto con l'annuncio cristiano. Non è da escludere che il Battista abbia vissuto per qualche tempo in questa comunità e abbia ricevuto da essa la sua formazione religiosa».

L'altra questione riguarda appunto il rapporto di Giovanni con Gesù. Ora è un dato storico indiscutibile che Gesù abbia voluto ricevere «il battesimo di penitenza» che quella grande guida spirituale, simile a un profeta, amministrava sulle rive del Giordano. Mai, infatti, si sarebbe inventata da parte della Chiesa delle origini una scena così «imbarazzante»: Cristo, in fila tra i peccatori, si fa battezzare da Giovanni che quindi risulta apparentemente «superiore». A questo punto può scattare la domanda: Gesù ebbe una sorta di discepolato-apprendistato spirituale presso il Battista? In senso lato questo fatto è indubbio perché lo troviamo appunto tra la folla che seguiva Giovanni. Ma Gesù fu discepolo in senso stretto, come appartenente alla cerchia più intima del Battezzatore?

Gli studiosi, al riguardo, si dividono. Si deve però riconoscere che su questo i testi evangelici non sono netti. Certo è che non vale il ricorso alla frase del Battista presente nel Vangelo di Marco (1,7): «Viene dietro [o dopo] di me uno più forte». Nel greco dei Vangeli, la formula «venire dietro» è effettivamente applicata ai discepoli di un maestro, ma qui il senso sembra essere più temporale: Cristo «viene dopo» il Battista e lo supera. Il quarto evangelista (1,35-51), però, ricorda che alcuni discepoli di Giovanni, Andrea e Filippo e forse anche Pietro e Natanaele, optarono per Gesù: questo dato suppone che Gesù era stato per un certo tempo nell'orbita del Battista, tanto da far sì che alcuni discepoli giovannei lo potessero conoscere e restarne conquistati.

Anzi, stando sempre al quarto Vangelo, si apprende che anche Gesù per un certo periodo ha esercitato la missione del battezzatore: «Gesù andò con i suoi discepoli nella regione della Giudea e là si trattenne con loro e battezzava» (3,22), tanto da suscitare gelosie tra i discepoli del Battista. Nonostante il successivo ridimensionamento, forse operato da un redattore del quarto Vangelo (4,2: «sebbene non fosse Gesù in persona a battezzare, ma i suoi discepoli»), si può affermare che per un certo periodo anche Cristo compisse il rito tipico di Giovanni, rivelando quindi indirettamente di aver seguito e imitato colui che egli avrebbe scelto come «mentore». Non ci si deve stupire di questo eventuale discepolato perché potrebbe essere un tratto significativo dell'umanità di Gesù e, quindi, della effettiva realtà dell'Incarnazione che comportava per Cristo una crescita in età, in grazia e in formazione interiore (si legga *Lc* 2,40).

Il battesimo di Gesù al Giordano

Il primo atto pubblico della vita di Cristo si consuma sulle rive del Giordano, quando Giovanni Battista lo presenta alla folla, rivelandosi così in quell'occasione veramente come il suo Precursore. Il racconto di quell'evento è, però, circondato nei Vangeli da un alone grandioso, con un solenne intervento celeste. Quale valore storico e teologico effettivo ha quell'episodio, che ora sembra da collocarsi topograficamente più sulla sponda orientale del Giordano, di pertinenza dell'attuale regno di Giordania, che non sul luogo più tradizionale della riva israeliana?

La figura di Giovanni Battista (cioè il Battezzatore) appare solenne agli esordi della vita pubblica di Gesù, come lo era stata agli inizi stessi del suo ingresso nel mondo, se stiamo al racconto del capitolo 1 di Luca. Non mancano neppure alcune tensioni tra le due figure, registrate soprattutto nel quarto Vangelo, quello di Giovanni, che cerca di spingere i discepoli del Battista – direttamente o indirettamente – a riconoscere il primato di Gesù. È ciò che si nota nei capitoli 1 (si vedano i vv. 6-9 e 15 e dal 19 in avanti) e 3 (vv. 25-30). Uno studioso, Edmondo Lupieri, ha seguito la vicenda del Battista non solo nei Vangeli ma anche nella tradizione successiva, vicenda sospesa tra storia e leggenda, con la costituzione di un gruppo che rimandava al Precursore come se fosse lui il vero Messia. Per questa ragione, si marca nei Vangeli la confessione che Giovanni fa della sua dipendenza e del suo essere finalizzato a Gesù, colui che «deve crescere» e occupare la scena della salvezza.

In questa luce desta qualche sorpresa la rappresentazione del battesimo di Cristo al Giordano. Gli esegeti fanno notare che l'evento è indubbiamente storico, secondo quel criterio di verifica che viene definito della «discontinuità». Infatti – come si è già avuto modo di ricordare, presentando la figura di Giovanni Battista – mai si sarebbe creato artificiosamente un episodio nel quale Gesù risultasse inferiore al Battista e immerso nella folla dei peccatori: questo sarebbe stato in aperta «discontinuità» o difformità con la fede in Cristo della Chiesa delle origini e con la dichiarata inferiorità del Precursore rispetto al Messia. Ma, allora, perché Gesù si è messo in fila lungo le sponde del Giordano per essere battezzato da Giovanni?

L'unico evangelista a rispondere al quesito è Matteo, che riferisce questo dialogo tra Gesù e il Battista: «Giovanni cercava di opporsi dicendo: Sono io che ho bisogno di essere battezzato da te e tu vieni da me? Ma Gesù gli rispose: Lascia fare per ora, poiché conviene che adempiamo così tutto ciò che è giusto davanti a Dio. Allora Giovanni acconsentì» (3,14-15). Questo dialogo è ancor più marcato in un frammento del vangelo apocrifo detto «degli Ebrei», citato da san Girolamo nel IV secolo, ove Gesù inizialmente rifiuta di andare con Maria e i suoi parenti da Giovanni dichiarando: «Che peccato ho commesso perché vada a farmi battezzare da lui?».

Gesù – secondo le stesse parole del Precursore ricordate da Matteo – non solo non ha bisogno di un battesimo d'acqua di conversione ma è superiore allo stesso Battezzatore come suo Signore e Messia. Decisiva, allora, è la risposta di Cristo sopra citata, che è modulata secondo il linguaggio matteano e letteralmente suona così: «È opportuno che noi portiamo a pienezza ogni giustizia». Due sono i termini fondamentali della frase. Da un lato, c'è il verbo greco *pleroún*, che non è solo il semplice «adempire» come spesso si traduce, ma è il pieno compimento, il portare pienezza. L'Antico Testamento con il suo annuncio è come una sorgente o un fiume che deve raggiungere il suo approdo, ed è per questo che esso è alla base ed è indispensabile ma rimanda anche a una meta ulteriore.

D'altro lato, c'è il vocabolo *dikaiosýne*, che di solito è reso con «giustizia». Anche in questo caso la traduzione può essere fuorviante, perché la «giustizia» a cui qui si fa riferimento è quella divina e, nell'Antico Testamento, essa è sinonimo di fedeltà amorosa di Dio, di salvezza. Gesù, allora, afferma che con quel gesto di umiltà egli vuole rappresentare pubblicamente la sua adesione al progetto divino di salvezza: facendosi battezzare in mezzo agli uomini peccatori, Gesù si fa solidale con loro, rivela l'Incarnazione, si fa prossimo all'umanità e al suo peccato, proprio com'era nel disegno del Padre celeste. Disegno che era già stato rivelato dai profeti, che era iniziato nella storia d'Israele e che ora giunge a pienezza.

Dopo il battesimo, quasi in contrappunto all'atto di fraternità nei confronti dei peccatori, ecco aggiungersi la visione successiva che rivela al mondo il mistero profondo di quell'uomo battezzato: «Si aprirono i cieli ed egli vide lo Spirito di Dio scendere come una colomba e venire sopra di sé. Ed ecco una voce dal cielo che diceva: Questi è il Figlio mio, il prediletto: in lui ho posto il mio amore» (3,16-17). Gli studiosi sono inclini a ritenere che questa scena sia una «rivelazione interpretativa», in pratica una spiegazione «sceneggiata» del significato ultimo dell'evento e del suo protagonista. Gesù, vero uomo, è ora rivelato come il Figlio di Dio che salva secondo la «giustizia», cioè la volontà di salvezza del Padre divino.

Il battesimo dei bambini ha un'origine evangelica?

Io continuo a conservare una perplessità nei confronti del battesimo dei bambini. Certo, il battesimo di Gesù è un'altra cosa perché è amministrato da Giovanni Battista secondo i canoni dell'Antica Alleanza e ha la funzione di presentare Cristo. Il Nuovo Testamento dipinge il battesimo cristiano in modo alto, coinvolgendo la persona del credente, come insegna san Paolo nella Lettera ai Romani (6,1-11). Non ci sono, invece, tracce di un fondamento neotestamentario di questa prassi che coinvolge i neonati in una forma troppo «magica».

Innanzitutto una premessa. A livello teologico, come abbiamo già sottolineato, non si può scindere in modo netto la Bibbia dalla Tradizione: quest'ultima ha la funzione di illuminare – attraverso il dono dello Spirito Santo che «guida alla verità tutta intera», come aveva annunciato lo stesso Gesù (*Gv* 16,13) – la Scrittura, svelandone il mistero di «verità», cioè di Rivelazione divina, nella sua ricchezza e pienezza. Così, nel caso del battesimo dei bambini, è soprattutto la Tradizione, a partire già dai primi secoli cristiani, che opta per questa pratica, esaltata poi da sant'Agostino in connessione con la sua dottrina del peccato originale.

Dove, però, nel Nuovo Testamento si può intuire il germe di questa prassi? La risposta è variegata, tenendo sempre fermo l'ordine del Risorto che invia gli apostoli ad «ammaestrare tutte le nazioni battezzandole nel nome del Padre, del Figlio e dello Spirito Santo» (*Mt* 28,19). Il battesimo, quindi, è un impegno primario della Chiesa e ha una destinazione universale per aprire le porte della salvezza. Ebbene, per quanto riguarda i bambini vorrei evocare tre elementi. Il primo è indiretto: se il battesimo – come insegna san Paolo – tiene esplicitamente il posto della circoncisione per l'ebraismo, è facile comprendere che la sua applicazione poteva essere ritenuta analoga. Ora, è noto che la circoncisione era praticata all'ottavo giorno di vita del bambino, quindi alle sue origini, e veniva considerata come l'ingresso reale nel popolo dell'alleanza divina. Si può, quindi, pensare che il battesimo assumesse le medesime caratteristiche e la medesima funzione nella comunità cristiana, subentrando e sostituendosi alla circoncisione.

Una seconda evocazione altrettanto velata è quella presente nel dialogo notturno di Gesù con Nicodemo (*Gv* 3,1-8), ove si mette in parallelo la nascita e il battesimo, al quale si allude attraverso la formula «acqua e Spirito». L'obiezione di Nicodemo, «Come può un uomo nascere quando è vecchio?», fa comprendere che il battesimo era descritto come un'esperienza di nuova nascita parallela alla nascita fisica e quindi intrecciabile con essa. Che il battesimo avesse questo aspetto emerge indirettamente anche dal fatto che Paolo afferma che il cristiano può chiamare Dio *abba'*, «babbo», nel linguaggio dell'intimità dei bambini insegnato da Gesù.

C'è, però, un terzo dato che gli studiosi considerano più esplicito, anche se sempre germinale: la prassi, lo ripeto, diverrà comune solo successivamente, tant'è vero che nella Prima Lettera ai Corinzi (7,14) sembra alludersi al fatto che alcune coppie presenti nella comunità di Corinto avevano bambini ancora non battezzati; eppure non li consideravano «impuri» perché già orientati alla fede e al battesimo (gli stessi sant'Ambrogio e sant'Agostino ricevettero il battesimo da adulti, e si era nel IV secolo). Nel Vangelo di Marco (10,13-16) si descrive la scena dei bambini che accorrono verso Gesù che «impone loro le mani e li benedice». Ora, nel testo si fa riferimento all'obiezione dei discepoli che vorrebbero «impedire» questo atto.

Ebbene, il verbo greco usato per definire questa opposizione è *kolúein*, che è normalmente usato nel Nuovo Testamento in contesto battesimale per indicare che non esistono «impedimenti» (come si dice in linguaggio giuridico) al battesimo stesso. Un esempio per tutti. Il funzionario della regina Candace, dopo essere stato istruito alla fede dal diacono Filippo, domanda: «Che cosa mi impedisce [*kolúein*] di essere battezzato?» (*At* 8,36; si vedano anche *Mt* 3,14; *At* 10,47; 11,17, sempre in contesto battesimale). Si potrebbe, allora, intravedere in quella scena evangelica un implicito appello a lasciar entrare anche i bambini nella comunione con Cristo.

In sintesi, il passo marciano, ripreso da Matteo e Luca, riflette la risposta che la Chiesa delle origini, sull'esempio di Gesù, dava a coloro che ponevano un «impedimento» al battesimo dei bambini che già allora era in uso, anche se non in forma generalizzata come avverrà in seguito. C'era, infatti, la ferma convinzione che il dono divino della grazia precede la piena adesione del bambino, il quale già si apre inizialmente a quel dono.

La confermazione o cresima del cristiano

Un po' tutti nella vita abbiamo un parente che ci invita a far da padrino almeno a una cresima di un suo figlio o figlia. Si va a questa cerimonia che, pur coinvolgendo spesso un vescovo, non costituisce un evento così importante come dovrebbe essere, trattandosi di una specie di sacramento della maturità religiosa, un po' come accade per il bar-mitzvà *dei ragazzi ebrei. Non sarà forse perché questo sacramento cattolico (e ortodosso) è assente nel Nuovo Testamento ed è, quindi, un rito introdotto solo dalla Chiesa?*

C'è una premessa indispensabile da fare, come nel caso del battesimo dei bambini appena trattato. Teologicamente parlando, la Scrittura Sacra non è come una pietra preziosa da conservare in uno scrigno. È una realtà vivente, comunicata dallo Spirito di Dio attraverso la storia e fatta conoscere e comprendere dallo stesso Spirito nella Chiesa, come ha promesso Cristo (*Gv* 14,26). È dunque alla luce della Tradizione animata dallo Spirito che la Parola divina «cresce con chi la legge», per usare una celebre frase di san Gregorio Magno. Così accade per la fondazione biblica del sacramento della confermazione o cresima (dal greco *chrisma*, olio e unzione di consacrazione) che, da un lato, rimanda al battesimo e, dall'altro, è aperto all'eucaristia.

L'effusione pentecostale dello Spirito Santo (*At* 2), in un certo senso, è il battesimo della Chiesa, effusione che si ripete a ogni battesimo cristiano. Tuttavia, negli Atti degli Apostoli si hanno due episodi significativi che attestano l'esistenza di due riti distinti: il battesimo e una successiva «imposizione delle mani» con il conferimento dello Spirito a opera di un apostolo. Così, a Samaria il diacono Filippo annuncia il Vangelo e battezza molti credenti. Ma ecco che da Gerusalemme giungono gli apostoli Pietro e Giovanni: «essi ... pregarono per costoro perché ricevessero lo Spirito Santo: non era infatti ancora disceso sopra nessuno di loro, ma erano stati soltanto battezzati nel nome del Signore Gesù. Allora imponevano loro le mani e quelli ricevevano lo Spirito Santo» (*At* 8,15-17).

È evidente la distinzione tra i due momenti, i due atti e i due riti, anche se connessi tra loro: c'è il battesimo, inizio radicale della salvezza divina, e c'è la tappa successiva che è posta quasi a sigillo del primo percorso della vita cristiana. Qualcosa di simile si verifica anche nel secondo episodio, sempre registrato dagli Atti degli Apostoli (19,1-7). Paolo, durante il suo terzo viaggio missionario, giunge a Efeso e qui incontra un gruppo di battezzati secondo il rito di Giovanni Battista. Essi ignorano la stessa esistenza dello Spirito Santo. L'Apostolo, allora, li battezza «nel nome del Signore Gesù». Ma il racconto continua così: «Non appena Paolo ebbe imposto loro le mani, discese su di loro lo Spirito Santo». Anche in questo caso si hanno due atti distinti, il battesimo e l'imposizione delle mani, due gesti che le Chiese d'Oriente ancor oggi coordinano in una successione stretta, così da conferire in connessione battesimo e cresima.

Questa continuità può essere forse ben illustrata attraverso un altro passo che è spesso evocato e che ha un taglio più nettamente «teorico», presentandosi quasi come l'illustrazione di quei due momenti rituali e del loro legame. Paolo rievoca per i cristiani di Corinto le origini della sua e della loro vita di fede e di salvezza con queste parole: «Noi tutti siamo stati battezzati in un solo Spirito per formare un solo corpo, Giudei e Greci, schiavi e liberi; noi tutti ci siamo abbeverati a un solo Spirito» (*1 Cor* 12,13). C'è, dunque, il dono primordiale dello Spirito Santo nel battesimo e c'è, poi, il momento della pienezza in cui si è dissetati totalmente attingendo alla ricchezza dei doni dello stesso Spirito.

Appare ancora una volta in modo chiaro che il sacramento della confermazione è posto quasi a suggello dell'esperienza battesimale. In questo senso – proprio attraverso i simboli dell'unzione sacra (in greco *chrisma*) e del sigillo (in greco *sfraghís*) – può essere assunto un passo della Seconda Lettera di Paolo ai Corinzi: «È Dio stesso che ci conferma, insieme a voi, in Cristo e ci ha conferito l'unzione [*chrísas*, da *chrío*, ungere], ci ha impresso il sigillo [*sfraghisámenos*] e ci ha dato la caparra dello Spirito Santo nei nostri cuori» (1,21-22). L'unzione è il segno di una consacrazione, e il sigillo è indizio di appartenenza, ma entrambi i simboli rimandano alla compiutezza e alla forza della testimonianza che il cristiano deve offrire nel nome del Signore Gesù. Tuttavia, come sopra si diceva, per far brillare pienamente questo annuncio essenziale della confermazione, presente nel Nuovo Testamento, è necessaria la Tradizione. Attraverso essa, come aveva promesso Gesù, e come già si diceva a proposito del battesimo dei bambini, «lo Spirito di verità vi guiderà alla verità tutta intera» (*Gv* 16,13).

Gesù tentato da Satana

Racconto abbastanza sorprendente quello evangelico delle tentazioni di Gesù: Cristo è in balìa di Satana che lo strattona di qua e di là, se stiamo alle narrazioni di Matteo e Luca. Certo, il ricordo di qualcosa di storico deve pur esserci perché i primi cristiani non avrebbero mai inventato un episodio del genere, non particolarmente glorioso nei confronti del loro maestro e Signore. E allora: Satana compì un suo «miracolo», sottoponendo prodigiosamente Gesù a questi trasferimenti in luoghi significativi, oppure bisogna intendere le frasi in senso figurato?

«Il diavolo condusse Gesù con sé nella città santa, lo depose sul pinnacolo del tempio.» Così si legge nel racconto delle tentazioni secondo Matteo (4,5). Anche per l'altra tentazione, quella del monte, Luca scrive: «Il diavolo lo condusse in alto» (4,5), immaginando quindi un vero e proprio trasferimento «aereo». Ecco, allora, la duplice possibilità ventilata dal nostro interlocutore: o si tratta di un miracolo satanico oppure «bisogna intendere le frasi in senso figurato». Di per sé i falsi prodigi possono essere compiuti anche dai maghi d'Egitto, come si ricorda a proposito delle celebri «piaghe», oppure possono essere provocati da «falsi cristi e falsi profeti che faranno grandi portenti e miracoli, così da indurre in errore, se possibile, anche gli eletti», come dichiara lo stesso Gesù (*Mt* 24,24).

Nel racconto delle tentazioni di Cristo il discorso è, però, diverso e rimanda a una corretta interpretazione di quella pagina e quindi alla seconda possibilità suggerita dal lettore. È indubbio che siamo in presenza di un'esperienza storica, testimoniata da Cristo stesso, perché difficilmente la comunità cristiana delle origini avrebbe «inventato» un episodio in cui il suo Signore era messo in balìa di Satana, trasferito da un luogo all'altro, sottoposto a una provocazione sistematica, come ancora è giustamente fatto notare da chi ci ha scritto. È quindi Gesù stesso a confessare la sua esperienza:

essa è capitale per affermare la sua umanità. La tentazione, infatti, in senso stretto è una via per la verifica della libertà e della capacità di scelta, di volontà, di decisione. Tra l'altro, è significativo osservare che le esperienze interiori in molte culture vengono non di rado rappresentate con racconti di eventi apparentemente esteriori. È un modo per rendere più evidente e comprensibile la vicenda psicologica e personale, e questo effetto è raggiunto attraverso una narrazione di taglio parabolico e simbolico.

Ora, nel caso della prova subita da Cristo, ciò che emerge in modo diretto è la realtà piena della sua umanità, segnata da quell'elemento fondamentale che è la libertà. L'esercizio della volontà libera ha sollecitazioni esterne (ad esempio il fascino del potere, della ricchezza, dell'affermazione personale, come appare nelle tre scene del racconto di Matteo e Luca) ma il suo sviluppo è squisitamente interiore. Siamo, quindi, in presenza di un modo figurato e «drammatico» per narrare un reale conflitto della coscienza, che naturalmente Gesù supera con la sua totale adesione al progetto del Padre.

Più che essere sballottato esteriormente qua e là, Cristo è interiormente spinto dal tentatore a scegliere vie alternative alla missione che il Padre gli ha indicato: quelle di un messianismo sociale (i pani), taumaturgico (il prodigio della caduta del tempio, rimanendo illeso), politico (i regni della terra). L'esemplificazione visiva di queste vie fa dunque parte di un genere letterario narrativo-drammatico. Detto in altri termini, Gesù, confidando la sua esperienza umana e storica ai discepoli – che poi la racconteranno nei Vangeli –, come si diceva, l'ha descritta «sceneggiandola», alla maniera semitica, in tre atti emblematici i cui contenuti sono però reali e costituiscono l'oggetto effettivo della tentazione.

Se si vuole, però, approfondire maggiormente il testo evangelico, si nota che il racconto è modellato su un genere letterario tipico del giudaismo: si tratta di una sorta di controversia scritturistica (si citano il Deuteronomio e il Salmo 91) in cui Satana si traveste quasi da esegeta rabbinico, trovando una ferma e sistematica replica da parte del rabbí Gesù. La dimensione teologica rimane, quindi, rilevante: l'evento autobiografico di Gesù non è meramente narrato come un fatto che può incuriosire, ma è interpretato nel suo significato profondo. E questo è confermato anche da un dato teologico-letterario che emerge nella filigrana della narrazione evangelica: si vuole rimandare allusivamente alle tentazioni di Israele nel deserto. I singoli evangelisti, poi, come sono soliti fare, lasciano un'impronta interpretativa teologica personale. Infatti, Luca inverte l'ordine delle ultime due tentazioni mettendo al vertice il tempio (e non il monte come Matteo) perché per lui è Gerusalemme la meta ultima dell'itinerario terreno di Cristo. Marco, invece, ignora le tre scene e in un breve testo dipinge Gesù come il nuovo Adamo che, non cedendo alla tentazione, vive «con le bestie selvatiche», in un mondo pacificato e armonico: «E subito lo Spirito lo sospinse nel deserto e nel deserto rimase quaranta giorni, tentato da Satana. Stava con le bestie selvatiche e gli angeli lo servivano» (1,12-13). Marco, quindi, riferisce in modo più sobrio ed essenziale l'evento, pur non privandolo di una sua interpretazione teologica, mentre gli altri due evangelisti rimandano piuttosto a una probabile testimonianza storica diretta dello stesso Gesù che, però, narra la sua esperienza in modo «drammatico» e simbolico, secondo i canoni propri della cultura semitica antica a cui abbiamo accennato.

Che professione ha esercitato il giovane Gesù?

Ho avuto occasione di ascoltare in televisione un noto scrittore cattolico affermare con certezza che Gesù sostanzialmente apparteneva alla media borghesia di allora, essendo Giuseppe – secondo gli studi più accurati della società di quel tempo – non un «falegname» o «carpentiere», ma un vero e proprio gestore di un'impresa, forse anche di costruzioni. È fondata o è pregiudiziale una simile interpretazione?

È da tempo che, accanto alle varie analisi storico-critiche e letterarie, i Vangeli sono sottoposti anche a ricerche di taglio sociologico nel tentativo di definire la figura del Gesù storico nel suo contesto socioeconomico. In questa operazione si è distinto un professore dell'università tedesca di Heidelberg, Gerd Theissen, le cui opere sono state tradotte anche in italiano. Gesù era vissuto in un ambito prevalentemente agricolo che sentiva il peso delle varie oppressioni fiscali (romane e locali: si ricordi della frequente presenza dei «pubblicani», gli esattori, nei Vangeli) e che era legato a un territorio piuttosto aspro e di scarsa produttività.

Gesù dal punto di vista sociale è presentato da Marco (6,3) come un *tékton*, qualifica che Matteo (13,55) assegna invece al padre legale, Giuseppe. Che cosa indica quel vocabolo greco? Di per sé rimanda o al falegname o al carpentiere, con prevalenza per la prima accezione, come ha inteso anche la tradizione successiva. In realtà la distinzione tra le due professioni era piuttosto blanda, anche perché, a un livello sociale basso com'era quello della Palestina di allora, le specializzazioni non esistevano. A questo punto, per definire lo statuto socioeconomico di Gesù, bisogna evitare gli eccessi interpretativi ideologici.

Da un lato, c'è chi ha parlato di una povertà estrema: in realtà, lo standard generale di vita era allora modesto e quindi le esigenze erano minime e Gesù era da collocare nella classe comune, piuttosto omogenea, che aveva mezzi di sussistenza sufficienti, anche se scarsi. Naturalmente non mancava una fascia di miseria, come è attestato anche nel racconto dei Vangeli (si pensi al povero Lazzaro della parabola del ricco epulone). D'altro lato, c'è chi ha voluto ricondurre lo statuto di Giuseppe e di Gesù a quello della borghesia: con qualche immaginazione si è pensato a loro come conduttori di un'impresa di costruzioni o di artigianato, ricorrendo a una parola aramaica, *naggara'*, che potrebbe essere sottesa al citato *tékton*. Quel termine semitico, oltre al carpentiere e al falegname, potrebbe indicare anche il capomastro.

In realtà, questa teoria un po' fantasiosa è smentita proprio dall'ironia dei compaesani di Gesù sul suo stato di *tékton*, considerato come basso rispetto alla fama che ormai avvolgeva il personaggio («Non è costui il falegname?», *Mc* 6,3). Tenendo conto di quanto si è detto finora, è facile capire che durante il suo ministero pubblico Cristo non aveva particolari capitali che gli permettessero la sopravvivenza, ma si adattava alla prassi dei predicatori ambulanti di allora che potevano usufruire sia della tradizionale norma dell'ospitalità (tant'è vero che ci si stupisce quando si incontrano reazioni di rigetto: si leggano, per contrasto, *Mt* 10,40-42 e *Lc* 9,52-55), sia del sostegno dei discepoli.

Pietro e Andrea o Lazzaro, Marta e Maria, ad esempio, offrono accoglienza e sostegno, essendo probabilmente più benestanti degli altri seguaci di Gesù, così come le donne che lo seguivano «assistevano» Gesù e i suoi discepoli «con i loro beni»: non si dimentichi che tra esse c'era anche una nobildonna, «Giovanna, la moglie di Cusa, economo di Erode» (*Lc* 8,3). D'altronde, come si diceva, il tenore comune di vita era tale da non creare esigenze particolari, così come era stata costante la messa in guardia di Gesù nei confronti della ricchezza e l'esaltazione del distacco dai beni, al punto tale che lo stesso Cristo poteva dichiarare di non possedere neppure una pietra da usare come cuscino per la notte (*Mt* 8,20).

Quali lingue parlava Gesù?

*In un mondo già allora un po' «globalizzato» com'era quello in cui era inserito Gesù, a causa del predominio dell'Impero romano, quali lingue conosceva Cristo, oltre alla scontata lingua di base della sua terra, che era l'aramaico? Si sa, infatti, che l'inglese di quel tempo era sostanzialmente più il greco che il latino. Come se l'era cavata il rabbí di Nazaret quando, ad esempio, aveva incontrato un gruppo di Greci nel tempio di Gerusalemme (*Gv *12,20-28) o dialogato con Pilato (*Gv *18,33-38)?*

È curioso notare come tra i tanti saggi che tentano di rispondere al quesito del nostro lettore si abbiano spesso titoli in inglese così concepiti: *Did Jesus Speak Aramaic?* (R.O.P. Taylor); *Did Jesus Speak Greek?* (A.W. Argyle, J.K. Russel, H.M. Draper, R.M. Wilson); *Did Jesus Speak Hebrew?* (I. Rabinowitz). Si fa riferimento all'aramaico, al greco, all'ebraico, manca all'appello il latino, la quarta lingua che pure risuonava in Palestina e che, secondo Giovanni (19,20), era anche una delle tre lingue usate per il *titulus*, l'iscrizione con la motivazione della condanna, della croce di Cristo («Gesù Nazareno, re dei Giudei»). Tuttavia quest'ultima lingua era quasi esclusivamente usata dalle forze di occupazione romane: la rosa, perciò, si restringe alle tre prima citate.

Cominciamo con il greco, usato nell'Impero romano come lingua franca (una specie di inglese di allora). A Gerusalemme era certamente conosciuta dalle alte classi soprattutto per le transazioni commerciali; il popolo si accontentava dell'indispensabile per poter comunicare con i «gentili», cioè con gli stranieri presenti in Terra santa. È probabile, quindi, che anche Gesù usasse un po' di greco – la lingua che sarà poi adottata dai Vangeli e da Paolo per una comunicazione più universale – quando aveva contatti con non-ebrei e forse durante il dialogo processuale con Pilato. Certo è, come osserva John P. Meier nel saggio, già altrove citato, *Un ebreo marginale*, «né la sua occupazione di falegname a Nazaret, né il suo itinerario in Galilea, circoscritto a città e villaggi decisamente giudaici, avrebbero richiesto scioltezza e regolarità dell'uso del greco. Così non c'è ragione per pensare che Gesù insegnasse regolarmente in greco alle folle che si riunivano attorno a lui».

Passiamo all'ebraico. È noto che esso subì un declino dopo l'esilio babilonese, sostituito nell'uso comune dall'aramaico, la lingua più diffusa nell'antico Vicino Oriente di allora. Tuttavia esso non si estinse mai come lingua scritta (oltre che ovviamente come lingua liturgica), secondo quanto è attestato dalle famose scoperte di Qumran, sul Mar Morto. L'ebraico, quindi, era una lingua colta, usata nelle discussioni esegetico-teologiche e dai gruppi elitari di Ebrei rigorosi e zelanti, come appunto quelli di Qumran. Gesù probabilmente lo imparò nella scuola sinagogale di Nazaret in modo tale da poter leggere le Scritture, com'è testimoniato da Luca quando ci racconta che egli lesse nella sinagoga di Nazaret un brano di Isaia (*Lc* 4,16-20). Al massimo potrebbe aver usato parzialmente l'ebraico nelle controversie teologiche con gli scribi e i farisei riferite dai Vangeli.

Tuttavia, come maestro che parlava alla massa dei contadini, dei pescatori e degli artigiani giudei comuni, Gesù ricorreva alla loro lingua quotidiana, che era l'aramaico. Ma qui si pone la domanda fondamentale: di che lingua si trattava? Quella «classica» usata anche nelle Sacre Scritture, ad esempio nei capitoli 2-7 del libro di Daniele? Purtroppo la risposta può essere solo generica perché non abbiamo una documentazione tale da permettere di essere più precisi. Certo, nei Vangeli si intravedono in filigrana al greco tratti di quella lingua. Uno studioso, Joachim Jeremias, escludendo nomi propri e aggettivi, conta 26 parole aramaiche attribuite a Gesù dai Vangeli o da fonti rabbiniche.

Pensiamo al celebre *abba'*, «babbo, papà», rivolto da Gesù a Dio Padre (*Mc* 14,36). O alla frase del *Padre Nostro* «Rimetti a noi i nostri debiti» ove «debito» solo in aramaico (*hoba'*) – non in greco ed ebraico – significa anche «peccato». Pensiamo al *talità kum*, «fanciulla, alzati!», rivolto alla figlia di Giairo (*Mc* 5,41), o all'*effatà*, «sii aperto!», indirizzato a un sordo (*Mc* 7,34), sino alla celebre citazione in aramaico del Salmo 22 da parte del Cristo crocifisso: *Eloì, Eloì, lemà sabachtàni*, «Dio mio, Dio mio, perché mi hai abbandonato?» (*Mc* 15,34). Il citato Jeremias identifica l'aramaico di Gesù come una versione galilaica dell'aramaico occidentale, tant'è vero che, durante il rinnegamento di Pietro, gli astanti accusano l'apostolo così: «È vero: anche tu sei uno dei discepoli di Gesù il galileo. Infatti il tuo modo di parlare ti tradisce» (*Mt* 26,73).

In conclusione: pur avendo una certa conoscenza del greco e dell'ebraico, Gesù parlò al suo uditorio in un aramaico che non conosciamo con precisione e che solo in via ipotetica e con molta libertà, considerata anche la distanza cronologica, può esser comparato con l'aramaico parlato oggi in pochi centri della Siria meridionale (in particolare a Malula). Come scrive il citato Meier, «in un paese quadrilingue, Gesù può di fatto essere stato un ebreo bilingue, ma non fu un maestro trilingue». Molto più realisticamente, parlò in un aramaico che non riusciamo a ricostruire in modo soddisfacente.

Gesù sapeva leggere e scrivere?

Supponiamo che Gesù abbia frequentato la modesta scuola sinagogale del suo villaggio, Nazaret. Ebbene, in quelle lezioni si usava il metodo orale più che scritto, come ho potuto io stesso verificare in alcuni paesi africani e arabi, ove le scuole di villaggio in tanti casi non hanno la nostra strumentazione didattica e si affidano molto alla memoria, al massimo insegnando la sola lettura. Accadeva qualcosa del genere anche con Gesù di Nazaret?

Sull'argomento sollevato dal nostro interlocutore ci sono tre passi evangelici da verificare. Innanzitutto in Giovanni 7,15 si ha questa osservazione dei Giudei di Gerusalemme: «Come mai costui conosce le Scritture, senza avere studiato?». Di per sé l'espressione «conosce le Scritture» in greco (*grámmata oiden*) potrebbe anche significare semplicemente: «sa leggere». In realtà, però, l'obiezione è rivolta contro Gesù come un'accusa, quella di insegnare in pubblico, senza aver frequentato la scuola di uno dei vari rabbí o maestri importanti di allora e, quindi, la frase riguarda piuttosto la sua conoscenza biblica. La dichiarazione, allora, vorrebbe solo affermare che Gesù aveva un livello sorprendente di cultura teologica.

Che egli sapesse leggere appare chiaramente da un celebre testo di Luca (4,16-30): a Nazaret, di sabato, egli «si alza a leggere il rotolo del profeta Isaia, aprendolo al passo dov'era scritto: Lo Spirito del Signore è sopra di me...», ossia Isaia 61,1-2. Al termine della lettura egli «arrotola il volume, lo consegna all'inserviente» e inizia a tenere quell'«omelia» che susciterà una forte reazione tra i suoi compaesani. Cristo, dunque, sapeva leggere. Ma riusciva anche a scrivere? Le due cose non erano necessariamente connesse perché spesso l'apprendimento nella scuola sinagogale avveniva secondo un metodo orale, ricorrendo alla fertile capacità della memoria, soprattutto semitica. Tuttavia la capacità di lettura ci orienta verso una soluzione positiva del quesito.

L'unico cenno, in verità molto vago, alla capacità di scrivere di Gesù lo si ha nel terzo passo. In Giovanni 8,6 si ricorda che, davanti all'adultera e ai suoi accusatori, Gesù «si era chinato e scriveva in terra col dito». Si sono sprecate le ipotesi su quelle scritte misteriose: c'è chi ha pensato alla ripresa di testi biblici come Geremia 17,13 («quanti si allontanano dal Signore saranno scritti nella polvere») o Esodo 23,1 («non prestare mano al colpevole per essere testimone in favore di un'ingiustizia»); altri hanno ipotizzato un'anticipazione delle sue parole successive («chi di voi è senza peccato, scagli per primo la pietra contro di lei»). La soluzione più probabile, però, potrebbe essere quella di ritenere che Cristo tracciasse solo linee o lettere casuali in terra, come accade anche a noi quando si sta ascoltando qualcosa con un certo distacco, prendendo le distanze da ciò che gli altri dicono. Non si avrebbe, quindi, neppure qui una precisa e diretta attestazione della capacità di scrittura da parte del Gesù storico, capacità che rimane comunque piuttosto probabile.

I fratelli e le sorelle di Gesù

Il dogma cristiano della verginità di Maria ha indubbiamente condizionato l'interpretazione di quei passi evangelici, soprattutto nel Vangelo di Marco, ove è esplicita la presenza di «fratelli e sorelle» di Gesù. A questo punto, stando al testo in quanto tale e prescindendo dalla verginità di Maria che ha come suo primo scopo l'affermazione della divinità di Cristo, che nasce non da seme umano, qual è il legame parentale effettivo di queste figure con Gesù di Nazaret e la sua famiglia storica?

Lasciamo, allora, come ci suggerisce il nostro interlocutore, i prodromi teologici della questione e affidiamoci al racconto evangelico. Ricostruiamo innanzitutto l'antefatto così come ce lo offre Marco che, secondo gli studiosi, è a livello cronologico il primo evangelista. Gesù passa dal suo villaggio, Nazaret. È sabato e da buon ebreo va in sinagoga ove tiene un discorso che impressiona tutti. Scattano subito le reazioni tipiche di un piccolo paese e lo stupore si trasforma in ironia e sospetto: «Da dove gli vengono queste doti? E che sapienza è quella che gli è stata data? E i prodigi come quelli compiuti dalle sue mani? Non è costui il falegname, il figlio di Maria, il fratello di Giacomo, di Ioses, di Giuda e di Simone? E le sue sorelle non stanno qui con noi?» (*Mc* 6,2-3). Fin dalle origini cristiane ci si è interrogati proprio sull'identità di questi «fratelli e sorelle» rispetto ai quali Gesù sembra prendere le distanze in un'altra occasione. Un giorno, infatti, gli comunicano: «Ecco, tua madre, i tuoi fratelli e le tue sorelle stanno fuori e ti cercano!». E Gesù: «Chi è mia madre e chi sono i miei fratelli?». Poi, dopo aver girato lo sguardo sugli uditori, continua: «Ecco mia madre e i miei fratelli! Chi fa la volontà di Dio, costui è per me fratello, sorella e madre» (*Mc* 3,31-35).

Anche lo storico Giuseppe Flavio (I secolo d.C.) nella sua opera *Antichità giudaiche* parla di Giacomo, responsabile della Chiesa di Gerusalemme, come di un «fratello di Gesù detto il Cristo» (XX, 200).

Una prima e antica identificazione di questi «fratelli» potrebbe essere cercata in uno scritto apocrifo (cioè non accolto nel Canone delle Sacre Scritture) composto nel II secolo, il cosiddetto *Protovangelo di Giacomo*. In esso Giuseppe, al momento del matrimonio con Maria, confessa: «Ho figli e sono vecchio, mentre lei è una ragazza!» (9,2). I «fratelli» di Gesù sarebbero in realtà «fratellastri», nati da un precedente matrimonio di Giuseppe.

Sempre nel II secolo, un autore cristiano di origine giudaica, un certo Egesippo, nelle sue *Memorie* parla di «parenti» di Gesù che furono processati dai Romani sotto l'imperatore Domiziano, quindi sul finire del I secolo. Questa tesi fu accolta anche dal famoso traduttore latino della Bibbia, san Girolamo, che nei «fratelli» e nelle «sorelle» di Gesù vide in pratica i cugini, cioè gli appartenenti al clan familiare di Maria. Egli sostenne questa tesi nell'opera *De perpetua virginitate* polemizzando aspramente contro un tale Elvidio, suo contemporaneo (IV secolo), che affermava trattarsi invece di figli avuti da Maria e Giuseppe successivamente rispetto a Gesù, tesi sostenuta anche da alcuni esegeti moderni. Uno degli argomenti addotti era la frase del Vangelo di Luca in cui si dice che Maria «diede alla luce il suo primogenito», Gesù (2,7). È da notare, però, che il termine «primogenito» ha di per sé soprattutto un valore giuridico e sottolinea i diritti biblici connessi alla primogenitura. Infatti curiosamente in un documento aramaico del I secolo si parla di una madre (di nome Maria essa pure) che morì dando alla luce «il suo figlio primogenito»!

A questo punto, cosa si deve concludere? Non si hanno dubbi sul fatto che la fede cristiana antica e quella cattolica abbiano affermato la verginità di Maria anche dopo la generazione di Gesù. Come dice il nostro interlocutore, la discussione può solo riguardare il testo evangelico (e neotestamentario: si veda, infatti, *At* 1,14; *1 Cor* 9,5; *Gal* 1,19) e la sua interpretazione «scientifica», cioè storico-critica. Ci accontentiamo di due considerazioni. Il vocabolo greco usato dai Vangeli, *adelphós*, di per sé significa «fratello di sangue», anche se poi nella prima cristianità verrà applicato a tutti coloro che credevano in Cristo. Tuttavia, se si pensa allo sfondo della lingua usata dai primi cristiani di origine giudaica, cioè l'aramaico, si deve dire che in quella lingua il termine *'aha'* (come l'ebraico *'ah*) indica sia il fratello, sia il cugino, sia il nipote, sia l'alleato. Similmente, nell'ebraico della Genesi, Abramo chiama il nipote Lot «fratello» (13,8), come fa Labano col nipote Giacobbe (29,15).

Nel contesto culturale giudaico il termine «fratello», quindi, non ha un senso univoco come nel greco, ove si ha un altro vocabolo per indicare il cugino, *anépsios*. C'è, però, una seconda considerazione più significativa. L'espressione «fratelli del Signore» nel Nuovo Testamento (*At* 1,14; *1 Cor* 9,5) designa in realtà un gruppo ben definito, quello dei cristiani di origine giudaica legati al clan nazaretano di Cristo. Essi costituirono una specie di comunità a sé stante, dotata di una sua autorevolezza al punto tale da poter proporre un proprio membro in pratica come primo «vescovo» di Gerusalemme: Giacomo (*At* 15,13; 21,18). Nel brano sopra citato (*Mc* 3,31-35) Gesù sembra ridimensionare i loro privilegi e ridurli all'orizzonte più generale e più significativo della fedeltà alla volontà del Signore. Per altro essi non sono mai chiamati, come Gesù, «figli di Maria».

In questa luce più che una designazione «genealogica» l'espressione «fratelli e sorelle di Gesù» mirerebbe a indicare un gruppo di pressione e persino di potere della Chiesa delle origini, che si faceva forte del suo legame parentale-clanico con Gesù di Nazaret, come spesso accadeva (e accade) nel Vicino Oriente. Il loro rilievo emerge indirettamente nella controversia con Paolo riguardo al cosiddetto «giudeo-cristianesimo» che voleva imporre ai convertiti pagani un passaggio attraverso il giudaismo prima di approdare al cristianesimo.

Gesù fu celibe o sposato?

Ho trascorso un lungo periodo di soggiorno per motivi di lavoro negli Stati Uniti. Mi ha colpito la libertà del mondo protestante nel trattare argomenti riguardanti Gesù Cristo che per noi sono tabù. In modo particolare mi ha stupito la convinzione di alcuni che in realtà, al di là del silenzio dei Vangeli su questo argomento, si possa sostenere che ci siano elementi per considerare Gesù sposato e non celibe, come di solito si afferma da parte delle Chiese ufficiali, in particolare quella cattolica. Uno degli argomenti di partenza che credo di ricordare è questo: nel mondo ebraico di allora era del tutto normale che un maestro fosse sposato, anzi, i testi rabbinici ci dimostrano che era sconveniente il celibato; quindi, il silenzio dei Vangeli su un'eventuale moglie di Gesù è da intendere nel senso che per essi era ovvio che ce l'avesse.

La tesi del matrimonio di Gesù è stata sostenuta soprattutto – in sede storico-critica – da William E. Phipps nel libro *Was Jesus Married? The Distortion of Sexuality in the Christian Tradition*, pubblicato a New York nel 1970 (lo stesso autore ha ripreso il tema in un secondo volume del 1973, intitolato *The Sexuality of Jesus*). Dirò anche che normalmente il cosiddetto argomento *ex silentio*, che è appunto scelto da Phipps, è dagli storici adottato con molta ritrosia ed esitazione. Anzi, vorrei far osservare che l'argomentazione potrebbe essere persino un «boomerang» per chi la usa troppo apoditticamente, come fa lo studioso americano.

Infatti il Nuovo Testamento è ben lungi dall'essere silenzioso sugli altri legami familiari di Gesù. Tutti i Vangeli ma anche gli Atti degli Apostoli e persino Paolo (allusivamente) parlano della madre Maria, di un padre legale di nome Giuseppe, di quattro «fratelli» (lasciamo stare il grado di parentela sotteso al vocabolo, su cui siamo intervenuti nella risposta precedente), dei quali vengono elencati i nomi, Giacomo, Ioses, Giuda e Simone, e di alcune «sorelle» non nominate, per non parlare della parente di Maria, Elisabetta, e del relativo marito, Zaccaria, col figlio Giovanni. C'è poi un'altra lista di nomi di donne che accompagnano Cristo durante il suo ministero pubblico, con qualche traccia parentale ulteriore (*Lc* 8,1-3; *Mc* 15,40-41; *Gv* 19,25). Data questa sorprendente loquacità del Nuovo Testamento – confermata da altri autori immediatamente posteriori come il già citato scrittore giudeo-cristiano Egesippo del II secolo, che introduce anche uno zio di Gesù di nome Cleopa, e un cugino, Simone –, il silenzio totale sulla moglie di Gesù acquista un valore storico antitetico rispetto a quello ipotizzato da Phipps: i Vangeli non parlano mai della moglie di Gesù per il semplice fatto che essa non esisteva, come non esistevano eventuali figli.

Ma andiamo al cuore dell'argomento dello studioso americano che, tra l'altro, nel suo libro si lascia tentare anche dalla fantasia, assegnando a Gesù in moglie Maria Maddalena, sposata prima dei vent'anni (*sic*!). È vero che nel giudaismo lo stato coniugale era la norma, soprattutto per i maestri, e quindi Gesù da buon ebreo avrebbe dovuto osservarla. Ma, a parte il fatto che Cristo non fu così tanto «buon ebreo» osservante (il processo finale del Sinedrio dirà pure qualcosa, come le frequenti contestazioni opposte a lui dall'autorità religiosa giudaica), bisogna notare che anche per l'ebraismo di allora quella norma non fu così costante e uniforme.

Lo storico ebreo Giuseppe Flavio, il filosofo ebreo della Diaspora Filone e lo storico latino Plinio il Vecchio concordano nel presentarci gli Esseni, cioè la comunità giudaica che aveva molto probabilmente una delle sue sedi anche a Qumran, il luogo del ritrovamento dei celebri manoscritti, come celibi. Sebbene le motivazioni fossero differenti da quelle che sosterranno il celibato secondo la visione di Gesù, anche il profeta Geremia era stato celibe ed è quasi certo che lo fosse il Battista, il quale forse aveva avuto qualche contatto, sia pur generico, con gli Esseni. Anzi, con argomentazioni simbolico-rituali, il giudaismo giungerà al punto di presentare come celibe persino Mosè al Sinai, in contrasto con le notizie bibliche.

Ma nello stesso ceto dei maestri rabbinici del I secolo si segnala il caso di un certo Simeon ben Azzai che rimase celibe perché – affermava – «la mia anima è innamorata della Torah e il mondo può essere portato avanti da altri». C'è, poi, il caso del celibato «vocazionale» di illustri personalità religiose pagane di quel tempo, come lo stoico Epitteto e il mistico pitagorico Apollonio di Tiana. Tuttavia per comprendere la scelta celibataria di Cristo – che risulta, quindi, storicamente parlando, il dato più sicuro – c'è una frase che egli pronuncia in occasione di un dibattito sul divorzio e che meriterebbe una lunga analisi. In Matteo 19,12 Gesù dice: «Vi sono eunuchi che sono nati così dal grembo della madre e vi sono eunuchi che sono stati resi tali dagli uomini e vi sono eunuchi che si sono resi tali per il regno dei cieli». La frase è molto forte ma illustra nitidamente la finalità di dedizione assoluta che Cristo attribuiva a una scelta che non era stata quindi meramente anagrafica.

La triplice distinzione è chiara: si parte con gli impotenti a livello sessuale per disfunzioni genetiche, si passa attraverso l'evocazione dei «castrati», che nell'antico Vicino Oriente erano una vera e propria categoria di funzionari (il termine probabilmente perderà in seguito il suo valore «fisiologico» e indicherà solo una carica, come accade per l'«eunuco della regina Candace» di Atti 8,26-40), e infine si giunge a coloro che sono eunuchi a livello di scelta personale, ovviamente per astinenza e non per autocastrazione, come invece intenderà qualche interprete «letteralista» del passato.

Gli studiosi sottolineano la provocazione contenuta in questa descrizione del celibato, rappresentato quasi come una volontaria «evirazione» («si sono resi eunuchi»). Fermo restando che Gesù non si interessa ai primi due casi (l'eunuco per nascita o per professione), resta da spiegare il ricorso a una simile espressione così dura per parlare di quella verginità che è esaltata da san Paolo nel capitolo 7 della Prima Lettera ai Corinzi, ove è presentata come segno di donazione totale e interiore per la causa del regno di Dio, e dall'Apocalisse: «Questi sono coloro che non si sono contaminati con donne; infatti sono vergini» (14,4), forse con allusione alla vergine Sposa di Cristo che è la Chiesa.

Ora, gli studiosi – che considerano il passo evangelico citato come pronunciato autenticamente da Cristo, proprio per la sua forte discontinuità col mondo giudaico che disprezzava il celibato – pensano che la frase sia una risposta a un'accusa o a un insulto lanciato dagli avversari contro Gesù stesso che non era sposato. In pratica, si trattava di una sorta di epiteto infamante scagliato contro Cristo e i discepoli che lo seguivano senza avere con sé le mogli: «Siete tutti degli eunuchi!». Gesù replica usando proprio questo termine per definire con orgoglio la sua verginità, ricordando che essa non è una situazione meramente fisiologica o anagrafica, bensì è una scelta di dedizione assoluta per il regno di Dio e per l'impegno nei confronti del prossimo. Cristo, quindi, con questa frase rivela di non essere sposato, dimostrando in tal modo la sua indipendenza nei confronti della tradizione giudaica, che sosteneva come obbligo grave il matrimonio soprattutto da parte dei maestri della Legge.

E per gli eunuchi «naturali» o «sociali»? Abbiamo detto che Gesù non mette a tema la questione ma, se il Deuteronomio (23,2) li escludeva dalla comunità del Signore, il profeta Isaia aveva dichiarato: «Agli eunuchi che osservano i miei sabati, preferiscono le cose di mio gradimento e restano fermi nella mia alleanza, io concederò nella mia casa e dentro le mie mura un posto e un nome meglio di figli e figlie; darò loro un nome eterno che non sarà mai cancellato» (56,4-5). E il libro della Sapienza continuerà: «L'eunuco, la cui mano non ha commesso impurità e che non ha pensato cose malvagie contro il Signore, riceverà una ricompensa privilegiata per la sua fedeltà, una sorte più ambita nel tempio del Signore!» (3,14). Per la vita spirituale genuina non è dunque rilevante un eventuale limite fisico; ciò che conta è l'adesione della coscienza a uno stile di vita di autentica moralità.

La scelta di Gesù, comunque, non significa disprezzo nei confronti del matrimonio, come si deduce dallo stesso capitolo 19 del Vangelo di Matteo, ove si offre un profilo alto della vita nuziale. Anche la comunità dei discepoli comprendeva uomini regolarmente sposati (nei Vangeli si parla esplicitamente della suocera di Pietro!). La disciplina del celibato sacerdotale farà il suo ingresso ufficiale nel IV secolo, con i concili locali di Elvira del 306 e di Roma del 386, soprattutto sulla base del modello di Cristo. Tuttavia, anche dopo, per secoli continuerà a sussistere la prassi del sacerdozio coniugato, come è oggi attestato dalle Chiese orientali ortodosse e cattoliche. Secondo il Concilio Vaticano II, il nesso tra sacerdozio e celibato ha «un alto rapporto di convenienza», illustrato poi nel 1967 dalla Lettera apostolica *Sacerdotalis coelibatus* di Paolo VI e da altri documenti magisteriali ecclesiali. Un rapporto che non è, però, un vincolo teologicamente radicale e necessario.

Gli apostoli erano sposati?

Se si esclude san Pietro, sul quale abbiamo varie pagine evangeliche che lo vedono coinvolto, e se si mette tra parentesi «il discepolo che Gesù amava», da identificare probabilmente con Giovanni, i Vangeli ci dicono poco sui Dodici. Potremmo in qualche modo ricavare qualcosa di più concreto, tenendo conto anche dell'ambiente in cui vivevano, per tracciare un loro volto più realistico. In particolare, erano tutti sposati? E se lo erano, avevano dovuto lasciare le loro famiglie per seguire Gesù? Cristo, al riguardo, in alcune sue battute sembra essere piuttosto radicale ed esigente fino al paradosso!

Proprio perché non sono biografie nel senso stretto del termine, i Vangeli non disegnano ritratti a tutto tondo dei personaggi che li popolano, protesi come sono a illustrare l'evento storico centrale dell'Incarnazione e soprattutto la sua dimensione trascendente. Così, per quanto riguarda i dati anagrafici familiari degli apostoli, sappiamo poco. Certo è che lo stato di coniugati doveva essere normale, secondo la tradizione giudaica che attingeva alla stessa prassi biblica (Geremia, profeta celibe, segnalava la sua situazione come un'eccezione per certi versi «scandalosa»). È noto che Pietro fosse sposato non solo in base alla scena della guarigione della suocera febbricitante (*Mc* 1,29-31), ma anche per la testimonianza di Paolo che allarga l'informazione al matrimonio degli apostoli e del gruppo nazaretano giudeo-cristiano dei cosiddetti «fratelli del Signore»: «Non abbiamo il diritto di portare con noi una sposa credente, come fanno anche gli altri apostoli e i fratelli del Signore e Cefa?» (*1 Cor* 9,5).

Il nostro interlocutore vorrebbe sapere qualcosa di più preciso sulla questione delle relazioni familiari dei Dodici, una volta lasciate le reti da pesca, i campi e le case per seguire il rabbí di Nazaret. I Vangeli, dal punto di vista strettamente documentario, non si preoccupano di venire incontro a questa curiosità. Ci sono, però, alcuni indizi e alcune affermazioni che potrebbero gettare qualche luce. Abbiamo sostanzialmente due serie di dati in contrappunto.

Da un lato, non è da escludere che – proprio per la consuetudine giudaica che attribuiva il primato al padre-marito – le mogli avessero seguito inizialmente gli apostoli, come fa intendere Paolo nella sua dichiarazione. Durante il ministero in Galilea, Gesù si spostava in un'area ristretta e con i suoi discepoli poteva essere ospitato nelle loro case, come è attestato dall'episodio della suocera di Pietro che «serve» Cristo a mensa. Si conservava, così, un legame tra gli apostoli e le loro famiglie, e la «casa di Pietro» messa in luce dai francescani archeologi a Cafarnao può essere la memoria di queste relazioni tra Gesù, i Dodici e le rispettive residenze. Stando alla notizia offerta da Luca (8,1-3) riguardo al seguito femminile di Cristo, si potrebbe ipotizzare la presenza di qualche moglie di apostolo: la vita a livello popolare nell'antico Vicino Oriente era meno complessa e la civiltà sedentaria meno rigorosa della nostra. Tuttavia, si dovettero allora manifestare dei problemi ed è a questo punto che dobbiamo segnalare le testimonianze evangeliche sul distacco.

D'altro lato, infatti, nei tre Vangeli sinottici incontriamo questo dialogo tra Pietro e Gesù che riferiamo ora nella resa di Luca: «Pietro disse: Noi abbiamo lasciato i nostri beni e ti abbiamo seguito. Gesù rispose: In verità vi dico, non c'è nessuno che abbia lasciato casa o moglie o fratelli o genitori o figli per il regno di Dio che non riceva molto di più nel tempo presente e la vita eterna nel tempo che verrà» (18,28-30). È evidente, in queste parole, un distacco dagli ambiti familiari, anche se non sappiamo come sia stato concretamente affrontato e risolto, certamente non con il divorzio, per altro condannato da Cristo.

C'è qualcosa di più forte in una dichiarazione di Cristo che, citando il profeta Michea (7,6), rivela la «divisione» che la fede in lui introduce nelle famiglie: «D'ora innanzi in una casa di cinque persone si divideranno tre contro due e due contro tre, padre contro figlio e figlio contro padre, madre contro figlia e figlia contro madre, suocera contro nuora e nuora contro suocera» (*Lc* 12,52-53). Ma Gesù va oltre e, usando il linguaggio semitico che non conosce i comparativi ma usa solo gli assoluti, proclama: «Se uno viene a me e non odia [= non ama meno di quanto ami me] suo padre, sua madre, la moglie, i figli, i fratelli, le sorelle e persino la propria vita, non può essere mio discepolo» (*Lc* 14,26).

Tuttavia con queste parole – che riflettono tra l'altro anche il dramma delle tensioni nelle famiglie ebraiche ove allora si registravano le prime conversioni al cristianesimo – Gesù vuole delineare in modo generale la scelta radicale che ogni discepolo deve compiere: il regno di Dio deve essere al vertice delle sue attese, del suo impegno e del suo cuore. È in questa linea che si svilupperà la proposta paradossale e provocatoria del celibato come atto di donazione totale per il Vangelo e il regno di Dio. Come si è già visto, è quel divenire «eunuchi per il regno dei cieli» che è suggerito da

Matteo (19,12) e che Paolo svilupperà con particolare intensità nel capitolo 7 della Prima Lettera ai Corinzi. È su questa scia che la Chiesa cattolica, pur non cancellando mai del tutto al suo interno il sacerdozio coniugato (ancora presente in alcune Chiese orientali), ha proposto la via della donazione del celibato come la scelta esemplare per il sacerdozio ministeriale, come abbiamo avuto occasione di indicare trattando questo tema specifico.

Gesù e Maria alle nozze di Cana

La scena delle nozze di Cana offre di solito l'occasione per esaltare il matrimonio cristiano, benedetto dalla presenza di Cristo. Tuttavia il racconto in sé si muove su un crinale dal quale si diparte certamente anche una dimensione simbolica, ma da cui si sviluppa pure un versante molto realistico fatto di dati concreti, come le sei anfore di pietra dalla capacità variabile tra gli 80 e i 120 litri, l'incidente del vino esaurito e soprattutto quella sorprendente replica di Gesù a sua madre: «Donna, che vuoi da me? Non è ancora giunta la mia ora!». Ecco, vorrei proprio sapere perché l'evangelista ci riferisce questa frase così dura e un po' sconcertante di Gesù nei confronti di Maria.

Cana è un villaggio a sei chilometri a nordest di Nazaret, segnato oggi da due campanili e dalla cupola della chiesa francescana che commemora il primo dei sette «segni» o miracoli offerti dal Vangelo di Giovanni (2,1-12). Anche se gli archeologi inclinano a identificare la Cana evangelica in un'altra località, noi idealmente ricostruiamo la scena di quelle nozze proprio sullo sfondo di questo suggestivo villaggio ora abitato da arabi. La presenza di Maria – che Giovanni non chiama mai per nome ma col titolo solenne di «madre di Gesù», ripetuto ben quattro volte nel nostro brano – ha un rilievo particolare ma anche un po' imbarazzante.

San Bernardo nel suo decimo discorso (per la domenica durante l'ottava dell'Assunzione) ricorda il dialogo piuttosto asciutto che intercorre tra Gesù e sua madre, che sarebbe stata presente alle nozze perché zia dello sposo, secondo la libera ricostruzione dei Vangeli apocrifi. E conclude: «Ritenendo sua la vergogna degli altri, non riuscì a sopportarla e non poté nascondere a Gesù che mancava il vino. Rimproverata aspramente dal Figlio, lei, mite e umile di cuore, non gli replicò ma neppure disperò, limitandosi a esortare i servi a fare quello che egli avrebbe comandato». Ma è proprio vero che Maria «fu rimproverata aspramente dal Figlio»?

È necessario a questo punto riprendere in mano il testo evangelico ove si legge questo dialogo: «Venuto a mancare il vino, la madre di Gesù gli disse: Non hanno più vino! E Gesù le rispose: *Tí emoì kaì soí, gúnai*? Non è ancora giunta la mia ora! Sua madre disse ai servitori: Qualsiasi cosa vi dica, fatela» (*Gv* 2,3-5). Abbiamo lasciato nell'originale greco la frase che imbarazzava san Bernardo e tanti altri lettori, al punto tale che si sono versati al riguardo i tradizionali fiumi d'inchiostro.

Iniziamo a scoprire il senso della frase partendo dalla coda: *gúnai* vuol dire «o donna». Bisogna subito dire che il titolo non è segno di distanza scortese, ma è un uso normale sulle labbra di Gesù (uso, tra l'altro, comune in quel tempo per rivolgersi alle donne, comprese le parenti) ed è, nel quarto Vangelo, ripreso per Maria anche nella scena finale della croce, tutta intrisa di tenerezza: «Donna, ecco tuo figlio!» (19,26). A questo punto dobbiamo affrontare il resto della frase.

Si tratta di una battuta essenziale che di per sé in greco potrebbe anche significare: «Che (importa) a me e a te (la mancanza di vino)?». In realtà, il senso della frase è diverso e, a prima vista, più aspro. L'espressione, infatti, riflette un modo di dire semitico, usato nelle conversazioni, presente a più riprese nell'Antico Testamento (*Gdc* 11,12; 2 *Sam* 16,10; 19,23 e altri passi) e anche nel Nuovo (*Mt* 8,29; *Mc* 1,24; 5,7; *Lc* 4,34; 8,28), il cui valore potrebbe essere letteralmente: «Che c'è tra me e te?», cioè quale motivo c'è per cui tu ti comporti così con me? Oppure potrebbe significare: «Che ho da fare con te?», «Che cosa vuoi da me?», intendendo che la cosa non mi riguarda.

Ora, bisogna subito notare che la frase – che è presente altrove nei Vangeli e in tutta la Bibbia – acquista un senso particolare secondo la tonalità e il contesto entro cui viene pronunciata: può esprimere ostilità e molestia o fastidio ma anche un semplice disimpegno. E quest'ultimo è il vero valore che essa ha sulle labbra di Gesù. Egli stesso ne offre la spiegazione con la frase successiva: «Non è ancora giunta la mia ora». Con la prima risposta essenziale, una specie di formula fissa, Cristo si era sottratto alla richiesta di sua madre, ma solo per indicare la condizione indispensabile del suo intervento, quella della sua «ora», come appare nella seconda frase.

Per il Vangelo di Giovanni, l'«ora» è il grande momento della morte e della risurrezione di Gesù, cioè della sua glorificazione, fonte di salvezza per l'umanità. Il gesto, che pure Gesù compirà (e Maria ne è certa: «Qualsiasi cosa vi dica, fatela»), non dev'essere allora letto come una semplice risposta a una necessità materiale immediata, la mancanza di vino. Cristo vuole, invece, che sia interpretato come un «segno» più alto, una specie di indice puntato verso un significato più pieno, quello della salvezza (l'«ora»).

E questo significato è da scoprire attraverso il valore simbolico del vino e dello stesso banchetto nuziale, che nella tradizione biblica sono un'immagine dell'era messianica (si legga, ad esempio, *Is* 25,6). Lo stesso giudaismo sognava il tempo della venuta messianica così: allora ogni vite avrà mille rami, ogni ramo mille grappoli, ogni grappolo mille acini, ogni acino produrrà 460 litri di vino! È chiaro, dunque, il messaggio di questa scena: Gesù non compie un prodigio per risolvere un modesto impaccio familiare, ma attua un «segno» messianico, rivelandosi come il Messia che offre il «vino buono» e «ultimo», cioè la salvezza piena attraverso la sua morte e glorificazione (l'«ora»).

«Chi è mai questo Figlio dell'uomo?»

È abbastanza curioso che Gesù, durante la sua vita pubblica, si chiami alla terza persona in molte dichiarazioni dei Vangeli, «Figlio dell'uomo». Leggendo quei passi, si vede abbastanza chiaramente che non rimanda a un'altra persona, ma che si riferisce a se stesso. Ora, se prendiamo in sé la frase, significa semplicemente «uomo», ma è indubbio che Gesù assegna a essa una certa solennità. Non si potrebbe spiegare meglio questa curiosità, così da giustificare una scelta che certamente non era casuale, né in Gesù né nella Chiesa delle origini cristiane?

Cominciamo con qualche nota statistica. Se stiamo ai Vangeli, il titolo «Figlio dell'uomo» ricorre 82 volte (69 nei Sinottici, cioè Matteo, Marco, Luca, e 13 in Giovanni). Nel resto del Nuovo Testamento la presenza è del tutto marginale: durante la sua deposizione davanti al Sinedrio, Stefano confessa di «contemplare i cieli aperti e il Figlio dell'uomo che sta alla destra di Dio» (*At* 7,56), mentre per due volte nell'Apocalisse appare nella gloria celeste «uno simile a Figlio d'uomo», identificato con Cristo giudice e Signore della storia (1,13 e 14,14).

Sono, dunque, i Vangeli a mettere questo titolo costantemente sulla bocca di Gesù. Le uniche due eccezioni confermano in realtà la regola. Infatti, nel Vangelo di Giovanni, a un certo momento la folla replica a Gesù citando le sue parole: «Come puoi dire che il Figlio dell'uomo dev'essere elevato? Chi è mai questo Figlio dell'uomo?» (12,34). In pratica la folla che ascolta Cristo pone lo stesso quesito interpretativo del nostro interlocutore. C'è, poi, il passo di Luca (24,6-7) ove sono gli angeli della Pasqua a ripetere le parole di Gesù: «Ricordatevi come vi parlò quando era ancora in Galilea dicendo che bisognava che il Figlio dell'uomo fosse consegnato in mano ai peccatori, che fosse crocifisso e risuscitasse il terzo giorno».

Potremmo perciò affermare che il titolo «Figlio dell'uomo» è, nei Vangeli, usato esclusivamente da Cristo e, per continuare il vaglio dei dati, in tre contesti precisi. Il primo, quando Gesù vuole esaltare un suo potere e una sua missione presente: «Perché sappiate che il Figlio dell'uomo ha il potere sulla terra di rimettere i peccati, ti ordino – disse al paralitico – prendi il tuo lettuccio e va' a casa tua» (*Mc* 2,10-11). Una seconda serie di affermazioni riguarda la passione, la morte e la gloria futura a cui il Figlio dell'uomo andrà incontro: sono i cosiddetti «annunci della passione» (si veda, ad esempio, *Mc* 8,31; 9,31; 10,33). Infine, il Figlio dell'uomo è tratteggiato nella sua funzione di giudice finale, a suggello della storia: «Quando il Figlio dell'uomo verrà nella sua gloria con tutti i suoi angeli, si siederà sul trono della sua gloria e saranno riunite davanti a lui tutte le genti...» (*Mt* 25,31-32). A questo punto possiamo rispondere alla domanda che già la folla poneva a Gesù: «Chi è mai questo Figlio dell'uomo», così glorioso e così umiliato?

Strettamente parlando, la locuzione, cara al profeta Ezechiele – in ebraico *ben-'adam* – significa semplicemente «uomo» e, in molti casi, equivale a un semplice «io». Ma nel II secolo a.C. appare un testo biblico di taglio apocalittico, il libro di Daniele, che introduce un nuovo senso all'espressione applicandola a un personaggio dai contorni misteriosi: «Ecco apparire sulle nubi del cielo uno, simile a Figlio d'uomo. Giunse fino al Vegliardo [cioè Dio] e fu presentato a lui, che gli diede potere, gloria e regno; tutti i popoli, nazioni e lingue lo servivano; il suo potere è un potere eterno, che non tramonta mai e il suo regno è tale che non sarà mai distrutto» (7,13-15).

Chi è questo «Figlio dell'uomo» (in aramaico, lingua in cui è scritta questa parte del libro di Daniele, *bar-enash*)? Per il profeta forse è l'Israele giusto e perseguitato che viene chiamato a condividere la gloria e la sovranità divina. Tuttavia, a partire proprio dal tempo in cui viveva Gesù, il giudaismo aveva visto in questa figura i tratti di un Messia dal profilo altissimo: infatti, egli viene «assunto» quasi al livello di Dio e ha un potere cosmico e storico universale, com'è appunto quello divino.

È noto che il giudaismo aveva considerato il Messia come un discendente davidico, legato alla storia, ultimo inviato di Dio, ma non era mai giunto a conferirgli prerogative così alte. Gesù, perciò, attribuendosi questo titolo, non poteva non suscitare reazioni veementi soprattutto da parte dell'autorità giudaica, com'è attestato dall'accusa di bestemmia emessa contro di lui da parte del sommo sacerdote Caifa, dopo la dichiarazione di Gesù: «D'ora innanzi vedrete il Figlio dell'uomo seduto alla destra di Dio e venire dalle nubi del cielo» (*Mt* 26,64).

Un titolo a prima vista neutro, ma proprio per la colorazione messianica particolare ricevuta esso era divenuto sulle labbra di Gesù un modo per indicare la sua missione suprema. È probabile che la successiva teologia, soprattutto quella paolina, abbia preferito ricorrere ad altre formule più chiare per i cristiani di cultura greca (ad esempio, *Kýrios*, «Signore», «Figlio di Dio»), abbandonando la locuzione «Figlio dell'uomo» cara a Gesù ed espressione della coscienza della sua identità e della sua missione.

Il regno di Dio è già in mezzo a noi?

Nel Vangelo di Marco, al primo versetto del capitolo 9, si mettono in bocca a Cristo queste parole: «In verità vi dico: vi sono alcuni qui presenti, che non morranno senza aver visto il regno di Dio venire in potenza». A mio avviso, questa frase, nuda e cruda, taglia la testa al toro e conferma la tesi secondo la quale Gesù era un apocalittico, fermamente convinto dell'imminente conflagrazione finale della storia. Poi, però, tutto andò com'è andato e gli evangelisti si arrabattarono a salvare il salvabile, cioè la dottrina morale del Maestro. Certo è che sconcerta il fatto che conservarono anche quella frase così controproducente.

La frase evangelica dalla quale il nostro interlocutore parte (*Mc* 9,1) è ripresa anche dagli altri due evangelisti sinottici, con qualche variante. Quasi identica è la formula di Luca: «In verità vi dico: vi sono alcuni qui presenti, che non morranno prima di aver visto il regno di Dio» (9,27). Più marcata in senso cristologico quella di Matteo: «In verità vi dico: vi sono alcuni tra i presenti che non morranno finché non vedranno il Figlio dell'uomo venire nel suo Regno» (16,28).

Per poter spiegare il tenore genuino di questa frase, che a prima vista sembra confermare la tesi di tutti coloro che considerano Gesù un puro e semplice predicatore apocalittico, sono necessarie però alcune considerazioni di ordine contestuale generale. Cominciamo dal cerchio più ampio: come ben sappiamo e abbiamo a più riprese ribadito, i Vangeli sono un genere letterario a sé stante che intreccia storia e interpretazione teologica (tecnicamente si parla di *kérygma*, «annuncio»). Non siamo, dunque, in presenza né di un manuale di storia né di un resoconto o verbale testimoniale dei detti e dei fatti della vita di Cristo. Parole ed eventi, pur raccolti attraverso «ricerche accurate su ogni circostanza fin dagli inizi» (così *Lc* 1,3), sono sottoposti a un'interpretazione di taglio teologico, sono cioè letti alla luce dell'esperienza pasquale vissuta dalla comunità cristiana delle origini e attualizzata secondo le istanze della stessa Chiesa dei primi tempi.

Un altro cerchio più ristretto da individuare è quello del «regno di Dio», categoria portante della predicazione di Gesù, ancorché desunta dall'Antico Testamento. Il «regno» è una metafora per indicare il progetto trascendente ed eterno di Dio nei confronti della storia: Cristo afferma di essere venuto a rivelarlo e a metterlo in opera. Ora, poiché il «regno» è trascendente ed eterno, di sua natura è in sé perfetto e compiuto ma, proprio perché deve incarnarsi nella storia che è tempo in progressione, esso ha un «prima», un «poi» e un suo sviluppo. Come eterno è «puntuale», è già «ora»; come realtà storica, deve ancora compiersi. Ecco perché nei Vangeli si assiste a una strana oscillazione di tempi per l'attuazione del «regno», oscillazione che dette origine anche a concezioni antitetiche (apocalittiche o storicistiche) nella stessa cristianità delle origini.

Così, nel quarto Vangelo, il regno di Dio è già presente e compiuto ora, in Cristo, per cui «chi non crede è già stato condannato» (in greco si ha un perfetto: *Gv* 3,18). Gli stessi Sinottici che, da un lato, annunciano nei cosiddetti «discorsi escatologici» (*Mt* 24-25; *Mc* 13; *Lc* 21) la venuta del regno di Dio nel futuro, d'altro lato non esitano a riferire frasi di Gesù di questo taglio: «Se io scaccio i demoni per virtù dello Spirito di Dio, è certo giunto fra voi il regno di Dio» (*Mt* 12,28); «Il regno di Dio non viene in modo da attrarre attenzione, e nessuno dirà: Eccolo qui, o eccolo là! Perché il regno di Dio è in mezzo a voi!» (*Lc* 17,21). È evidente che queste frasi (e molti altri indizi presenti persino nei citati «discorsi escatologici») sono in apparente antitesi col passo di Marco evocato dal nostro interlocutore.

A questo punto dobbiamo fissarci proprio su quel testo. Si sono tentate varie spiegazioni: Gesù allude alla successiva epifania gloriosa della Trasfigurazione o alla risurrezione o alla distruzione di Gerusalemme, tutti segni espliciti e «visibili» della venuta del regno di Dio nella storia. In realtà alla base c'è proprio il concetto di «regno» che di sua natura è già «ora» nella sua pienezza eterna, incarnato in Cristo, come fa intuire la stessa redazione della frase da parte di Matteo. Eppure esso è ancora da attendere nel futuro della storia, come suggeriscono gli altri testi. Questo è globalmente il pensiero che ci offre il Cristo dei Vangeli: era anche il pensiero del Gesù storico? La ricerca esegetica contemporanea in merito a questa domanda si orienta a una risposta sostanzialmente positiva, sebbene sia indubbio che il dettato dei Vangeli riflette anche e soprattutto l'interpretazione della Chiesa delle origini cristiane riguardo alla complessa realtà del regno di Dio (o dei cieli, come preferisce scrivere Matteo, usando un eufemismo per evitare il nome divino in segno di rispetto, secondo la tradizione giudaica).

«Dacci oggi il nostro pane quotidiano!»

Il Padre Nostro *è la preghiera cristiana per eccellenza e merita di essere approfondita, tenendo conto del fatto che di essa abbiamo due versioni sostanzialmente analoghe, anche se non identiche: quella di Matteo nel Discorso della Montagna (6,9-13) e quella di Luca (11,2-4), ambientata in un luogo non precisato, durante il viaggio di Gesù verso Gerusalemme. Come si spiega questa variazione? E, in particolare, che cosa significa esattamente l'invocazione: «Dacci oggi il nostro pane quotidiano»? Ho letto infatti che essa è oggetto di diverse interpretazioni.*

Iniziamo col primo quesito, riguardante le due redazioni del *Padre Nostro* (secondo Matteo) o semplicemente del *Padre*, cioè *Abba'* in un eventuale originale aramaico sotteso al greco dei Vangeli (in Luca). Abbiamo in questa duplicità un'ulteriore conferma del genere particolare dei Vangeli, che conservano la sostanza del messaggio del Gesù storico ma ne compiono un'attualizzazione secondo i nuovi contesti in cui quelle parole o memorie vengono trasmesse, come abbiamo avuto occasione di ripetere spesso. Quella di Matteo è la versione più nota e usata ancora oggi nella liturgia. È la più solenne, ordinata in un settenario di domande, e sembra riflettere maggiormente – nella formulazione delle varie invocazioni – il tenore della preghiera originaria. Tra l'altro, ricalca elementi non solo anticotestamentari, ma anche giudaici, in particolare quelli di una preghiera aramaica, il *Qaddish*, tuttora usato dall'ebraismo, il cui avvio suona così: «Sia santificato e magnificato il suo grande nome nel mondo che Egli ha creato secondo la sua volontà. Venga il suo Regno durante la nostra vita e i nostri giorni...».

La forma testuale riferita da Luca è, invece, articolata in sole cinque domande che sono formulate in un linguaggio più recente e adattato ai lettori dell'evangelista. Tuttavia lo schema generale della preghiera sembra riflettere meglio quello originario proposto da Gesù, così come la collocazione topografica generica. Infatti, le altre due invocazioni aggiunte da Matteo («Sia fatta la tua volontà...» e «Liberaci dal male») sembrano espansioni dovute all'uso liturgico del *Padre Nostro* nella Chiesa delle origini. Similmente la collocazione all'interno del Discorso della Montagna corrisponde alla scelta dell'evangelista Matteo di raggruppare in questo grande intervento unitario insegnamenti e parole pronunciate da Gesù in contesti differenti.

Prima di passare al secondo interrogativo che ci è stato posto, suggeriamo un'ipotetica versione in ebraico biblico delle sette domande del *Padre Nostro* (di Matteo) secondo una trascrizione approssimativa leggibile anche a chi ignora l'ebraico (ricordiamo che la lettera *š* equivale alla nostra *sc* di «sciare»).

> Avínu šebbaššamájim, jitqaddáš šemèka
> tavò malkutèka,
> je'asèh rezonèka ka'ašèr baššamájim ken ba'árez.
> Lahménu 'al-haqqijjúm ten lánu hajjòm,
> umhòl lànu hovoténu ka'ašèr ánu mohalìm levaalé hovoténu,
> ve'ál-teviénu lidé nissajón
> 'ellà hazzilénu merá'.

Come sempre, per una corretta interpretazione di un passo che eviti libere elucubrazioni o allegorie, è necessario partire dal testo e tener conto del contesto. Le parole dell'invocazione del *Padre Nostro* citata dal nostro interlocutore – «Dacci oggi il nostro pane quotidiano» – presentano due termini fondamentali. Il primo è il «pane» (in greco *ártos*), oggetto capitale della domanda. Ora, è facile dimostrare che nella Bibbia il vocabolo «pane» è un simbolo per indicare globalmente il cibo necessario alla sopravvivenza: «Con il sudore del tuo volto mangerai il pane», ricorda Dio all'uomo peccatore nel racconto della Genesi (3,19). Anche Giacobbe, sempre nella Genesi (28,20), sintetizza quanto è necessario per la vita nel «pane da mangiare» e nelle «vesti per coprirsi», realtà «date da Dio». Il Salmo 146, che raccoglie una sorta di litania di dodici definizioni che descrivono i comportamenti divini, al quarto posto pone «il pane dato dal Signore agli affamati» per non farli morire (v. 7).

L'altro termine, più difficile, è l'aggettivo greco che accompagna il «pane», *epioúsios*. Si tratta di un vocabolo assente nel greco contemporaneo ai Vangeli e presente solo in alcuni papiri di uso popolare più tardo. A livello filologico, la parola potrebbe avere alla base due radici verbali (oltre alla preposizione greca *epí*). O deriva dal verbo *éinai*, «essere», e allora indicherebbe il cibo che è «necessario, sostanziale» per vivere: *epí* avrebbe il valore di destinazione, un pane per la necessità. Oppure si ricorre al verbo *iénai*, «venire», e allora si avrebbe l'idea del cibo che «sopravviene», cioè futuro, rimandando all'arco intero dell'esistenza e forse anche all'escatologia, ossia alla pienezza di vita finale, nello spirito e nella salvezza.

A questo punto è decisivo il contesto. La frase, infatti, contiene un'altra parola significativa, «oggi». Gesù, allora, ci inviterebbe a chiedere a Dio quanto basta per il presente e quindi la resa più corretta è proprio: «dacci oggi il pane necessario», quello quotidiano, necessario alla sussistenza, indispensabile, escludendo perciò gli eccessi della ricchezza e dell'opulenza. Che l'idea sia questa è confermato anche dal contesto più ampio del Discorso della Montagna ove si legge: «Cercate prima il regno di Dio e la sua giustizia ... Non affannatevi per il domani, perché il domani avrà già le sue inquietudini; a ciascun giorno basta la sua pena» (*Mt* 6,33-34). Cristo ci invita, perciò, a tener conto della scala dei valori (il regno di Dio) e a superare l'ossessione idolatrica del possesso per cui si vorrebbe sempre di più. Già nel libro dei Proverbi si pregava così Dio: «Non darmi né povertà né ricchezza, ma fammi avere il pane necessario» (30,8).

La traduzione letteralista «soprasostanziale» – che fu adottata dall'antica versione latina – deve tener conto dei dati finora presentati. Non può, quindi, riflettere un significato estraneo, assumendo questo termine in senso filosofico greco o teologico posteriore: *ousía*, infatti, rimanda al concetto metafisico di «sostanza», alieno al pensiero ebraico. È, però, legittimo pensare che in quel «pane» *epioúsios* ci sia anche una sfumatura più ampia che supera il pane materiale e che comprende ogni dono salvifico divino «necessario» per l'esistenza. I Padri della Chiesa, in questa linea, hanno applicato l'invocazione al cibo della fede, ossia il pane della parola di Dio e dell'eucaristia (come si legge in *Gv* 6,22-59, nel discorso di Gesù a Cafarnao). La realtà concreta e primaria del pane-cibo avrebbe, così, la funzione più vasta di evocare la pienezza dei doni del regno di Dio, la parola divina e la stessa eucaristia, che alimentano il fedele nel cammino quotidiano dell'esistenza.

«Non ci indurre» o «Non ci abbandonare alla tentazione»?

Noi continuiamo a pregare dicendo, nel Padre Nostro, *al Signore di «non indurci in tentazione», una frase piuttosto ardua da digerire, stando almeno al nostro linguaggio. La revisione della versione ufficiale italiana, nel passo del Vangelo di Matteo (6,13) ove si ha questa invocazione della preghiera insegnata da Gesù, ha adottato la traduzione molto più comprensibile di «non abbandonarci alla tentazione». Si tratta di un'operazione «teologicamente corretta» o solo «politicamente corretta», per evitare le ormai numerose domande dei fedeli che non riuscivano a comprendere e a condividere una frase così aspra?*

In premessa segnaliamo che, già nei primi secoli, alcuni codici latini che trasmettevano il testo dei Vangeli (ad esempio, il Codice di Dublino e quello di Rushworth) traducevano: *Ne nos patiaris induci...*, «non permettere che noi siamo indotti...». Altri, come il Codice di Bobbio indicato con la lettera *k* e il Codice Colbertino, avevano un testo latino che si può rendere così: «Non sopportare che noi siamo indotti in tentazione». Noi ora ci accontentiamo di precisare il significato sotteso al testo greco originario che usa l'espressione *eisenénkes eis peirasmón*, «non portarci verso/non introdurci nella tentazione/prova». Partiremo dal vocabolo *peirasmós* che di per sé comprende due realtà differenti.

C'è innanzitutto la «tentazione-prova», quella che ha colpito Abramo quando «Dio lo mise alla prova» chiedendogli di sacrificargli il figlio Isacco (*Gn* 22,1), o quella che devastò la vita di Giobbe. Essa fa parte dell'esperienza della fede, nasce da Dio, educa alla fedeltà, alla dedizione e all'amore puro e libero da interessi e doppi fini. È un atto di purificazione e di pedagogia: nel deserto il Signore «ha umiliato e ha messo alla prova [Israele] per sapere quello che aveva nel cuore e per sapere se avrebbe osservato o no i suoi comandi ... Come un uomo corregge il figlio, così il Signore Dio ha corretto» il suo popolo (*Dt* 8,2.5). Nella spiegazione della parabola del seminatore Luca fa notare che il seme caduto tra i sassi rappresenta coloro che ascoltano con gioia la parola di Dio ma «non hanno radici, per un certo tempo credono, ma nel tempo della prova vengono meno» (8,13).

C'è, però, un altro *peirasmós,* ed è quello che noi normalmente intendiamo con «tentazione» o con «insidia», ed è l'atto di condurre l'uomo al male, alla ribellione contro Dio e contro la sua legge. Esso nasce da Satana, il tentatore per eccellenza, e non da Dio, come ricorda san Giacomo nella sua Lettera: «Nessuno, quando è tentato, dica: Sono tentato da Dio. Perché Dio non può essere tentato dal male e non tenta nessuno al male» (1,13). Nella tentazione è in azione la libertà umana. Anche Cristo, come vero uomo, sperimenta la pressione satanica (*Mt* 4,1), ed è ciò che abbiamo già visto in una precedente risposta proprio su questo tema. La domanda del *Padre Nostro* abbraccia entrambe le situazioni. La prima è facilmente comprensibile: il Padre celeste non ci abbandona anche quando ci mette alla prova e noi gli chiediamo di non lasciarci cadere nell'avvilimento o nella ribellione in quel momento tenebroso. Nelle obiezioni è, però, di mira la seconda vicenda, quella della tentazione in senso stretto, e qui sorgono i problemi.

Bisogna innanzitutto ricordare che nel linguaggio simbolico semitico si tende a unificare più che a distinguere. Ora, una distinzione troppo netta tra bene e male potrebbe condurre a una forma di dualismo, orientato a porre un Dio del bene opposto a una divinità negativa, responsabile del male del mondo. È per evitare questo rischio che simbolicamente si tende a ricondurre sia il bene sia il male a Dio, per affermarne l'unicità e la signoria assoluta. «Sono io» dice il Signore nel libro del profeta Isaia (45,7) «che formo la luce e creo le tenebre, faccio il bene e provoco il male. Io, il Signore, compio tutto questo». Non ci stupiamo, allora, di leggere nel Secondo libro di Samuele queste parole: «Dio indusse Davide a fare il male attraverso il censimento di Israele» (24,1). Parole che il posteriore e parallelo Primo libro delle Cronache così corregge: «Satana indusse Davide a censire gli Israeliti» (21,1).

Anche nel *Padre Nostro* possiamo sentire gli echi di questa sensibilità antica: il Signore è pregato perché ci tenga lontano dalla caduta nelle reti del male, dall'ingresso nel cerchio magico e affascinante del peccato. Noi lo invochiamo perché non ci lasci entrare nell'area oscura, ove Satana ci tenta, e perché non ci lasci cadere quando siamo assaliti dalla tentazione. Tra l'altro, ricordiamo che l'ipotetico verbo aramaico adoperato da Gesù ammetteva non solo un senso «coercitivo» («non ci indurre in tentazione»), ma anche un senso «permissivo», e quindi poteva significare «non lasciarci entrare nella tentazione». Dio non è solo il nostro sostegno quando ci prova per far brillare la nostra fede, ma è il nostro aiuto anche quando ci troviamo esposti alla tentazione. Significative sono le parole che Gesù rivolge a Pietro nel Getsemani: «Vegliate e pregate per non entrare in tentazione» (*Mt* 26,41).

Vorremmo riservare un cenno anche alla frase finale del *Padre Nostro*. Essa è il sigillo positivo dell'invocazione precedente: «Liberaci dal male». Anche in questo caso è possibile operare una distinzione. Nell'originale greco abbiamo, infatti, un genitivo che può derivare da un neutro, *ponerón*, «il male», o da un maschile, *ponerós*, «il Maligno». Anche questa ambiguità può essere risolta considerando che entrambi i significati possono coesistere nell'invocazione rivolta al Padre. Da un lato, infatti, gli si chiede di liberarci da ogni male, sia da quello morale sia da quello fisico, sia dalla tentazione sia dalla prova. D'altro lato, però, si insiste sulla salvezza dalle insidie che il Maligno, cioè il diavolo, può escogitare per farci cadere nella tentazione e nel peccato. Durante l'ultima cena Gesù si rivolge a Pietro e gli dice: «Simone, Simone, ecco Satana vi ha cercato per vagliarvi come il grano; ma io ho pregato per te, perché non venga meno la tua fede» (*Lc* 22,31-32). È, questa, una bella rappresentazione dell'aiuto divino a «liberarci dal Male» nel senso pieno del termine.

Parole contraddittorie di Gesù

Nel Vangelo di Marco (9,40) Gesù dice ai suoi discepoli: «Chi non è contro di noi è per *noi». Secondo Matteo (12,30) e secondo Luca (11,23) Gesù dice invece: «Chi non è con me è* contro *di me». Attesa la notevole differenza di significato delle due frasi (la prima, oggi diremmo, di tono «ecumenico», la seconda di stampo «integralista»), mi chiedo:*

Primo: *le due differenti frasi si inseriscono, come sembra, nel medesimo contesto (i tre evangelisti si riferiscono alla cacciata dei demoni), oppure no?*

Secondo: *quale delle due versioni deve considerarsi filologicamente più corretta?*

Terzo: *se più corretta deve considerarsi la versione marciana (in fondo il Vangelo di Marco è il più antico, e a esso hanno attinto gli altri Sinottici), che cosa ha spinto Matteo e Luca ad alterarla al punto di stravolgerne il senso?*

A prima vista i due detti di Gesù sono diametralmente opposti e si deve optare per l'uno o per l'altro, qualora si voglia ricostruire un'unica frase autentica detta dal Gesù storico. Il nostro interlocutore, che non è certo digiuno in materia esegetica, sceglie la versione marciana (per altro più «amabile» ai nostri giorni per il suo taglio «ecumenico») adducendo come argomento di sostegno il dato, ormai pacificamente accolto da tutti, che quello di Marco sia il Vangelo più antico e la fonte degli altri due Sinottici, Matteo e Luca. Rimarrebbe, allora, solo da spiegare il perché dello stravolgimento operato da questi ultimi. Alcuni studiosi considerano la nuova redazione matteana e lucana di quella frase come espressione di una Chiesa delle origini «gelosa del principio di ortodossia», preoccupata di definire le credenziali del proprio messaggio e il perimetro della sua identità rispetto alla comunità giudaica e a quella pagana

In realtà le cose sono un po' più complesse. La prima sorpresa la si ha subito per la frase dura e polemica di Matteo-Luca: «Chi non è con me è contro di me». Essa, per ragioni che non possiamo qui allegare, è ritenuta dagli esegeti appartenente alla cosiddetta «Fonte Q» (dal tedesco *Quelle*, «fonte»). Si trattava di un probabile antico documento cristiano contenente parole, parabole e discorsi di Gesù, composto in aramaico e poi tradotto in greco, preesistente ai Vangeli canonici e usato da Matteo e Luca come fonte per elaborare il loro scritto (assieme al già esistente Vangelo di Marco). Quindi siamo di fronte a una frase antica del Gesù storico e non a una libera rielaborazione della Chiesa delle origini. A questo punto si potrebbe concludere – come fanno alcuni studiosi dei Vangeli – che, se le due frasi sono attribuite al Gesù storico, si percepiscono due atteggiamenti contraddittori, l'uno di apertura e l'altro di chiusura.

Del resto sappiamo che, ad esempio, l'atteggiamento del Gesù storico nei confronti dei pagani o dei non-ebrei, stando ai Vangeli, fu variegato, oscillando talora verso un rigetto («Io non sono stato mandato che alle pecore perdute della casa di Israele», *Mt* 15,24), altre volte in un'esaltazione (il centurione di Cafarnao, *Mt* 8,5-13 e *Lc* 7,1-10 o la parabola del Buon Samaritano, *Lc* 10,30-35). In quel caso, però, si riesce a intravedere nettamente e a ricostruire nei Vangeli la linea evolutiva positiva. Per quanto riguarda, invece, i due *lóghia* o detti di Gesù ora in questione, la tensione è forte. Una soluzione a favore della compatibilità dei due detti è però possibile, anzi necessaria. Decisivo, infatti, è il contesto che – com'è ovvio – assegna il genuino significato alle frasi che, se estrapolate da esso, perdono la loro verità e pertinenza.

Ebbene, nel caso prospettato da Marco siamo in presenza della segnalazione a Gesù, da parte dell'apostolo Giovanni, dell'esistenza di un esorcista estraneo alla comunità cristiana, che operava contro il male satanico nel nome di Cristo: «noi glielo abbiamo vietato perché non era dei nostri» spiega l'Apostolo in atteggiamento di autodifesa e di chiusura integralistica (*Mc* 9,38). E Gesù reagisce proprio con quella frase di grande apertura nei confronti del bene ovunque si manifesti: «Chi non è contro di noi è per noi» (*Mc* 9,40), frase che tra l'altro rifletteva un proverbio diffuso (usato anche nel mondo romano, come attesta Cicerone nel *Pro Ligario* 33).

In Matteo e Luca, invece, il contesto della nuova frase è totalmente diverso. Si tratta, infatti, dello scontro diretto contro il Maligno che Gesù compie con vigore e che viene volutamente deformato dai farisei. In questo caso è necessario schierarsi apertamente con chi – come Cristo – ha scelto di combattere il male: «Chi non è con me è contro di me e chi non raccoglie con me, disperde» (si legga *Mt* 12,24-30). È evidente, a questo punto, che entrambe le frasi sono logiche e non contraddittorie, corrispondenti a finalità e a contesti differenti e divergenti.

Gesù era a favore della pena di morte?

Siamo forse influenzati dalla cultura illuministica, fatta di tolleranza, pronta alla fine ad adattarsi a un relativismo o a un'indifferenza che può sconfinare in complicità. Gesù, invece, non è poi così tollerante e «mite e umile di cuore», se in un preciso passo dei Vangeli invita ad applicare la pena di morte anche per i non assassini, almeno nel caso della pedofilia (o di qualcosa del genere). Infatti dichiara senza tante esitazioni che «chi scandalizzerà uno solo di questi piccoli che credono in me, gli conviene che gli venga appesa al collo una macina da mulino e sia gettato nel profondo del mare» (Mt 18,6)*. Alla faccia di ogni permissivismo e di ogni eccesso di garantismo!*

Lo ripetiamo ancora una volta: sono sempre in agguato e sono molteplici i rischi che comporta il letteralismo nella lettura delle Scritture Sacre di ogni religione. Così, il nostro interlocutore sospetta che dietro la frase di Gesù: «Chi scandalizza uno di questi piccoli che credono sarebbe meglio per lui che gli passassero al collo una mola d'asino e lo buttassero in mare», frase presente in Marco (9,42), Matteo (18,6) e Luca (17,2), si celi un invito ad applicare «la pena di morte anche per i non assassini». In realtà, come da tempo si insegna, ogni linguaggio adotta alcuni canoni di comunicazione (i cosiddetti «generi letterari») che richiedono di essere interpretati per cogliere ciò che essi realmente vogliono dire, così da evitare equivoci o fraintendimenti.

Ora è ben noto che Gesù – come tutta la Bibbia – usa un linguaggio simbolico legato alla cultura semitica del suo tempo: esso ha formule espressive, immagini, simboli differenti dai nostri e quindi da comprendere e interpretare. Nel passo in questione egli sta parlando non tanto dei bambini (in greco *paidíon*) – a cui pure si fa riferimento nel contesto, assunti però come emblemi della fiducia pura e serena – ma dei «piccoli» (in greco *mikrós*), una categoria non anagrafica ma esistenziale. Infatti si dice esplicitamente: i «piccoli che credono». Di scena sono quasi certamente coloro che sono deboli nella fede, piccoli nel credere e che devono ancora crescere (non si tratta, dunque, della pur esecrabile e infame vergogna della pedofilia).

È facile che, con superficialità o cattiveria, un fratello che si sente più sicuro nella sua fede possa far cadere questi «piccoli»: si usa infatti la parola «scandalo», che in greco letteralmente indica la pietra o la trappola che fa inciampare la selvaggina nella caccia. Anche san Paolo, scrivendo la Prima Lettera ai Corinzi (8,7-13) e la Lettera ai Romani (14,1-15,6), affronta questo problema suggerendo carità e pazienza: «Accogliete fra di voi chi è debole nella fede, senza discuterne le esitazioni» (*Rm* 14,1). Cristo, contro coloro che invece mettono consapevolmente in crisi il fratello, «piccolo» nella fede, pronuncia una sorta di maledizione, esprimendola con un'immagine colorita e veemente desunta dal mondo in cui egli viveva e dalle sue consuetudini.

Si tratta del cosiddetto *katapontismós*, ossia dell'esecuzione dei colpevoli per annegamento. Essa era praticata dai Romani: l'imperatore Augusto aveva fatto annegare il precettore e i servi di suo figlio Gaio, stando almeno allo storico romano Svetonio (*Vita di Augusto* 67), mentre un altro storico, l'ebreo Giuseppe Flavio (*Antichità giudaiche* XIV, 15, 10), menzionava il caso dei Galilei ribelli che avevano annegato nel lago di Tiberiade alcuni sostenitori di Erode. Gesù, che ha insegnato l'amore e il perdono dei nemici, non può certo suggerire una simile macabra esecuzione capitale o il suicidio. Egli, però, non si astiene dal denunciare il male e ricorre a quell'immagine per indicare la gravità della colpa di chi scandalizza il fratello dalla fede fragile. È un modo simbolico vigoroso, tipico del linguaggio orientale che ama le tinte forti e le passioni accese, per ricordare il severo giudizio divino nei confronti di un atto considerato grave.

L'idea di legare al collo la pesante macina con un foro destinata a contenere la barra che l'asino avrebbe fatto ruotare – un oggetto noto anche dai reperti archeologici – diventa così un segno della pesante condanna che incombe sullo «scandalizzatore». Anzi, come scrive un esegeta, Simon Légasse, «la terribile sorte dell'annegato con la mola al collo è poca cosa in confronto a ciò che attende nel giudizio ultimo di Dio colui che ha provocato lo scandalo».

«A te darò le chiavi del regno dei cieli»

Mi lascia perplesso l'esegesi di Matteo 16,18-19, dove quell'«edificherò la mia Chiesa» e quel «darò le chiavi» con cui tutto in terra sarà – come in cielo – «legato» o «sciolto» non solo definiscono una istituzione storica con una esattezza formale sorprendente per l'epoca di Gesù, ma anche disegnano del suo capo-vicario uno statuto giuridico con una formulazione romanistica perfetta. Siamo in presenza di un'elaborazione redazionale da addebitarsi agli interessi della comunità gerosolimitana dei primi decenni? Oppure a quelli della Chiesa romana, alla fine del IV secolo, con papa Damaso che cercava di dare al un fondamento giuridico e «politico» oltre che ecclesiale?

Una sterminata bibliografia si è addensata attorno al testo «petrino» del Vangelo di Matteo: «Tu sei Pietro e su questa pietra edificherò la mia Chiesa e le porte [nel senso di potenze] dell'Ade non prevarranno su di essa. A te darò le chiavi del regno dei cieli e tutto ciò che legherai sulla terra sarà legato nei cieli e tutto ciò che scioglierai sulla terra sarà sciolto nei cieli» (16,18-19). Ci accontenteremo, perciò, di un'unica considerazione storico-critica riguardante la genesi del passo. Due premesse sono necessarie. Innanzitutto bisogna ribadire ancora una volta che i Vangeli non sono verbali delle parole di Gesù né saggi storici: essi riferiscono, sì, ma interpretano il dato o il detto in chiave teologico-pastorale. L'altra nota riguarda Matteo: egli è l'evangelista più attento alla dimensione ecclesiale, tant'è vero che è l'unico a usare qui (16,18) e in un altro passo (18,17) il vocabolo *ekklesía*, termine ignorato dagli altri evangelisti, e che perciò può essere frutto della sua «redazione» del detto di Gesù.

Ora, per stare alle parole del nostro interlocutore, il testo «petrino» sembra a prima vista rivelare «una esattezza formale sorprendente per l'epoca di Gesù, disegnando uno statuto giuridico con una formulazione romanistica perfetta». Siamo, allora, in presenza di un pronunciamento fittizio della Chiesa delle origini messo artificiosamente e apologeticamente in bocca a Gesù per giustificare «legalmente» e «con formulazione romanistica» il primato petrino? Oppure si ha un'elaborazione interpretativa e pastorale di impronta ecclesiale ma sulla sostanza di un detto del Gesù storico?

Entrambe le ipotesi hanno avuto sostenitori agguerriti. Vorrei soltanto far notare un dato incontrovertibile che, a mio avviso, criticamente favorisce la seconda ipotesi. Il passo rivela un indubbio retroterra semitico, vincolandosi non al linguaggio giuridico greco-romano contemporaneo o ecclesiastico posteriore ma a quello biblico-giudaico: questo giustifica almeno una presunzione di antichità del testo. C'è il nome aramaico *Kepha'*, «pietra», attribuito a Simone, che non esige nell'originale della frase il mutamento di genere come accade in greco (*Pétros/pétra*). Perché usato proprio da san Paolo in modo prevalente, il nome suggerisce un'origine direttamente legata a Gesù. Sappiamo, infatti, che il rapporto tra i due apostoli fu anche conflittuale, eppure a Pietro-Cefa Paolo riconosce la funzione specifica di essere una «colonna» della Chiesa (con Giacomo e Giovanni) (*Gal* 2,1-14). La formula «porte dell'Ade» è l'ellenizzazione dell'ebraico «porte della morte», ampiamente attestato dalla letteratura biblica e giudaica. L'immagine delle «chiavi» è simbolo biblico di autorità e responsabilità: famoso è un passo di Isaia (22,22) su un cambio di potere ai vertici del regno di Ezechia (VIII-VII secolo a.C.) con la sostituzione di un vizir («Porrò sulla sua spalla la chiave della casa di Davide: se egli apre, nessuno chiuderà; se egli chiude, nessuno potrà aprire»). Notiamo inoltre che nel contesto (*Mt* 16,17) si ha la formula «carne e sangue» che è squisitamente semitica per indicare la realtà caduca dell'umanità: «Beato sei tu, Simone, figlio di Giona, perché né la carne né il sangue te l'hanno rivelato...».

Ma veniamo al binomio giuridico «legare e sciogliere» (ripreso anche in Matteo 18,18 per l'intero collegio apostolico). Alla sua base c'è un comune uso linguistico giudaico-rabbinico, ampiamente attestato: *'asar* e *shera'* in aramaico (in ebraico *'asar* e *hitir*) indicano l'infliggere e l'annullare una scomunica da parte della sinagoga ma hanno anche un valore più «magisteriale» che disciplinare perché possono valere per un «proibire e permettere», indicando un comportamento secondo la legge interpretata autoritativamente. Nel cosiddetto «Documento esseno» di Damasco, ad esempio, il responsabile può «sciogliere tutti i vincoli che legano» i membri di quella particolare comunità, presente probabilmente anche a Qumran (13,10). Lo storico giudaico Giuseppe Flavio riconosceva che nel I secolo a.C. i farisei avevano «la possibilità di sciogliere e di legare», *lúein* e *désmein*, dato che egli scrive in greco (*Guerra giudaica* I, 5, 2, n. 111). Il binomio è ripreso anche dal quarto Vangelo per il collegio apostolico con la variante sinonimica *afíemi/kratéin*, «rimettere e convalidare» i peccati (*Gv* 20,23).

In conclusione, è indubbio che per tutti i Vangeli la figura di Pietro riveste un primato: ad esempio, è sempre il primo nella lista dei Dodici ed è il nome più citato in tutto il Nuovo Testamento dopo quello di Gesù. Inoltre, a lui il Cristo risorto affida la missione di pascere il gregge dei fedeli (*Gv* 21,15-17). Tutto questo non può che essere riportato a una scelta del Gesù storico. Sulla definizione più puntuale di questo primato, il passo matteano offre un'indicazione chiara: certo, la frase può essere stata formulata sulla base della primitiva prassi ecclesiale, ma essa si radica in un detto forse aramaico dello stesso Gesù, il quale assegna a Pietro un compito delegato che – come si è detto – non è solo disciplinare, ma anche di insegnamento autorevole e di salvezza.

Pietro, martire a Roma?

Tutti, in visita a Roma, accorrono alla basilica di San Pietro e, anche se non entrano nell'area archeologica sottostante, sanno che l'Apostolo morì martire nella capitale dell'Impero, probabilmente durante la persecuzione di Nerone. Ma su quale fondamento si basa una simile certezza, se nel Nuovo Testamento non si dice nulla di tutto questo, nonostante Pietro sia il personaggio più citato dopo Gesù Cristo? Si ha almeno una possibilità di giustificare questa tradizione così consolidata, con qualche allusione reperibile nelle Scritture Sacre della cristianità?

Procederemo per gradi, nella convinzione però di essere di fronte a un tema che necessariamente esigerebbe una vasta trattazione documentaria e storica. Il punto di partenza è in un brano allusivo che suggella il Vangelo di Giovanni. In esso, Gesù annuncia il destino futuro a Pietro, che ha appena investito del ministero di «pascere gli agnelli/pecorelle» del gregge di Cristo: «Quando sarai vecchio, tenderai le tue mani e un altro ti cingerà la veste e ti porterà dove tu non vuoi» (21,18). L'espressione «tendere le mani» sembra alludere alla prassi della crocifissione che era, tra l'altro, preceduta anche dal fatto che il condannato portava l'asse trasversale della croce con le mani legate a esso, prima che vi fossero inchiodate una volta giunto sul luogo del supplizio.

Comunque sia, sta di fatto che alla frase segue un commento esplicito dell'evangelista che attesta un dato noto ai suoi lettori: «Questo gli disse per indicare con quale morte [Pietro] avrebbe glorificato Dio» (21,19). Frase che Giovanni aveva già usato per la stessa morte in croce di Gesù (12,32-33). Pietro, quindi, morì martire e lo stesso appello finale di Cristo – «Tu seguimi» – conferma che il discepolo doveva portare la sua croce sulla via della donazione sacrificale secondo il famoso monito: «Chi non prende la sua croce e non mi segue non è degno di me» (*Mt* 10,38). A questo punto dobbiamo passare a un'altra tappa che cerca di rispondere alla domanda sull'ambito spaziale dove la vicenda di Pietro si è conclusa.

Sappiamo che negli Atti degli Apostoli Luca, dopo aver descritto nel capitolo 15 il «concilio» di Gerusalemme, abbandona la figura di Pietro e punta la sua attenzione esclusivamente su Paolo che segue fino a Roma. Ora, è interessante notare che la Prima Lettera di Pietro contiene una particolare indicazione finale: «Vi saluta la comunità che è stata eletta come voi e che dimora in Babilonia» (5,13). È noto, anche attraverso l'Apocalisse, che «Babilonia» era spesso il simbolo usato per indicare la Roma imperiale. «Pietro, apostolo di Gesù Cristo» che scrive questa Lettera ai cristiani dell'Asia minore (1,1) si troverebbe, dunque, nella capitale. Quand'anche – come vuole qualche studioso – lo scritto fosse opera di un discepolo della comunità petrina, si attesterebbe ugualmente la convinzione diffusa di una residenza romana dell'Apostolo.

Eccoci, allora, alla terza tappa, quella della connessione del martirio di Pietro con la città di Roma. Certo, gli scritti neotestamentari, che – lo ripetiamo – parlano del martirio e del soggiorno romano di Pietro, non offrono indicazioni al riguardo. Ma non bisogna ignorare l'esistenza di documenti di poco posteriori agli eventi che confermano questo legame. Purtroppo non possiamo se non essere essenziali. Nella sua *Lettera ai Corinzi*, scritta verso l'anno 95, papa Clemente I (lo fu dall'88 al 97) fa un esplicito riferimento al martirio romano delle due «colonne più elevate» della Chiesa (5,2-3). Siamo a pochi anni dai fatti e quindi era facile contestare questo dato che, invece, viene ormai considerato pacifico.

Anzi, un famoso storico della Chiesa del III-IV secolo, Eusebio di Cesarea, nella sua opera *Storia ecclesiastica* (II, 25, 1-8) cita lo scritto di un prete romano, Gaio, il quale attesta l'esistenza, già nel II secolo, di un «trofeo» nell'area vaticana in memoria della morte di Pietro (così come un altro era stato eretto sulla via Ostiense per Paolo) con l'iscrizione del nome dell'Apostolo. Dal 1939 in avanti, attraverso varie prospezioni archeologiche nei sotterranei della basilica di San Pietro, sono state individuate tracce di questa antichissima memoria, anche attraverso iscrizioni in greco del nome di Pietro e graffiti devozionali con invocazioni all'Apostolo. Al di là della conferma, sempre da assumere con molta cautela, offerta dagli scritti apocrifi cristiani (ad esempio, gli *Atti di Pietro*), rimane quindi un'attestazione – fiorita nei primi decenni della vita della Chiesa e documentata nell'arco di tempo immediatamente successivo – non solo della presenza di Pietro a Roma ma anche del suo martirio nella stessa città.

Un cannibalismo mistico?

Non sono mai riuscito a comprendere bene il significato «realistico» dell'eucaristia, pur essendo un credente cattolico. Le frasi che pronuncia Cristo a Cafarnao possono valere solo se simboliche: «Chi mangia la mia carne e beve il mio sangue ha la vita eterna ... perché la mia carne è vero cibo e il mio sangue vera bevanda». Altrimenti si deve condividere la reazione dei Giudei: «Come può costui darci la sua carne da mangiare?». È possibile, allora, pensare a una «comunione», sì, ma di taglio spirituale, per evitare l'accusa di «cannibalismo mistico», praticato in alcune religioni primitive?

È curioso notare che, a distanza di duemila anni e dopo infinite spiegazioni di teologi, sacerdoti e catechisti, ci sia ancora un cristiano che ripeta la sbalordita domanda dei cittadini di Cafarnao, che avevano sentito le parole pronunciate da Gesù nella loro sinagoga, e riferite dal capitolo 6 del Vangelo di Giovanni: «Come può costui darci la sua carne da mangiare?» (v. 52). Tra l'altro, bisogna ricordare che nel III secolo il grande scrittore cristiano di Alessandria d'Egitto Origene doveva controbattere al pagano Celso che accusava i seguaci di Cristo proprio di cannibalismo (così nell'opera *Contro Celso* 6, 27).

Cerchiamo, allora, per l'ennesima volta nella storia della cristianità, di spiegare cosa significhino esattamente quelle parole dette da

Gesù e ripetute ancora oggi ogni volta che si legge il quarto Vangelo tra le rovine della sinagoga di Cafarnao sul lago di Tiberiade o all'interno delle nostre chiese e delle nostre case. La frase centrale è questa, più volte reiterata e variata da Cristo: «Se non mangiate la carne del Figlio dell'uomo e non bevete il suo sangue, non avrete in voi la vita ... perché la mia carne è vero cibo e il mio sangue vera bevanda» (*Gv* 6,53.55).

Notiamo innanzitutto che l'espressione «carne e sangue» nel linguaggio biblico indica la persona umana nella sua realtà storica, è l'uomo intero descritto nella sua manifestazione concreta. Basti ricordare un'altra frase, che in parte abbiamo già citato, di Gesù rivolta a Pietro dopo la sua professione di fede in Cristo: «Beato sei tu, Simone, figlio di Giona, perché né la carne né il sangue te l'hanno rivelato ma il Padre mio che sta nei cieli» (*Mt* 16,17). Pietro nella sua semplice umanità («carne e sangue») non sarebbe stato in grado di proclamare il mistero del «Cristo Figlio del Dio vivente».

C'è poi il verbo «mangiare». Nell'originale greco si usa un verbo molto duro, *trógheín* (non il più neutro e comune *esthíein*, «mangiare, cibarsi»), che significa quasi «rosicchiare» e che Gesù userà di nuovo nell'ultima cena: «Colui che mangia il pane con me, ha levato contro di me il suo calcagno» (*Gv* 13,18). È questo un modo netto per marcare ulteriormente il cibarsi della carne e del sangue. Un commentatore famoso del quarto Vangelo, Raymond Brown, parlava di una «crudezza realistica intenzionale» da parte di Gesù.

Bisogna, inoltre, segnalare che queste espressioni producevano reazioni ancora più veementi nel mondo giudaico, soprattutto nel caso del «bere il sangue», un atto sommamente proibito perché si considerava il sangue la sede della vita: «Non mangerete carne con il sangue» (*Lv* 19,26; nello stesso libro biblico si legga 17,10-14). È sulla lettura letteralistica di questi (e di altri) passi che i Testimoni di Geova proibiscono ai loro seguaci la trasfusione di sangue, come abbiamo già visto in una precedente risposta.

Gesù, quindi, parla in modo provocatorio, ma contemporaneamente fa ben intendere ciò che egli vuole realmente dire. Infatti spiega che «chi mangia la mia carne e beve il mio sangue dimora in me e io in lui» (*Gv* 6,56). Il verbo «dimorare» in greco è *ménein* e indica un «rimanere», cioè una comunione piena tra il fedele e Gesù, come lo stesso Cristo aveva spiegato nei discorsi dell'ultima cena: «Rimanete in me e io in voi. Come il tralcio non può far frutto da se stesso se non rimane nella vite, così anche voi se non rimanete in me» (*Gv* 15,4). Non per nulla aggiunge che, se non si mangia la sua carne, non si può avere «la vita eterna», cioè la vita divina.

A questo punto possiamo tirare le fila del discorso «forte», ma «spirituale» e non cannibalistico, di Gesù. «Carne e sangue» è la persona; «mangiare e bere» è il pranzo che in tutte le culture è simbolo di comunione di intimità. Cristo, allora, invita a entrare in comunione piena con la sua persona attraverso la fede così da ottenere la stessa vita divina e, quindi, la risurrezione e l'eternità beata. Ma come si può entrare in comunione con lui? Ecco, allora, l'ultima cena, ove il pane dell'eucaristia diventa il «corpo-carne» di Cristo e il vino il suo sangue, come è ricordato dallo stesso Gesù (si veda, ad esempio, *Mt* 26,26-28). Paolo commenterà, scrivendo ai Corinzi: «Il calice della benedizione che noi benediciamo non è forse comunione con il sangue di Cristo? Il pane che noi spezziamo non è forse comunione con il corpo di Cristo?» (*1 Cor* 10,16).

Una nota a margine del nostro discorso. Giovanni, secondo molti studiosi, ha marcato in modo particolare le parole di Gesù perché nella Chiesa di allora stavano introducendosi alcuni che negavano l'Incarnazione, cioè che il Figlio di Dio avesse veramente assunto «la carne e il sangue», l'umanità in senso stretto. Nella sua Prima Lettera l'Apostolo sottolineava il fatto che noi «abbiamo udito, visto, contemplato e toccato con le mani il Verbo della vita», per cui chi «riconosce che Gesù Cristo è venuto nella carne è da Dio» (*1 Gv* 1,1; 4,2).

Gesù ha mai riso?

Cristo piange davanti alla tomba dell'amico Lazzaro, di fronte alla città santa, freme e soffre quando s'avvicina la sua ora finale. Conosciamo i suoi sentimenti. I Vangeli ci informano sul suo sdegno, che s'accende fino al punto di fargli impugnare una frusta. In sintesi, Gesù partecipa della natura umana amando, mangiando, provando tristezza e dolore. Ma si può dire che condivida con noi il riso e l'ironia? C'è qualche passo dei Vangeli in cui lo si oda ridere? Certo, partecipava volentieri ai banchetti, ma esiste una menzione del suo sorridere? Oppure il suo era sempre un volto severo come quello che ha rappresentato Pasolini nel suo Vangelo secondo Matteo*?*

«*Flevisse lego, risisse numquam*» («leggo che egli ha pianto, mai che abbia riso»). Così scriveva in modo lapidario un autore medievale, che si celava sotto il nome di Ambrogio, il celebre Padre della Chiesa (lo Pseudo-Ambrogio), negando che le labbra di Cristo siano state sfiorate dal sorriso. Certo, se ci attestiamo sul verbo rigoroso del ridere – in greco *gheláo* – dobbiamo riconoscere che esso non ha mai come soggetto Gesù. Ridono, anzi, «deridono» (*katagheláo*) Gesù solo i lamentatori e le prefiche di professione nella casa di Giairo (*Mt* 9,24), ironizzando sulla sua dichiarazione nei confronti della figlia del capo-sinagoga («Non è morta, ma dorme»). Ridono anche quelli che ora godono nei piaceri, in attesa che avvenga però il grande ribaltamento dei destini: «Beati voi che ora piangete, perché riderete ... Guai a voi che ora ridete perché ... piangerete» (*Lc* 6,21.25). E nella stessa linea si muoverà la Lettera di san Giacomo: «Gemete, peccatori, sulla vostra miseria, fate lutto e piangete; il vostro riso [*ghélos*] si muti in lutto e la vostra allegria in tristezza» (4,9).

Così stanno le cose se ci fermiamo al puro e semplice verbo «ridere». Tuttavia si devono fare due osservazioni rilevanti. La prima riguarda i Vangeli che, com'è noto, non sono biografie complete e compiute della figura storica di Gesù di Nazaret, ma sono solo dei profili, illuminati dalla luce della fede. Che manchi qualche tratto dalla fisionomia umana di Cristo non significa automaticamente che esso non sia stato presente durante la sua esistenza terrena. I banchetti, appunto, possono essere una testimonianza indiretta dell'allegria vissuta anche da Gesù, tant'è vero che egli stesso dichiarerà di essere stato accusato di eccessiva libertà in questo senso: «È venuto il Figlio dell'uomo che mangia e beve e dicono: Ecco, è un mangione e un beone, amico di pubblicani e di peccatori» (*Mt* 11,19). Potremmo supporre che il riso abbia fatto parte dell'esperienza di Gesù, anche perché esso è una componente fondamentale – insieme alle lacrime – dell'essere uomini. L'Incarnazione, infatti, comporta l'assunzione dell'umanità da parte del Figlio di Dio nella sua integralità.

C'è, però, una seconda considerazione da fare. Come si suol dire nel linguaggio «tecnico», un orizzonte semantico può essere coperto da più termini che ne descrivono le varie sfumature. Il ridere fa parte, ed è segnale, dell'orizzonte più vasto della gioia il cui molteplice significato può essere espresso con più vocaboli. In questa luce la domanda del nostro interlocutore può ottenere una risposta diversa da quella così categorica che abbiamo citato in apertura. Particolare attenzione meriterebbe il Vangelo di Luca che uno studioso tedesco, Helmut Gollwitzer, ha idealmente posto in un suo commento sotto il titolo *Die Freude Gottes*, «La gioia di Dio»

(1952). Basterebbe solo cercare i vocaboli della felicità per accorgersi dell'insistita presenza del tema nel terzo Vangelo.

Ci perdonino perciò i lettori, se faremo scorrere i vari termini greci. Il verbo *cháiro* (gioire, rallegrarsi) e il sostantivo *chará* (gioia, allegria) echeggiano cumulativamente per venti volte in Luca a partire da quel «Rallègrati» rivolto da Gabriele a Maria e divenuto il nostro «Ave» (1,28). C'è poi l'«esultanza» espressa per quattro volte col verbo *agalliáo* e col sostantivo *agallíasis*. È, questa, la felicità messianica di tenore spirituale. Così, quando Gesù pronuncia quella stupenda preghiera, detta appunto «l'inno di gioia», riferita da Luca 10,21-22 («Ti rendo lode, Padre, Signore del cielo e della terra, che hai nascosto queste cose ai dotti e ai sapienti e le hai rivelate ai piccoli...»), l'evangelista nota in apertura: «In quello stesso istante Gesù esultò [*agalliáo*] nello Spirito Santo e disse...».

Luca, solo tra tutti gli autori del Nuovo Testamento, usa per tre volte anche il verbo dell'allegria fisica, in greco *skirtáo*, applicandolo al piccolo Giovanni che «danza di gioia» nel grembo di Elisabetta quando incontra Maria (1,41.44) e ai giusti perseguitati che nel giorno del giudizio «si rallegreranno esultanti» perché grande sarà la loro ricompensa nei cieli (6,23). E se si vuole trovare un brano intero che mostri come Gesù proclami la gioia della salvezza – «Vangelo», com'è noto, significa «bella, gioiosa notizia» – basterebbe leggere il capitolo 15 di Luca con le tre celebri parabole della misericordia divina: quelle della pecora, della dracma e del figlio smarriti e ritrovati. Un esegeta, Bruno Maggioni, ha intitolato quel capitolo «Un invito alla gioia di Dio in Cristo». Non potendo citare per ragioni di spazio tutti i passi, suggeriamo ai nostri lettori di prendere in mano un Vangelo e, nel capitolo 15 di Luca, di leggere i versetti 5, 6, 7, 9, 10, 23, 24, 25, 29, 32. In essi, tra l'altro, c'è un altro verbo greco di gioia: *eufráino*. Gesù, quindi, esalta il gioire festoso che prende spunto da vicende umane concrete, come il ritrovare un oggetto prezioso smarrito o il riabbracciare dopo tanto tempo una persona cara.

Anzi, Luca, che aveva aperto il suo Vangelo col sorriso festoso del natale del Battista e di Gesù, lo conclude con la raffigurazione della Chiesa che conosce l'intensità della gioia: «... dopo averlo adorato tornarono a Gerusalemme con grande gioia [*chará*] e stavano sempre nel tempio lodando Dio» (24,52-53). Fermiamo qui la nostra ricerca, che potrebbe essere allargata agli altri Vangeli (e ancor di più all'Antico Testamento, ove appare ampiamente il «ridere» di Dio). Noi vorremmo concludere con le parole che, secondo

Giovanni, Gesù pronuncia nell'ultima sera della sua vita terrena: «Queste cose io vi ho detto perché la mia gioia sia con voi e la vostra gioia sia piena» (15,11). Curiosamente Lutero descriverà così la Gerusalemme celeste, sulla scia di un'immagine medievale: «Allora l'uomo giocherà con cielo e terra e sole e con le creature. E tutte le creature proveranno anche un piacere, un amore, una gioia lirica e rideranno con te, o Signore, e tu a tua volta riderai con loro».

Maria Maddalena era una prostituta?

In una trasmissione radiofonica religiosa, il commentatore ha confuso Maria, sorella di Lazzaro e di Marta, con la Maddalena. Ora, «Maddalena» vuol dire che essa era originaria di Magdala, mentre le sorelle di Lazzaro vivevano a Betania. Inoltre, la Maddalena non era la peccatrice da cui Gesù scacciò sette demoni e che poi si convertì, compiendo lo stesso gesto di Maria, sorella di Lazzaro (ossia versare balsamo sui piedi di Gesù)? Si potrebbe fare chiarezza all'interno di questi episodi e soprattutto di queste figure così simili ma non identiche?

Cerchiamo di affrontare sinteticamente la questione, nella certezza che così avremo modo anche di comprendere come alcuni stereotipi antifemminili non abbiano nessun fondamento evangelico. Magdala (in ebraico la parola rimanda a una «torre») era una cittadina posta sulla costa occidentale del lago di Tiberiade, il fondale geografico della prima predicazione di Gesù, ed era un centro commerciale ittico, tant'è vero che il suo nome greco era Tarichea («pesce salato»). Messa in luce a partire dal 1971, l'antica Magdala – che ora è scivolata cinque metri sotto le acque del lago – nel 1986 ha rivelato nei suoi pressi, tra l'altro, una barca lunga otto metri del I secolo d.C., contemporanea quindi delle barche usate da Gesù per la sua navigazione sul lago. Ebbene, da questa città, all'improvviso, nel capitolo 8 del Vangelo di Luca emerge una donna, collegata a «quelle donne che assistevano Gesù e i suoi discepoli con i loro beni» (8,1-3).

Il ritratto è abbozzato con una sola pennellata: «Maria di Magdala, dalla quale erano usciti sette demoni». Il «demonio» nel linguaggio evangelico non è solo radice di un male morale, ma anche di quello fisico che può pervadere una persona. Il «sette», poi, è il numero simbolico della pienezza. Non possiamo dunque sapere molto sul male grave, morale o psichico o fisico, che colpiva

Maria e che Gesù le aveva eliminato. La tradizione popolare, però, nei secoli successivi non ha avuto esitazioni e ha fatto divenire Maria Maddalena una prostituta. Ma perché? La risposta è da cercare in uno sbrigativo collegamento col contesto, compiuto anche dal nostro interlocutore.

Nel capitolo precedente, il 7, del Vangelo di Luca, si narra infatti la storia di un'anonima «peccatrice nota in quella [innominata] città». L'applicazione è stata facile, ma infondata: questa «peccatrice» pubblica è Maria di Magdala, presentata poche righe dopo! A lei è attribuita, allora, tutta la vicenda raccontata dall'evangelista. Saputo della presenza di Gesù a un banchetto in casa di un notabile fariseo, essa aveva compiuto un gesto di venerazione e di amore particolarmente apprezzato dal Cristo: aveva cosparso di olio profumato i piedi del rabbí di Nazaret, li aveva bagnati con le sue lacrime e li aveva asciugati con i suoi capelli.

Operando questa «confusione», si preparava la seconda trasposizione del volto di Maria di Magdala. È noto che, nel capitolo 12 di Giovanni (vv. 1-8), un'altra Maria, sorella di Marta e di Lazzaro, amici di Gesù, compie lo stesso gesto – che tra l'altro era segno di ospitalità e di esaltazione dell'ospite – dell'anonima peccatrice di Luca. Infatti, durante un pranzo, «cosparge i piedi di Gesù con una libbra di olio profumato di vero nardo assai prezioso e li asciuga con i suoi capelli». È così che la tradizione – anche in questo caso in modo sbrigativo – ha trasformato Maria di Magdala in Maria di Betania, che è un sobborgo di Gerusalemme! Per due volte la tradizione popolare fa, quindi, perdere i connotati personali a Maria di Magdala, confondendola prima con una prostituta – da qui tutte le rappresentazioni «carnali» della santa nella storia dell'arte – e poi con la casta e nubile Maria di Betania.

Ma non è finita. C'è una terza trasformazione, meno nota ma più sconcertante. Gli scritti apocrifi gnostici delle comunità cristiane d'Egitto, a partire dal II secolo, identificano senza imbarazzo e a più riprese la Maddalena con Maria, la madre di Gesù! Identificazione certo nobilissima, ma che ancora una volta impediva a questa fedele seguace di Cristo di conservare la sua identità personale. Per fortuna, però, in quella mattina, nel giardino cimiteriale presso il Golgota, ci sarà una persona che la chiamerà con il suo nome senza confonderla con altre. È il Risorto che, tra l'altro, le affiderà la missione di prima testimone della risurrezione: «Gesù le disse: Maria! Essa si voltò e disse in ebraico: Rabbunì! – che significa: Maestro! Gesù le disse: Non mi trattenere, perché non sono ancora salito al

Padre; ma va' dai miei fratelli e di' loro: Salgo al Padre mio e Padre Vostro, Dio mio e Dio vostro» (*Gv* 20,16-17).

Gesù, diversamente dai maestri del suo tempo, non aveva avuto esitazione a circondarsi di donne; diversamente dalla cultura dell'antico Vicino Oriente (e non solo...), non aveva avuto esitazione a dialogare con loro, a insegnare a loro, a camminare con loro. Anzi, aveva scelto proprio le donne, giuridicamente inabilitate a testimoniare nel mondo orientale, come prime testimoni della sua risurrezione. E tra queste, nei Vangeli, il primo posto è sempre riservato a lei, a «Maria di Magdala dalla quale erano usciti sette demoni». Una santa «calunniata» e confusa con altre, quindi, ma anche glorificata da colui – cioè Cristo – nel quale, come scriverà l'apostolo Paolo nella Lettera ai Galati (3,28), «non c'è più né uomo né donna», ma tutti in lui sono una sola persona.

Lazzaro è veramente ritornato in vita?

Facile è assegnare allo straordinario racconto del Vangelo di Giovanni riguardante la risurrezione di Lazzaro un valore simbolico: il fedele, alla parola di Cristo che lo chiama alla vita, esce dai legami della morte, abbandonando le bende funerarie, così com'è accaduto a Gesù stesso nella sua risurrezione. È indubbio tra l'altro che, se l'episodio avesse in sé qualche fondamento storico, si tratterebbe di un «risuscitamento» o di una «rianimazione» temporanea perché Lazzaro, prima o poi, era votato a morire. Non siamo, quindi, di fronte alla risurrezione finale che sarà una ri-creazione e una reintegrazione di tutto l'essere in un nuovo ordine cosmico. E allora come decifrare questo evento che pure l'evangelista presenta con connotati storici? E come mai un fatto così clamoroso è ignorato dagli altri tre evangelisti?

Il nostro interlocutore solleva una serie di questioni interpretative di notevole rilievo. Non possiamo entrare nel merito del dato globale dei miracoli né nell'analisi della pagina giovannea che ha da sempre stimolato la storia dell'arte e della cultura occidentale: tra le centinaia di raffigurazioni e di testi ricordiamo il dramma *Lazzaro* di Pirandello (1928), dall'esito piuttosto negativo («Tu devi credere e non sapere» afferma il protagonista, Diego Spina, un «rianimato»). In verità, ogni miracolo è un segno sconcertante e trascendente, che insiste e incide nella storia ma che la oltrepassa. Essendo il miracolo per definizione un intervento soprannaturale che però si compie nel tessuto degli eventi naturali, è scontato che lo storico non potrà mai rilevare la realtà del miracolo in quanto tale.

Egli potrà solo dimostrare la solida probabilità o autenticità storica di un avvenimento straordinario sulla cui precisa decifrazione interna non è in grado di pronunciarsi. In altri termini, la scienza e la storia non possono verificare il miracolo ma eventualmente documentare un fatto abnorme. Con questa precisazione è possibile – ed è stato fatto – condurre una ricerca storiografica sull'attività taumaturgica di Gesù che è un dato evangelico incontestabile. Pur riconoscendo che in alcuni casi siamo in presenza di riletture teologiche di eventi naturali (così anche nell'Antico Testamento), resiste però un nucleo duro di fatti «strani» che ammettono una verificabilità nel loro esito fattuale e, quindi, una possibilità di analisi e giudizio di indole storiografica.

Fatta questa premessa generale su un tema molto delicato, per quanto riguarda la vicenda di Lazzaro ci accontenteremo sostanzialmente di fare due considerazioni sintetiche. La prima riguarda la storicità del racconto giovanneo di questa risurrezione, dotato di una cornice geografica e sociale puntuale: il nome di Lazzaro (che equivale all'ebraico «Eleazaro») era allora comune, noto era il sobborgo di Betania, gli usi funerari evocati sono documentati, come lo sono i nomi delle sorelle Maria e Marta (tra l'altro, curiosamente nel 1946 è venuta alla luce nei pressi di Betania un'urna funeraria con incisi i tre nomi di Lazzaro, Marta e Maria, anche se ovviamente non è automatica l'identificazione coi personaggi evangelici).

Uno studioso americano che abbiamo avuto occasione di citare a più riprese, John P. Meier, nel secondo tomo della sua monumentale opera *Un ebreo marginale* (sottotitolata *Mentore, messaggio e miracoli*), dedica più di cinquanta pagine alla dimostrazione della storicità di questo racconto, e alla fine conclude: «Il racconto del risuscitamento di Lazzaro non è una mera creazione dell'evangelista Giovanni, ma riprende un racconto di miracolo che circolava all'interno della tradizione giovannea prima della stesura del quarto Vangelo ... L'idea che Gesù ha risuscitato Lazzaro dai morti non sembra essere stata una pura invenzione della Chiesa primitiva».

Certo, all'evento Giovanni imprimerà il valore di «segno»: è infatti uno dei sette miracoli che l'evangelista seleziona e denomina appunto come «segni» perché essi prefigurano e indicano il mistero trascendente di Cristo e la sua opera salvifica. Nel caso di Lazzaro è la risurrezione dello stesso Gesù e, con lui, del cristiano a essere messa in filigrana al racconto. Si potrebbe rimandare a questa frase di Cristo stesso per identificare il valore di «segno» della risurrezione di Lazzaro: «Viene l'ora – ed è questa – in cui i morti udranno la voce del Figlio di Dio e quelli che l'avranno ascoltata, vivranno» (*Gv* 5,25). Tuttavia, l'atto ha un suo radicamento nella storia e allora – ecco la domanda del lettore – perché gli altri evangelisti, i Sinottici, l'hanno ignorato nonostante l'eccezionalità dell'evento?

Subentra qui la seconda osservazione. Gli evangelisti sono stati veri e propri autori che hanno selezionato, ordinato e interpretato detti e fatti dalla vita di Gesù secondo una loro prospettiva. I materiali fatti di ricordi orali e di prime testimonianze scritte riguardanti Cristo erano molteplici, tant'è vero che Giovanni usa l'iperbole dell'impossibilità a contenerne le relazioni scritte nello spazio terreno (21,25) e perciò riconosce che «molti segni che Gesù fece in presenza dei suoi discepoli non sono stati scritti nel libro» da lui composto (20,30). Ora, tra gli atti prodigiosi di Cristo, la tradizione evangelica più antica (la cosiddetta «Fonte Q», secondo gli studiosi) poneva, oltre alle guarigioni dei malati, anche il fatto dei «morti che risuscitano» (*Mt* 11,5). Matteo, Marco, Luca, in modo concorde (a partire da Marco, il Vangelo più antico), confermano questa convinzione e, nella loro selezione, optano per l'episodio della risurrezione della figlia dodicenne di Giairo, capo della sinagoga di Cafarnao (*Mc* 5,21-43), evento ignorato da Giovanni.

Anzi Luca, oltre a questo episodio – che, tra l'altro, conserva un'importante memoria storica del linguaggio di Gesù, la frase *talità kum*, in aramaico «fanciulla, alzati!» –, introduce un'altra risurrezione, quella del figlio della vedova di Nain (7,11-17), ignorata dagli altri evangelisti. Eppure anch'essa è dotata di interessanti elementi di storicità. Proprio per la scelta di ogni evangelista, che nel vasto paniere dei ricordi *di* e *su* Gesù operava secondo il suo orientamento redazionale e teologico, si comprende che la selezione dei miracoli non negava necessariamente che ne esistessero altri dello stesso genere.

A tale proposito, il già citato studioso John P. Meier conclude la sua minuziosa ricerca con questa affermazione sintetica: «Anche se avessero conosciuto il racconto originario (pregiovanneo) di Lazzaro, i tre Sinottici – che a loro disposizione avevano già il racconto della figlia di Giairo e, nel caso di Luca, anche il racconto del figlio della vedova di Nain – non avrebbero sentito il bisogno acuto di un ulteriore racconto sul risuscitamento dai morti. Il silenzio dei Vangeli Sinottici sulla risurrezione di Lazzaro non dice nulla contro la fondamentale storicità di questa tradizione».

Il bacio di Giuda

In quella sera drammatica avanzano nel buio coloro che – su mandato dei capi dei sacerdoti e dei responsabili civili ebrei – devono arrestare Gesù. Gli evangelisti segnalano che a guidarli è Giuda, il discepolo traditore. Un po' sorprendenti, a mio avviso, sono due aspetti. Era così comune il bacio tra amici o tra maestri e discepoli? E soprattutto, era proprio necessario segnalare con questo gesto l'identità di Gesù a coloro che lo dovevano arrestare? Non era già un'identità ben nota? Eppure si legge, ad esempio, nel Vangelo di Matteo: «Il traditore aveva dato loro un segnale dicendo: Quello che bacerò è lui: arrestatelo!» (26,48).

«Arrivò Giuda, uno dei Dodici, e con lui una folla con spade e bastoni, mandata dai capi dei sacerdoti, dagli scribi e dagli anziani. Il traditore aveva dato loro un segno convenuto, dicendo: Quello che bacerò, è lui; arrestatelo e conducetelo via sotto buona scorta. Appena giunto, gli si accostò dicendo: Rabbí! e lo baciò.» L'evangelista Marco (14,43-45) racconta così l'arresto di Gesù nel Getsemani: l'idea del bacio come segnale prestabilito ci è riferita solo da lui e da Matteo (Luca parla solo del bacio). Nella storia dell'arte questo bacio è divenuto celebre per la sostanziale falsità che esso cela: chi non ricorda l'affresco di Giotto nella Cappella degli Scrovegni a Padova?

Ora, nei Vangeli non si presenta mai uno scambio di baci tra Gesù e i discepoli. Tuttavia nella Bibbia è una prassi nota. Anzi, c'è un caso per certi versi analogo a quello di Giuda. Il generale Ioab, comandante delle truppe di Davide, quando fissa un appuntamento per incontrare Amasa, il collega di pari grado delle milizie di Assalonne, il figlio ribelle di Davide, lo prende per la barba come per baciarlo, dicendogli: «Stai bene, fratello mio?». Ma con l'altra mano gli pianta nel basso ventre un pugnale (2 *Sam* 20,9-10). Gesù stesso fa cenno a questa usanza quando dice al fariseo che l'ha ospitato e che si scandalizza perché la peccatrice pubblica ha baciato i piedi di Gesù cospargendoli di lacrime e di balsamo: «Tu non mi hai dato un bacio, lei invece da quando sono entrato non ha cessato di baciarmi i piedi» (*Lc* 7,45).

Anzi, nell'antica tradizione rabbinica gli alunni salutavano il loro rabbí con un bacio come segno di rispetto, ricambiato a sua volta dal maestro. Ma a questo punto, attestata l'attendibilità della scena descritta dagli evangelisti (tranne Giovanni), ci si interroga proprio sulla questione sollevata dal nostro interlocutore: va bene il bacio, ma perché indicarlo come segnale di identificazione per l'arresto quando Gesù doveva già essere ben noto agli uomini che lo avrebbero arrestato? Le risposte che sono state date sono diverse, anche se pochi sono i commentatori che si sono interessati alla questione.

C'è chi considera la cosa in modo piuttosto radicale, partendo però da un dato pacifico. È risaputo ormai, e lo abbiamo ricordato più volte in queste pagine, che i Vangeli non sono verbali precisi degli eventi riguardanti Gesù né libri storici rigorosi, preoccupati di vagliare e documentare i vari fatti. Gli evangelisti partono da memorie storiche fondate, ma la loro intenzione è quella di illustrarne il significato profondo di taglio spirituale, teologico, cristologico. Così alcuni esegeti pensano che si sia voluto dare risalto a un saluto normale, introducendo il bacio per rendere più marcata la tragica scelta di Giuda e quella degli avversari di Cristo. Un esegeta cattolico americano, Joseph A. Fitzmyer, autore di un importante commento a Luca, annota: «È arduo stabilire la storicità del bacio di Giuda».

Se, invece, si opta per la realtà storica e non solo per il pur rilevante valore simbolico del gesto – «l'arresto di Gesù viene descritto in una maniera particolarmente credibile» osservava il tedesco Martin Dibelius (1883-1947), di solito molto esitante nel riconoscere la storicità dei dati evangelici –, ecco allora la questione del segnale. L'ipotesi prevalente è quella che prende come punto di partenza due dati: la notte e la confusione. Siamo nel buio all'interno di un orto, in mezzo a una distesa di olivi, sono presenti non solo i Dodici, ma si accalca una folla. Giuda viene mandato avanti, così da dare ai discepoli di Gesù l'impressione che non ci sia pericolo, nonostante il rumoreggiare del gruppo che lo segue.

Coloro che devono arrestare Cristo seguono a distanza l'avanzare di Giuda, che è presto circondato dai Dodici. Egli saluta e bacia il suo maestro e subito gli incaricati dell'arresto piombano su Gesù, isolandolo e sottraendolo al maldestro tentativo di Pietro di difenderlo. Bisogna inoltre ricordare che Cristo era, sì, noto per i suoi interventi e i suoi atti ma non poteva essere conosciuto in modo preciso da tutti, come sarebbe accaduto oggi con la stampa e la televisione. Certo è che l'elemento del segnale è, tutto sommato, secondario, tant'è vero che Giovanni lo ignora, mentre Matteo, Marco e Luca insieme si concentrano su quel bacio che è un segno di affetto e di rispetto ma che si trasforma in uno strumento di tradimento. Un'immagine, come si dice, indimenticabile, tant'è vero che uno dei primi film, girato da Armand Bour nel 1909, si intitolava proprio *Il bacio di Giuda*.

A quel bacio Gesù risponderà, nel Vangelo di Matteo, con un secco *ef'ho párei*, «per questo sei qui!», ma accompagnato da un triste *hetáire*, «amico, compagno» (26,50), mentre l'evangelista Luca menziona questa domanda amareggiata di Gesù: «Giuda, con un bacio tradisci il Figlio dell'uomo?» (22,48). Sarà, però, solo Matteo (27,3-10) a registrare la tragedia di questo discepolo che, poco dopo, correrà dai suoi mandanti a restituire il prezzo di un tradimento divenuto già insopportabile.

Giuda, un diavolo o un santo?

Riguardo a Giuda, il traditore di Gesù, la questione che per me rimane inspiegabile e contraddittoria e che è vanamente temperata o lasciata nella sua contraddizione anche da vari scrittori (da Goethe a Hugo, da Monterosso a Brelich, da Caillois a Claudel, da Berto a Ulivi, da Panas a Brod e così via) è quella teologica generale: il destino di Giuda non era già segnato e «necessario» proprio per la redenzione? Cristo, d'altronde, non è venuto – secondo la concezione cristiana – per salvare tutti e quindi anche Giuda? E come si può, allora, giustificare una frase come quella del Vangelo di Giovanni (17,12) in cui Gesù dichiara: «Quand'ero con loro, io conservavo nel tuo nome coloro che mi hai dato e li ho custoditi; nessuno di loro è andato perduto, tranne il figlio della perdizione, perché si adempisse la Scrittura»?

Il quesito è ben formulato dal nostro interlocutore, anche se la questione sollevata è, com'è facile intuire, piuttosto ardua. Essa, peraltro, ha tormentato anche i vari autori che si sono confrontati con questa figura tragica e che spesso si sono mostrati inclini a tentare una giustificazione o una difesa. Persino il cattolicissimo Paul Claudel nella sua *Morte di Giuda*, pubblicato nel 1933, aveva riconosciuto una certa buona fede al traditore, mentre Roger Caillois nel suo *Ponzio Pilato*, apparso nel 1961, non aveva esitato a farne un santo, votato all'attuazione di un progetto superiore, e sulla stessa linea si sono mossi Nikos Kazantzakis (*L'ultima tentazione*, 1955) e, per certi versi, anche quella specie di «vangelo secondo Giuda» che è *La gloria* di Giuseppe Berto (1978).

È, comunque, attraverso i Vangeli che la figura di Giuda, figlio di Simone, detto Iscariota (forse «uomo di Kariot», villaggio meridionale della Terra santa, o deformazione da *sicarius*, nome attribuito ai ribelli contro il potere romano, o *'ish-karja'*, «uomo della falsità», per un soprannome negativo posteriore), è diventata l'emblema del tradimento. Secondo Giovanni, dopo il discorso sul «pane di vita» a Cafarnao, Gesù dichiara: «Non ho forse scelto io voi, i Dodici? Eppure uno di voi è un diavolo!» (6,70). E quando Giuda è seduto a mensa per l'ultima cena, lo stesso evangelista osserva che «il diavolo gli aveva messo in cuore di tradire» il suo maestro e, dopo aver ricevuto da Gesù il «boccone dell'ospite», segno di amicizia, «Satana entrò in Giuda» (*Gv* 13,2.27).

C'è, dunque, un giudizio severo sull'atto di questo apostolo che fiorisce da una sua decisione libera e che si consuma nel celebre gesto del bacio nell'orto del Getsemani: «Giuda, con un bacio tradisci il Figlio dell'uomo?» (*Lc* 22,48). C'è, però, anche quel pentimento estremo narrato da Matteo, allorché l'apostolo corre dai suoi mandanti a restituire il prezzo di un tradimento, travolto dal rimorso (27,3-10) nonostante egli fosse attaccato al denaro come amministratore della cassa comune apostolica, stando alla testimonianza dell'evangelista Giovanni (12,6). E c'è, infine, il suicidio che lo stesso Matteo affida a una frase lapidaria: «Si allontanò e andò a impiccarsi» (27,5), mentre Luca – rimandando forse a un passo dell'Antico Testamento (*Sap* 4,19) – dipinge quella fine a tinte più forti: «Giuda, precipitando in avanti, si squarciò in mezzo e si sparsero fuori tutte le sue viscere» (*At* 1,18).

Non è nostro compito ora individuare la ragione «psicologica» e personale del tradimento di Giuda: è probabile che tutto nasca da una terribile delusione nei confronti di un Gesù seguito nella speranza che fosse un messia politico, un liberatore d'Israele, e scoperto poi come un «salvatore» con altre finalità e teso verso altri orizzonti. Le due domande a cui tenteremo di rispondere in modo essenziale e schematico sono, invece, di taglio più teologico. Se il tradimento era iscritto nel disegno di Dio che comprendeva la morte salvifica del Figlio, quale responsabilità poteva cadere su chi ne doveva essere lo strumento di attuazione? Come ricorda il nostro interlocutore, non è forse vero che Gesù dichiara che «nessuno di loro [dei discepoli] è andato perduto, tranne il figlio della perdizione, perché si adempisse la Scrittura» (*Gv* 17,12)? Secondo interrogativo: Giuda fu alla fine salvato o condannato, fermo restando che – come si diceva – Matteo nella disperazione del traditore introduce anche il pentimento e il rimorso (27,3)? Semplificata e non del tutto condivisibile è la risposta che alle due domande offre Mario Pomilio nel suo *Quinto evangelio* (1975): «La verità è che io non fui affatto il traditore: fui piuttosto la vittima di un curioso piano di salvezza, esteso a tutti gli uomini, che per essere perfetto doveva escludere me. D'un amore infinito esteso a tutti gli uomini, che per esplicitarsi perfettamente doveva escludere me». Cerchiamo, invece, di trovare una soluzione più compiuta.

Il primo quesito è particolarmente delicato e complesso perché coinvolge un tema dal doppio profilo: da un lato, c'è la libertà efficace e potente di Dio che opera nel mondo e nella storia; dall'altro, c'è la libertà delle scelte umane, pur affermata dalle Sacre Scritture. Come si è visto, l'evangelista Giovanni, che introduce il progetto di tradimento da parte di Giuda già in Galilea, è convinto che l'apostolo sia stato conquistato da Satana e che abbia quindi fatto una scelta cosciente nei confronti del male (6,60-71). Anzi, il quarto evangelista è convinto che la molla che ha fatto cedere Giuda alla tentazione del tradimento sia stata la cupidigia (si legga *Gv* 12,4-6 ma anche *Mt* 26,14-16), che potrebbe essere interpretata in chiave politica, secondo quanto si è prima detto sulle illusioni messianiche dell'Iscariota.

Possiamo a questo punto introdurre l'altro elemento, quello del progetto divino, espresso nella frase «perché si adempisse la Scrittura» (presente non solo nel Vangelo di Giovanni ma anche in *Atti* 1,16). Per comprendere appieno il valore di tale dichiarazione bisogna di nuovo ricordare che, nella Bibbia, Dio è spesso considerato alla radice anche del male: «Sono io che formo la luce e creo le tenebre» dice il Signore nel libro del profeta Isaia (45,7) «faccio il bene e provoco il male». E questo è dovuto al fatto che si vuole idealmente impedire che qualcosa sfugga all'onnipotenza divina o che si pensi di ricondurre il male a un'altra divinità di tipo negativo. Si tratta, quindi, di un'espressione destinata a esaltare la convinzione che anche la libertà umana con le sue follie e le sue vergogne non sfugge al piano generale di Dio.

In questa luce, allora, si possono intrecciare le due libertà: quella di Giuda, che opta coscientemente e responsabilmente per il tradimento aderendo a Satana, e quella di Dio che inserisce questo atto umano infame nel suo progetto efficace di redenzione. L'efficacia dell'azione divina è formulata proprio con l'espressione «perché si adempisse la Scrittura», volendo così mostrare che Dio non è preso in contropiede né travalicato dalla scelta di Giuda, ma piuttosto che essa è ricondotta all'interno del disegno salvifico che si attuerà proprio con la morte di Cristo.

Più semplice è la soluzione del secondo quesito. Il mistero degli ultimi istanti di Giuda resta noto solo a Dio. Non sappiamo se in quel momento egli si sia rivolto a Dio o l'abbia definitivamente rifiutato. Come abbiamo già avuto occasione di ricordare, si narra che la mistica santa Caterina da Genova (XV secolo) in una visione avesse saputo allusivamente da Cristo che Giuda era salvo. Don Primo Mazzolari in una sua famosa predica considerava Giuda come «il prediletto di Gesù», nonostante il tradimento, proprio per la legge dell'amore per il nemico insegnata dallo stesso Cristo.

Travolto dal male compiuto ma anche dal rimorso e dal dramma, Giuda rimane allora affidato solo al mistero della sua coscienza e a quello di Dio che «scruta i cuori e i reni dell'uomo». La sua libertà non fu certo cancellata da una specie di Fato greco, simile a quello che condurrà Edipo a divenire parricida e incestuoso. Questa stessa libertà può, perciò, essere approdata all'ostinazione o alla disperazione, ma anche a un estremo, segreto appello, accolto dall'infinita volontà salvifica divina.

Il *Vangelo secondo Giuda*

Ho avuto occasione di leggere il Vangelo secondo Giuda *dello scrittore polacco Henryk Panas. È la storia di un ricco e colto affarista, Giuda appunto, che segue inizialmente Gesù perché innamorato della Maddalena, ma che vive poi una storia più grande di lui, la cui memoria egli affida proprio a un Vangelo apocrifo. Ho, però, sentito dire che esiste davvero un* Vangelo secondo Giuda *antico, anche se non riconosciuto dalla Chiesa dei primi secoli. È vera questa notizia o fa parte della serie inaugurata dal* Codice da Vinci *di Dan Brown?*

Il Vangelo apocrifo di Giuda esiste davvero. Si tratta di un codice papiraceo scritto in copto, la lingua tardo-egiziana, databile al IV secolo, traduzione di un testo greco che è da collocare nel II secolo perché, attorno al 180, il vescovo di Lione, sant'Ireneo, nella sua opera *Contro le eresie* dimostra di conoscerne e criticarne il contenuto. Scoperto in Egitto attorno agli anni Settanta del secolo scorso, il manoscritto apparve sul mercato antiquario statunitense negli anni Ottanta e, dopo 17 anni di oscuramento, venne acquistato da un'antiquaria, Frieda Nussberger-Tchacos, che riuscì a piazzarlo, ad alto costo, alla svizzera Maecenas Foundation for Ancient Art. Quest'ultima, anche per rifarsi dell'esborso, si accordò con l'americana National Geographic Society per un restauro, un'edizione critica, una traduzione inglese e un'ampia divulgazione della scoperta con uno straordinario *battage* pubblicitario, promettendo tra l'altro la restituzione del codice all'Egitto per collocarlo nel Museo copto del Cairo.

Il contenuto di questo apocrifo – che, come si è detto, era già noto anche attraverso la testimonianza di Ireneo – non ha nessun valore per la ricostruzione storica delle ultime ore di Gesù e quindi non inficia minimamente i dati evangelici, con buona pace di tutte le «scoperte» giornalistiche propalate anche in seguito al successo del *Codice da Vinci*. L'opera, infatti, nasce dalle speculazioni successive di un ambito piuttosto creativo del cristianesimo gnostico egiziano, un cristianesimo sofisticato, intellettualistico ed eterodosso. Lo stesso Gesù del *Vangelo di Giuda* è un essere celeste che oscilla tra incarnazioni diverse (ai discepoli si presenta come un bambino) e tra epoche differenti. L'interpretazione della figura di Giuda, a prima vista suggestiva, è in realtà inficiata dalle tesi generali dell'eresia gnostica.

Egli sarebbe l'unico dei discepoli a scoprire la vera identità segreta di Gesù, e il suo tradimento è considerato come un evento provvidenziale, ma non nel senso che intenderà la tradizione neotestamentaria e cristiana, cioè con l'esito della morte e risurrezione di Cristo, sorgente di redenzione. La prospettiva del testo apocrifo è radicalmente diversa: Giuda contribuisce a mandare a morte non il vero Gesù ma solo l'uomo di cui l'essere spirituale Cristo era rivestito, il suo involucro materiale ed esteriore. Gesù, infatti, ha solo apparentemente assunto un corpo carnale per ingannare i «prìncipi di questo mondo» (gli «arconti») che presiedono alla storia e per nascondersi tra gli uomini così da riuscire a salvare, tra loro, la sola stirpe eletta imprigionata nell'umanità peccatrice, riportandola a quel cielo da cui era caduta.

Il tradimento di Giuda, dunque, fa parte di quel progetto segreto, e quello che è stato crocifisso ed è morto è stato solo un corpo umano insignificante. Tra parentesi ricordiamo che la tesi coranica secondo la quale sulla croce muore un sosia e non Gesù stesso nasce proprio dall'influsso di tesi gnostiche, conosciute da Maometto forse attraverso i membri delle carovane cristiane egiziane che percorrevano l'Arabia. È facile, quindi, comprendere che il *Vangelo di Giuda* è solo l'espressione posteriore di teorie cristiane libere e fin stravaganti.

I discepoli di Gesù giravano armati?

Vorrei proporre solo un'incongruenza (almeno a mio avviso) tra le tante che mi sono affiorate leggendo i racconti della passione di Cristo – probabilmente dovute anche alle diverse redazioni degli evangelisti – e cioè: come facevano i discepoli di Gesù a girare armati, in piena occupazione romana, così da poter menare un fendente e staccare l'orecchio a quello sfortunato sgherro della polizia del tempio, durante l'arresto di Gesù nel Getsemani?

Nell'orto del Getsemani «uno dei presenti», secondo Marco (14,47), «un discepolo», secondo Matteo (26,51) e Luca (22,50), identificato in Simon Pietro dall'evangelista Giovanni, estrae una spada, colpisce un servo del sommo sacerdote – che era nella pattuglia venuta a catturare Gesù – e gli mozza l'orecchio destro. Lo stesso Giovanni (18,10) ci offre anche il nome della vittima, Malco («il suo re»), un nome diffuso in quel tempo. A questo punto ecco il quesito legittimo: i discepoli di Gesù o almeno alcuni di loro, come Pietro, andavano in giro armati?

La risposta di ordine generale ce la offre uno storico contemporaneo di san Paolo, l'ebreo Giuseppe Flavio, il quale nella sua opera *Antichità giudaiche* (XIV, 4, 2; XVIII, 9, 2) ammette la possibilità di portare armi persino di sabato e in occasione della festa di Pasqua per legittima difesa personale. Lo stesso storico ci ricorda che anche gli Esseni, gruppo giudaico molto rigoroso, recavano con sé armi durante i viaggi perché le strade erano infestate da briganti (si pensi alla parabola del Buon Samaritano). Anzi, alcuni passi del *Talmud* – che raccoglie le antiche tradizioni giudaiche – ammettono il possesso di una spada quasi come componente dell'abbigliamento dell'ebreo in certi territori a rischio, soprattutto di confine.

Non bisogna dimenticare che i discepoli appartenevano a una cultura e a un periodo storico ben precisi e quindi ne riflettevano le caratteristiche. Questa presenza di una spada al momento dell'arresto di Gesù è forse da spiegare risalendo nel tempo, a poche ore prima della vicenda del Getsemani. Gesù con i discepoli è nel Cenacolo; si è appena celebrata la santa cena con il pane e con il vino. Cristo parla ai discepoli e rievoca quel giorno in cui li aveva inviati in una prima missione, senza borsa né bisaccia né sandali.

Ora, però, dice: «Chi ha una borsa la prenda e così una bisaccia; chi non ha spada, venda il mantello e ne compri una». I discepoli reagiscono mostrando due spade in loro possesso, probabilmente per le ragioni sopra dette (tra l'altro essi provenivano dalla Galilea, territorio di confine e quindi a rischio). Come abbiamo già ricordato, Gesù davanti al fraintendimento delle sue parole replica sconsolato e quasi rassegnato: «Basta!». Commenta uno studioso, Joseph A. Fitzmyer: «L'ironia riguarda non il numero delle spade, bensì l'intera mentalità degli apostoli». L'episodio è narrato da Luca (22,35-38).

Esso si collega idealmente alla scena del Getsemani dove, sempre secondo Luca, i discepoli, «vedendo ciò che stava per accadere, dissero: Signore, dobbiamo colpire con la spada?». E senza attendere risposta da Cristo, ecco il fendente sul servo del sommo sacerdote. Gesù ancora una volta, con tristezza, ripete la stessa frase: «Lasciate, basta così!» (*Lc* 22,49-51). Commenta un altro esegeta, Raymond E. Brown: «Continua il fraintendimento letterale dei discepoli i quali pensano che Gesù li voleva armati di spade: questa spada è una delle due che avevano detto di possedere».

In realtà Gesù aveva parlato di spada in tutt'altro senso. Dopo tutto non era stato lui a dire di sé: «Non sono venuto a portare la pace, ma una spada» (*Mt* 10,34)? Egli, in realtà, intendeva affermare che ormai era giunto il tempo della lotta contro il potere delle tenebre. Si era ormai compiuta la divisione, netta come il taglio di una spada, tra bene e male, tra Cristo e il passato, tra il Salvatore e Satana. La spada era, quindi, il simbolo di un'attrezzatura spirituale e non esteriore, più o meno come dirà san Paolo quando raffigurerà «l'armatura di Dio perché possiate resistere nel giorno malvagio e restare in piedi dopo aver superato tutte le prove» (si legga *Ef* 6,13-17).

Non per nulla, di fronte all'ottusità dei discepoli, Gesù avrà ancora tempo per ammonire l'autore del ferimento, subito dopo quel gesto inconsulto: «Rimetti la spada nel fodero, perché tutti quelli che mettono mano alla spada di spada periranno» (*Mt* 26,52). Ribadiva, così, la legge della non violenza, già formulata nel Discorso della Montagna con le famose immagini della guancia, del mantello e del miglio di strada (si veda *Mt* 5,38-41). Quindi Gesù non voleva attorno a sé un gruppo di guardie del corpo né tanto meno aveva favorito un atteggiamento di autodifesa armata, anche se – come si è detto – non era raro possedere un'arma da parte degli Ebrei. La lezione di Cristo era, comunque, ben diversa e purtroppo, com'era avvenuto e avverrà per altri suoi insegnamenti, essa era caduta nelle reti del fraintendimento e dell'equivoco.

Il processo e la condanna di Gesù

Sono un cattolico praticante. Tutte le volte che entro in chiesa per i riti della Settimana santa, rimango sempre colpito dal racconto della passione di Cristo. Le emozioni sono diverse e riguardano il credente. Ce n'è una, però, che è più «razionale»: a chi dev'essere assegnata la responsabilità della condanna a morte di Gesù? Ho ascoltato alcuni che rimandavano tutto ai Romani e assolvevano in pieno il Sinedrio ebraico. Le cose stanno veramente così?

Sulla responsabilità ultima della condanna a morte dell'imputato Gesù di Nazaret si confrontano tra gli studiosi due posizioni antitetiche. Per alcuni – e tra questi è da segnalare Josef Blinzler con il suo famoso *Processo a Gesù*, tradotto in italiano nel 1966 – il capo d'accusa davanti alla massima autorità giudaica, il Sinedrio, fu dai giudici trasformato da religioso in politico, per essere ammesso a ruolo dal tribunale imperiale romano. Detto in altri termini, l'accusa da religiosa (bestemmia) fu rubricata come politica (Gesù proclamatosi re), così da poter essere accettata e giudicata dal tribunale romano, l'unico che poteva emettere sentenze capitali. Saremmo, quindi, in presenza di una responsabilità effettiva primaria del Sinedrio e delle autorità giudaiche di allora, che non vedevano l'ora di togliersi dai piedi l'ingombrante presenza di questo predicatore dotato di un certo seguito.

Al contrario, per altri studiosi, l'organo ufficiale dell'ebraismo istruì solo la causa, si interessò della dimensione religiosa dell'accusa, ma documentò anche la qualità politica ulteriore della predicazione e dell'operato di Gesù perché tale era il convincimento della maggioranza del Sinedrio e tale era la prevalente opinione della folla, che in qualche caso aveva persino acclamato Gesù come re. Per questo specifico aspetto della causa era competente il tribunale romano, il quale emise la sentenza capitale di cui ebbe piena responsabilità giuridica e morale. Anzi, secondo Chaim Cohn, autore di *Processo e morte di Gesù. Un punto di vista ebraico*, opera scritta originariamente in ebraico (1968) e tradotta poi anche in italiano (nel 2000), il Sinedrio, sottolineando l'imputazione di bestemmia – capo d'accusa religioso e quindi non di competenza del tribunale romano –, avrebbe fatto, in realtà, il possibile per salvare Gesù dalla pena capitale. Ma francamente questa pare una forzatura eccessiva rispetto ai testi evangelici.

Ebbene, il problema sta proprio qui, nell'unica documentazione disponibile per decidere eventuali responsabilità, cioè i Vangeli. Essi, com'è stato detto e ripetuto, trattano eventi storici ma non lo fanno alla maniera di uno storico. Le loro pagine non hanno né il taglio di un documento d'archivio né tanto meno di un verbale di polizia, dato e non concesso che questi siano sempre rigorosamente «oggettivi». Gli evangelisti, perciò, sul duplice processo di Gesù ci offrono dati importanti ma la loro preoccupazione è quella di mostrare e insegnare un senso più profondo che travalica e trascende la storia.

Essi, ad esempio, vogliono far balenare anche il piano divino sotteso in questi eventi; vogliono esprimere pure il rapporto tra la Chiesa e il giudaismo e quello col mondo romano, rapporti che avevano subìto un'evoluzione negli anni successivi alla morte di Gesù. Inoltre, su questi temi, ogni evangelista riflette la sensibilità sua e della comunità a cui si rivolgeva. Così, ad esempio, Marco è abbastanza neutro e netto. In ognuno dei due processi – quello sinedrale giudaico e quello romano davanti al governatore – introduce un personaggio fondamentale (il sommo sacerdote e Pilato) che avanza una domanda decisiva, tipica delle due diverse impostazioni. Il sommo sacerdote: «Sei tu il Cristo, Figlio di Dio benedetto?» (14,61). Pilato: «Sei tu il re dei Giudei?» (15,2).

Differente è l'impostazione di Matteo, che marca ulteriormente la responsabilità del Sinedrio, attenuando quella del procuratore romano. Significativi sono, infatti, due elementi evocati solo da questo evangelista: l'intervento della moglie di Pilato, «turbata in sogno a causa dell'uomo giusto» Gesù (27,19), e la lavanda delle mani, gesto in realtà biblico, scandito da una dichiarazione di Pilato: «Non sono responsabile di questo sangue»; a cui replica «tutto il popolo dicendo: Il suo sangue ricada sopra di noi e sopra i nostri figli!» (27,24-25). È evidente che Matteo, il cui Vangelo era indirizzato a cristiani di origine ebraica, vuole ormai segnare fortemente il distacco dalla Sinagoga e mostrare l'apertura al mondo pagano. Diverse ancora sono le prospettive di Luca e Giovanni.

Dal punto di vista strettamente storico, è quindi difficile essere drastici riguardo alle responsabilità della condanna a morte di Gesù. Certamente la pena di morte fu irrogata solo da chi lo poteva giuridicamente fare, cioè il tribunale romano. Ma non possiamo neppure ignorare l'intervento del Sinedrio che considerava Gesù una figura pericolosa per l'ordine religioso. Questo, però, non autorizza a usare l'assurda accusa di «deicidio» per il popolo ebraico (e neppure per i Romani), come ha ribadito il Concilio

Vaticano II: «Sebbene autorità ebraiche con i propri seguaci si siano adoperate per la morte di Cristo, tuttavia quanto è stato commesso durante la sua Passione non può essere imputato né indistintamente a tutti gli Ebrei allora viventi né agli Ebrei del nostro tempo» (*Nostra Aetate*, n. 4).

La croce di Cristo

Gesù fu proprio condannato alla crocifissione o più semplicemente fu «impalato»? La domanda nasce da due ragioni differenti. La prima è, per così dire, familiare, perché ho tra i parenti un testimone di Geova che nega che Cristo sia morto in croce e che considera questo segno un abuso, introdotto dalla Chiesa, giacché si tratterebbe di un emblema pagano. La seconda proviene da una serie di testi che quel mio parente mi ha mostrato, secondo i quali nel Nuovo Testamento si afferma che Gesù «fu appeso a un legno». Dovremo, allora, rinunciare a questo simbolo, se vogliamo essere coerenti con le Scritture?

Per spazzare via l'obiezione dei Testimoni di Geova basterebbe solo ricorrere al Nuovo Testamento, a cui anch'essi si appellano: la parola greca *staurós*, «croce», applicata direttamente o indirettamente a Cristo ricorre 27 volte, mentre il verbo derivato *stauroún*, «crocifiggere», risuona ben 46 volte, che diventano 52 se si allegano anche i verbi composti (ad esempio, il *systauroún*, ossia l'«essere con-crocifissi» con Cristo, verbo caro soprattutto a san Paolo).

D'altronde, è noto che la crocifissione, il *servile supplicium*, come lo definiva lo storico romano Tacito, cioè il supplizio infamante degli schiavi, era praticata in Palestina dalle forze di occupazione romane contro i rivoluzionari, com'è attestato anche dallo scheletro di un giovane ebreo di nome Yehohanan (Giovanni) con un chiodo nella caviglia e segni di perforazione nell'avambraccio, ritrovato a nordest di Gerusalemme. Le modalità della crocifissione, infatti, erano un po' differenti da quelle che l'arte ha raffigurato nei secoli, ma il supplizio era comunque causa di «una sofferenza intollerabile e della più penosa delle morti», come affermava lo storico ebreo filoromano Giuseppe Flavio, vissuto poco dopo Gesù, nella sua opera *Guerra giudaica* (VII, 202-203).

A questo punto ci potremmo domandare: se le cose stanno così, perché i Testimoni di Geova ce l'hanno tanto con la croce? La loro avversione ha sostanzialmente una duplice radice. La prima è di ordine «teologico»: essi ritengono che la croce sia un simbolo pagano e soprattutto che essa non debba essere adorata. Ora, che sia un simbolo usato anche da altre culture è indubbio, perché indica non di rado i quattro punti cardinali dello spazio. Ma questo non toglie nulla al fatto reale che Gesù sia stato condannato a morte su una croce concreta usata per le esecuzioni capitali romane. L'«adorazione» della croce, poi, come ovvio, non dev'essere tanto l'esaltazione feticistica di un legno, quanto la celebrazione di colui che su di esso è stato sacrificato: «Noi predichiamo Cristo crocifisso» scrive san Paolo «scandalo per i Giudei, stoltezza per i pagani, ma per coloro che sono chiamati, sia Giudei sia Greci ... potenza di Dio e sapienza di Dio» (*1 Cor* 1,23-24).

L'altra obiezione dei Testimoni di Geova è di indole più «esegetica». Negli Atti degli Apostoli in particolare, parlando della morte di Cristo, si afferma che egli «fu appeso a un legno» (5,30; 10,39; 13,29. Questa espressione ha una duplice spiegazione. La prima è di ordine storico: la croce era costituita, infatti, di un legno verticale che era già infisso nel terreno, mentre il condannato portava sulle spalle il cosiddetto *patibulum*, il braccio orizzontale della croce, che veniva poi sollevato sul palo verticale quando la vittima era stata inchiodata ai polsi o negli avambracci. Questo «legno» verticale era, dunque, l'asse portante. La forma finale della croce era, quindi, a T (in greco *tau*), anche se sopra di essa un altro paletto poteva recare il *titulus*, ossia la motivazione ufficiale della condanna a morte.

Un'ulteriore ragione per il ricorso al termine «legno» è, invece, di indole teologica, come insegna Paolo, che cita un passo del libro biblico del Deuteronomio (21,23) per mostrare che in Cristo si addensa tutta la «maledizione» del peccato perché si trasformi in «benedizione» per noi: «Cristo ci ha riscattati dalla maledizione della legge diventando lui stesso maledizione per noi, come sta scritto: *Maledetto chi pende dal legno*, perché in Cristo Gesù la benedizione di Abramo passasse alle genti» (*Gal* 3,13-14). Non c'è, quindi, nessuna ragione sensata per negare la croce di Cristo e il suo valore salvifico.

«Si fece buio su tutta la terra»

Se è vero che alla morte di Cristo – stando ai Vangeli – «si fece buio su tutta la terra», non si potrebbe tentare di ricostruire la data di quell'evento sulla base del calcolo delle eclissi avvenute in quel periodo in Terra santa? Tra l'altro, si parla anche di un terremoto. Oppure si deve più semplicemente concludere che si tratta di una «sceneggiata» evangelica per esaltare enfaticamente la morte di Cristo come un avvenimento dai contorni cosmici?

È soprattutto Matteo (27,51-54) a circondare la morte di Gesù con una serie di eventi clamorosi. È quella che gli esegeti chiamano «la cornice teofanica». Essa comprende tre elementi: lo squarcio nel velo del tempio (questo dato è comune anche a Marco e Luca), il terremoto, la risurrezione dai sepolcri. Questi dati sono preceduti da un'oscurità protratta per alcune ore. Prima di indicare il valore di questa coreografia straordinaria di taglio apocalittico, è necessario ribadire una considerazione già nota ma fondamentale. I Vangeli, pur offrendo una serie di dati storici di Gesù e su Gesù, non vogliono essere né un manuale di storia, né un resoconto o un verbale di cronaca. Essi presentano gli eventi della vita di Cristo «annunciandoli» nel loro valore profondo, interpretandoli alla luce della fede, scoprendone il significato sotteso di salvezza.

Davanti agli occhi di Matteo sta ora l'evento capitale della morte di Gesù. Egli lo vede come l'approdo di una storia di annunci salvifici già offerti dall'Antico Testamento. È per questa via che egli convoca una serie di immagini bibliche per illustrare il significato autentico e intimo della morte di Cristo che si è compiuta in quel pomeriggio primaverile a Gerusalemme. Ecco, innanzitutto, lo squarcio del velo del tempio, quella cortina di porpora viola e rossa, di scarlatto e di lino ritorto che nascondeva allo sguardo il Santo dei santi, cioè la sede dell'arca dell'alleanza e della presenza di Dio in mezzo al suo popolo. L'idea che gli evangelisti vogliono comunicare è chiara. Dio non è più celato e misterioso, relegato nello spazio sacro inavvicinabile o nell'infinito del suo cielo, ma è visibile nella persona di Cristo. Non per nulla «il centurione e quelli che con lui facevano la guardia a Gesù, presi da grande timore, esclamano: Davvero costui era Figlio di Dio!» (27,54).

Il segno successivo è quello del terremoto: «la terra si scosse e le rocce si spezzarono». Poche righe prima si era evocata una sorta di eclisse di sole, di cui però non si ha menzione documentaria per quell'arco storico: «Da mezzogiorno fino alle tre del pomeriggio si fece buio su tutta la terra» (27,45). Entrambi questi fenomeni nell'Antico Testamento accompagnano le teofanie, cioè le apparizioni divine, e vogliono esaltare la trascendenza, ossia il mistero terribile e glorioso di Dio che, però, si avvicina all'uomo per giudicarlo ma anche per salvarlo. Al Sinai, ad esempio, in occasione della rivelazione della legge divina, il libro dell'Esodo introduceva «tuoni, lampi, una nube densa ... e tutto il monte tremava molto» (19,16.18). Chi non ricorda la piaga delle tenebre che per tre giorni si stendono su tutto l'Egitto (*Es* 10,22)? Il profeta Amos, per descrivere «il giorno del Signore», cioè il suo giudizio sulla storia umana, ha un'immagine vicinissima a quella di Matteo: «In quel giorno – oracolo del Signore Dio – farò tramontare il sole a mezzodì e oscurerò la terra in pieno giorno» (8,9).

Eccoci, infine, davanti al terzo segno, il più importante per spiegare il valore ultimo della morte pasquale di Cristo: «I sepolcri si aprirono e molti corpi di santi morti risuscitarono. E uscendo dai sepolcri, dopo la sua risurrezione, entrarono nella città santa e apparvero a molti» (27,52-53). Si noti quell'inciso «dopo la sua risurrezione»: la morte e la risurrezione di Cristo segnano l'inizio del trionfo sulla morte. I membri del popolo di Dio (i «santi morti») sono uniti alla vittoria di Gesù sulla morte: le loro tombe vengono spalancate, i corpi risvegliati dalla morte e introdotti nella «città santa», cioè la Gerusalemme celeste. La loro apparizione è la testimonianza e la conferma della precedente risurrezione vittoriosa di Cristo, che è la garanzia di quella di tutti i giusti dell'Antica e Nuova Alleanza.

Questa pagina, allora, non dev'essere letta in modo cronachistico ma nella sua densità profonda. Matteo descrive l'evento della morte di Gesù, offrendocene certo le coordinate storiche e spaziali, ma al tempo stesso egli vuole che i suoi lettori colgano il significato autentico di quella morte, la sua unicità assoluta, ed egli lo fa ricorrendo a quei segni biblici che abbiamo prima spiegato. Quella morte è, infatti, la radice della fede cristiana nella risurrezione, è l'ingresso dell'eternità nella caducità dell'esistenza umana, è la rivelazione diretta del mistero di Dio che si è fatto uomo per trasformare l'intera umanità mettendola in comunione con la sua divinità e la sua vita eterna.

Le apparizioni pasquali di Cristo e il paranormale

Risultano certo sorprendenti le apparizioni del Cristo risorto narrate dai Vangeli. Io cerco di spiegarmele sulla base del «paranormale». Chi è entrato nell'aldilà ha ormai un nuovo statuto che non può essere equiparato a quello «normale» del terrestre. Mi crea difficoltà però il fatto che si voglia insistere sulla corporeità di Gesù risorto, così tanto da vederlo mentre mangia, da toccarlo nelle ferite, da incontrarlo per strada come un qual-

siasi viandante. Tutto il resto mi va bene, e cioè che passi attraverso porte chiuse o che sia irriconoscibile immediatamente, come accade alla Maddalena. È corretta questa mia interpretazione?

Il termine «apparizioni» usato per definire gli incontri del Cristo risorto con i primi testimoni della fede cristiana può essere oggetto di equivoci ai nostri giorni: esso, infatti, può appunto rimandare al paranormale, a emozioni spirituali non sempre verificabili e autentiche, persino a pratiche magiche di negromanzia. In realtà, il linguaggio neotestamentario ricorre al semplice verbo «vedere»: Cristo risorto «fu visto», stando ai Vangeli, in tre incontri «privati», cioè da singole persone, e cinque volte dalla comunità dei discepoli, sullo sfondo di Gerusalemme o della Galilea, le aree geografiche nelle quali Gesù era stato incontrato durante la sua esistenza terrena.

In questi racconti evangelici sono riconoscibili due trame fisse. Noi ora ci fermeremo sulla prima (l'altra ha lo scopo di descrivere la missione ufficiale degli apostoli, inviati dal Risorto). Essa è stata catalogata dagli studiosi come «apparizione di riconoscimento». Ai discepoli, riuniti o in viaggio, o singoli, Cristo si presenta, ma non è subito riconosciuto: si pensi ai due discepoli di Emmaus o a Maria di Magdala che scambia il Risorto per il custode del giardino cimiteriale ove egli era stato sepolto. Cristo deve, dunque, farsi «riconoscere» e questo accade perché l'evento pasquale ha in sé una dimensione ulteriore, trascendente: per giungere al «riconoscimento» del Risorto non basta averne avuto una conoscenza storica, camminando al suo fianco sulle strade palestinesi, ascoltandolo mentre parlava nelle piazze o cenando con lui.

È necessario avere un canale di conoscenza e di comprensione superiore, quello della fede: allora Cristo si rivela di nuovo vivo e presente nella storia che continua. Tuttavia egli non è un altro e l'incontro con lui non avviene in sogno. Ecco perché si introduce un rimando vigoroso alla corporeità, che per il semita non è solo fisicità ma indizio di personalità e di presenza. È in questa luce che si spiega il rilievo dato alle piaghe della passione: «Guardate le mie mani e i miei piedi: sono proprio io! Toccatemi ed esaminate: uno spettro non ha carne e ossa come vedete che io ho!» (*Lc* 24,39). Al dubbioso Tommaso Gesù ripete: «Metti qua il tuo dito, guarda le mie mani! Stendi la tua mano e ponila sul mio costato! E non essere più incredulo ma credente!» (*Gv* 20,27).

Queste parole hanno lo scopo di sottolineare l'«oggettività» dell'esperienza pasquale. Essa non sboccia da una sensazione soggettiva, ma è indotta da una presenza esterna, trascendente eppure reale. I Vangeli al riguardo non offrono molte indicazioni specifiche, accontentandosi di marcarne la realtà verificabile (Cristo risorto mangia persino una porzione di pesce arrostito, secondo *Lc* 24,42-43) ma anche il mistero (passa attraverso porte chiuse). Forse ci può essere d'aiuto san Paolo quando parla della risurrezione dei cristiani.

Secondo l'Apostolo, nella risurrezione la creatura intera è rinnovata, ricondotta a un nuovo progetto «cosmico» (cioè reale, ma anche «armonico» e «ordinato», come dice appunto il significato etimologico del vocabolo «cosmico») nel quale, però, non ci sono più i limiti del tempo e dello spazio e quindi della finitudine, della corruzione, della morte. Nel capitolo 15 della Prima Lettera ai Corinzi, Paolo tenta di rappresentare con immagini la continuità e la novità tra la persona presente e storica e la stessa persona risorta, ricorrendo al nesso tra seme e albero, elementi tra loro legati ma anche differenti: «Si semina corruttibile e risorge incorruttibile, si semina ignobile e risorge glorioso, si semina debole e risorge pieno di forza, si semina un corpo *psichico* e risorge un corpo *pneumatico*» (15,42-44).

Abbiamo già avuto occasione di precisare il significato di questa dichiarazione paolina. Vogliamo, però, riprenderla anche ora perché ci permette di ribadire in modo esplicito un tema di grande rilievo. In questo senso sono indicative le parole che noi abbiamo lasciato nel loro sapore greco: il corpo *psichico* è l'attuale, dotato di un'anima (*psychè*) e di una sua interiorità; il corpo risorto sarà, invece, *pneumatico*, non perché ridotto a un ectoplasma evanescente ma perché sarà in pienezza pervaso dallo *Pnéuma*, cioè dallo Spirito divino operante nel Cristo risorto, principio della nostra trasfigurazione e della nostra comunione con l'eterno e l'infinito divino, così che veramente «Dio sia tutto in tutti» (15, 28). Il Cristo risorto è l'anticipazione di questo nuovo status dell'essere umano salvato.

La doppia Pentecoste

L'effusione dello Spirito Santo è per tutti legata alla festa di Pentecoste, descritta nel capitolo 2 degli Atti degli Apostoli. Una scena, quella descritta da san Luca nella sua seconda opera (dopo il Vangelo), contrassegnata da una coreografia «sinaitica», con vento impetuoso e fiamme di fuoco. Bisognerebbe, invece, dare maggiore rilievo a un'altra «Pentecoste», che non è datata – come quella di Luca e degli stessi Ebrei – cinquanta giorni dopo la Pasqua, bensì la sera del giorno della risurrezione di Cristo, quando il Risorto si presenta ai discepoli scoraggiati e, alitando simbolicamente su di loro, dichiara: «Ricevete lo Spirito Santo». A narrare questo episodio è l'evangelista Giovanni (20,19-23). Come conciliare questa doppia Pentecoste?

Le due scene che rappresentano l'effusione dello Spirito Santo nel quarto Vangelo e negli Atti degli Apostoli sono indubbiamente parallele. Al centro, infatti, hanno lo Spirito, raffigurato attraverso il simbolo del respiro-vento. Nel racconto di Giovanni è Cristo ad «alitare» sui discepoli, attraverso un gesto modellato sulle azioni simboliche dei profeti e illustrato dalle parole che seguono: «Ricevete lo Spirito Santo» (20,22). Nella narrazione di Luca si introduce «un rombo come di vento che si abbatte gagliardo ... ed essi furono tutti pieni di Spirito Santo» (*At* 2,2.4).

Ora, è noto che in ebraico e in greco un'unica parola *rûah*/*pnéuma* può indicare sia il vento, o il respiro, sia lo spirito umano e divino. In quella notte in cui Gesù aveva incontrato Nicodemo l'intreccio tra i due significati era esplicito: «Il vento soffia dove vuole ... così è di chiunque è nato dallo Spirito» (*Gv* 3,8). Identificata la loro unità tematica sostanziale, bisogna però sottolineare anche le differenze tra le due scene «pentecostali».

Da un lato, infatti, Giovanni evoca l'atto creativo divino, espresso attraverso il soffio dello Spirito di Dio nella creatura umana (*Gn* 2,7). Gesù vorrebbe, allora, delineare la creazione di una nuova umanità mediante il dono dello Spirito che cancella il peccato, dando origine a un «uomo nuovo», per usare una locuzione paolina. Questa è la missione affidata da Cristo alla Chiesa, missione condotta e animata dallo Spirito Santo: «A chi rimetterete i peccati saranno rimessi» (*Gv* 20,23). Missione di giudizio e di perdono preannunciata da Gesù durante la sua vita terrena a Pietro (*Mt* 16,19) e agli apostoli (*Mt* 18,18).

D'altro lato, negli Atti degli Apostoli il rimando è piuttosto alla vicenda del Sinai, alla tempesta e alle folgori di quell'epifania divina (*Es* 19) e all'alleanza stipulata su quel monte tra il Signore e Israele, riletta però dai profeti Geremia ed Ezechiele come la creazione di un cuore nuovo e di uno spirito divino nel fedele: «Porrò il mio spirito dentro di voi...» (*Ez* 36,27). Da questa «nuova alleanza» nasce un popolo rinnovato, segnato da una dimensione universalistica: tale è, infatti, il valore della molteplicità delle lingue che, però, tutte si capiscono e si ritrovano nell'unica professione di fede in Cristo. Tra l'altro, ricordiamo che il tema delle lingue diverse eppure comprese appariva anche negli antichi commenti giudaici alle pagine del libro dell'Esodo riguardanti il Sinai, mentre uno scritto apocrifo ebraico connetteva al Sinai l'effusione dello spirito divino proclamata da Geremia ed Ezechiele.

Le diversità convergono, allora, in un unico vertice di natura ecclesiale: la Chiesa nasce dallo Spirito sia nella sua missione di riconciliazione sia in quella di annuncio. A questo punto rimane la differenza cronologica: per Giovanni l'effusione dello Spirito avviene «la sera di quello stesso giorno» pasquale (*Gv* 20,19); per Luca, invece, avviene «mentre il giorno di Pentecoste stava per finire» (*At* 20,21), ossia cinquanta giorni dopo. Molti studiosi pensano che in realtà l'evento storico sia unico, ambientato redazionalmente dagli evangelisti in due cornici differenti, significative a livello teologico. L'unico dono dello Spirito Santo può infatti essere rappresentato secondo prospettive diverse ma convergenti.

Altri, però, affermano che, come lo Spirito viene effuso in più momenti nella storia della Chiesa, così è accaduto alle origini cristiane. Nel caso giovanneo privilegiata è la comunità apostolica; in quello lucano la manifestazione carismatica, pur partendo dai Dodici, si allarga alla folla della comunità dei nuovi credenti. Per entrambi gli evangelisti le molteplici effusioni dello Spirito Santo hanno, comunque, sempre il compito di far continuare nella Chiesa e attraverso la Chiesa l'opera di Cristo. Un'opera di redenzione, di liberazione dal male, di missione universale.

«Ciascuno ha il proprio carisma»

Ho partecipato come padrino a una cresima e il vescovo celebrante ha tentato con fatica di illustrare i «carismi» diversi che lo Spirito Santo effonde su ciascuno dei fedeli, rimandando a san Paolo e agli esempi che l'Apostolo offre al riguardo nei suoi scritti. Per noi ormai l'idea di «carismatico» è più affidata alla capacità di attrazione che una personalità riesce a esercitare. Qual è invece il significato religioso originario di un termine ormai strattonato in altre direzioni?

«Carisma» è una parola ricalcata sul greco *chárisma* e rivela al suo interno la connessione con *cháris*, «grazia». E che il collegamento non sia solo etimologico appare anche da quanto dichiara san Paolo ai Romani: «Abbiamo carismi diversi secondo la grazia [*cháris*] data a ciascuno di noi» (12,6). Il dono della «grazia», ossia dell'amore divino salvifico (non dimentichiamo che *cháris* è alla base delle nostre parole «carità, caro, carezza», vocaboli di amore), è effuso in tutti in modo uguale, come principio e sorgente di salvezza, di «amore, gioia, pace, pazienza, benevolenza, bontà, fedeltà, mitezza, dominio di sé» (*Gal* 5,22).

Alla grazia, però, è aggregato, quasi come fosse un corollario, un corteo di doni molteplici e variegati che brillano in modo differente secondo le singole persone e che si distribuiscono in forme diverse secondo la varietà stessa delle personalità. Paolo – in particolare nella Prima Lettera ai Corinzi (12,8-10.28-30) ma anche altrove (ad esempio, *Rm* 12,6-8 ed *Ef* 4,11) – elabora alcune liste di questi «carismi» articolandoli sostanzialmente lungo tre traiettorie. Ci sono innanzitutto i doni di «comunicazione» della fede: la profezia, ossia la proclamazione della parola divina, la catechesi, la glossolalia, cioè la capacità di «parlare lingue» nel senso di esprimersi in un linguaggio misterioso, mistico, evocativo. Ci sono poi doni «operativi» e «pastorali» come curare i sofferenti, sostenere e consolare, guidare le comunità. Infine, ci sono doni miracolosi e straordinari che rivelano una fede e una carità pura e assoluta, come guarire e compiere atti di liberazione dal male.

Come lo stesso Apostolo fa comprendere nelle sue elencazioni, si tratta solo di esempi che non esauriscono la molteplicità dei carismi ed è perciò più che legittimo «aggiornare» queste liste, tenendo conto della ricchezza dell'opera dello Spirito che pervade l'intero essere della creatura nelle sue varie dimensioni fisiche, psicologiche, intellettuali e morali. Non si tratta, perciò, di forme uniche ma molteplici e, come ancora dichiara san Paolo, «ciascuno ha il proprio carisma da Dio, chi in un modo chi in un altro» (*1 Cor* 7,7). È interessante notare che – proprio nel passo citato – egli sta facendo riferimento al matrimonio, considerato «carisma» come la verginità.

Il problema principale che Paolo affronta, però, è soprattutto quello dell'armonia tra i vari carismi. Essi non devono diventare una sorta di privilegio personale da accampare come un'onorificenza, creando supremazie e divisioni. Il dono individuale dev'essere funzionale al bene comune: unica è la sorgente (la Trinità divina) e unica dev'essere la meta, la Chiesa. Celebre è l'immagine del corpo e delle membra, che l'Apostolo sviluppa sempre nella Prima Lettera ai Corinzi (cap. 12), illustrazione limpida del principio secondo il quale «unico è lo Spirito che opera, distribuendo [i carismi] a ciascuno come vuole ... ma per l'utilità comune» (12,11.7).

È ancora per questa ragione di armonia nella molteplicità che Paolo invita a seguire «una via migliore di tutte», quella dell'amore-*agàpe*, che rende la Chiesa un corpo vivo e perfetto e non un blocco monolitico freddo né una massa confusa e anarchica. È, quindi, importante che tutti i cristiani siano pronti a far fruttificare i loro doni personali in modo fraterno, caritatevole e armonico. I carismi sono come le tessere di un mosaico: se ne mancano alcune, il disegno d'insieme risulta sfregiato; se si staccano e cadono a terra, perdono valore e sono solo mucchietti di vario colore. È soltanto nell'unità del progetto che i loro diversi colori acquistano senso e bellezza.

Mithra e Tammuz

I miti orientali di Mithra e Tammuz non sono forse la culla da cui nasce il «mito» cristiano? C'è chi risponde affermativamente, identificando nel cristianesimo una variante di quei miti, e c'è chi dissocia le due visioni religiose. Mi piacerebbe avere almeno un'indicazione, così da sapere se noi celebriamo la Pasqua in modo «cristiano», oppure secondo un inconsapevole rituale «pagano» semplicemente riedito.

È facile leggere o ascoltare interventi di «esperti» che talora miscelano senza imbarazzo Mithra e Tammuz, miti indiani e idee grecoromane, per «dimostrare» l'aspetto sincretistico e leggendario delle origini cristiane. È questo un atteggiamento che fu in voga verso la fine dell'Ottocento e che dette origine alla cosiddetta «scuola comparativistica» o «religionista»: essa adottava un metodo, ora del tutto desueto e considerato grossolano, secondo il quale la similitudine tra forme e modelli ideologici o simbolici conduceva sempre e necessariamente alla conclusione di un'identità o di una dipendenza.

Spesso questi confronti erano sbrigativi e non tenevano conto delle coordinate storiche e delle profonde divergenze sottese a coincidenze non di rado molto blande e di taglio universale. Facciamo, comunque, un cenno alla questione riguardante Tammuz e i «misteri» di Mithra. Si tratta di due divinità distinte che in qualche caso si confusero nella storia dei loro culti. Tammuz, noto anche alla Bibbia, era una divinità mesopotamica della vegetazione, che nasceva e cresceva in primavera, invecchiava durante il calore estivo e moriva nel gelo invernale. A questo dio era legata in coppia la dea Ishtar, regina della fecondità, che scendeva negli inferi per cercare il suo sposo morto così da riportarlo alla vita a primavera. È per questo che, nel libro di Daniele, Tammuz è chiamato «il dio amato dalle donne» (11,37), perché era considerato con Ishtar la sorgente della fertilità umana, animale e cosmica.

Divenuto Adon, cioè «Signore», nel mondo siro-fenicio, si trasformò poi nell'Adone greco-romano, mentre Ishtar divenne Afrodite-Venere. È facile capire che siamo in presenza di un mito ciclico stagionale, comune a molte civiltà, legato all'apparente morte invernale della natura e alla sua rinascita primaverile. Arduo è ritenere che un evento storico (e non naturistico) unico e accompagnato da una sequenza di elementi storiografici (processi, esecuzione, luoghi, testimonianze e così via), come la morte e la risurrezione di Gesù, possa essere catalogato nella stessa tipologia, quasi fosse una semplice riedizione di quel mito. Tra l'altro, come scriveva uno studioso della materia, Romano Penna, nei miti in questione «la morte del dio è assai marcata (Adone, Osiride, Persefone, Attis), mentre il tema di una sua rinascita è quanto mai problematico, sia perché manca uno specifico vocabolario di risurrezione, sia perché le fonti sono tardive e scarse, sia perché esse sono in buona misura di parte cristiana». È per questo che le poderose ricerche storiche su Cristo che si producono senza sosta in questi ultimi decenni o ignorano la cosa o dedicano a essa poche righe sbrigative, più per dovere di documentazione che per discuterne gli asserti.

Mithra era, invece, il dio maggiore del mazdeismo, religione iranica antica, figura connessa al culto solare. Nato da una roccia, ascendeva al cielo sul carro del sole, identificandosi così con questo astro, principio della vita, e divenendo per i Greci e i Romani il dio Helios o Hermes-Mercurio o Apollo. Arduo, anche in questo caso, è pensare che l'ascensione di Cristo – che è da interpretare correttamente nel suo valore teologico e simbolico e non come un evento «astronautico» – possa derivare dal mito mithraico. Tuttavia, i «misteri» di Mithra acquisirono una certa importanza a partire dal II secolo d.C. (quindi dopo l'avvento del cristianesimo). Particolarmente complessi nel loro rituale, avevano la funzione di «iniziare» il fedele alla comunione con la divinità e ciò avveniva anche attraverso una cena di pane e vino.

Quest'ultimo elemento e qualche altra componente possono evocare un contatto col mondo cristiano ma permane il problema cronologico per cui l'influsso potrebbe essere avvenuto in senso inverso. Tuttavia non si può escludere che, ad esempio, la teologia paolina del «mistero» abbia assunto categorie dal mondo classico adattandole e usandole per il messaggio cristiano che è, comunque, solidamente radicato nella matrice anticotestamentaria e di sua natura ancorato alla storicità.

Il Gesù «musulmano»

Il confronto con l'islam si svolge ormai a più livelli: culturale, sociale, politico, religioso. In quest'ultimo ambito si assiste allo sforzo dialogico (spesso frustrato) della Chiesa cattolica e alle reazioni antitetiche e battagliere del fondamentalismo musulmano e del rigetto di non pochi cristiani. Tra i vari oggetti del contendere c'è indubbiamente la radicale diversità tra Vangelo e Corano. La mia domanda, però, si ferma a un grado previo e più generale. Sappiamo che Gesù Cristo è presente nel Corano, ma qual è il suo significato, qual è la sua figura? È possibile partire da lì per un minimo di consonanza non genericamente religiosa ma teologica?

«O uomini del Libro, non superate il limite della vostra religione e su Dio dite solo il vero! Il Messia, Gesù, figlio di Maria, è soltanto l'inviato di Dio, la sua parola deposta in Maria è uno Spirito che viene da lui. Credete in Dio e nei suoi inviati, ma non dite mai: Tre! Evitate tutto questo e sarà un bene per voi. Dio non è che un Dio solo. Lungi dalla sua gloria avere un figlio!» Così nella «sura» (o capitolo) IV, nel versetto 171, il Corano formula il principio basilare della sua «cristologia» e la relativa condanna della Trinità cristiana.

Delle 114 sure e dei 6226 versetti (secondo uno dei vari computi) coranici, 15 sure e 93 versetti menzionano Isha, Gesù, «figlio di Maria», definendolo 11 volte *masih*, «Messia», 3 volte «parola di Dio», spesso *rasul*, «inviato» e profeta di Dio e *muslim*, cioè credente totalmente «sottomesso» alla volontà di Dio. È pur vero che la Trinità come la immagina il Corano è ben altro da quella cristiana perché si compone di Dio, Maria e Gesù, tuttavia è indubbio che per il rigorosissimo e letterale monoteismo musulmano la concezione cristiana del Figlio di Dio incarnato risulta un'affermazione blasfema che lede nel contempo sia l'unicità sia la trascendenza assoluta della divinità.

Eppure l'islam ha al suo interno una presenza abbastanza viva di Gesù, scaturita dal contatto che Maometto – il quale rimane sempre il prototipo dei profeti e quindi dello stesso Gesù – ebbe con membri di comunità cristiane orientali e di carovane commerciali e, per loro tramite, con tradizioni popolari e apocrife ecclesiali. La storia del Battista, l'annunciazione a Maria, la nascita di Gesù, i miracoli che ne accompagnano l'infanzia e la vita pubblica, la sua sapienza ispirata, la figura di Maria, particolarmente cara alla tradizione musulmana, gli apostoli, la morte, la risurrezione e l'ascensione al cielo sono rielaborati nel Corano e nelle tradizioni successive sulla base anche della letteratura apocrifa cristiana. Significativa di tali influssi – come si è già avuto occasione di dire – è la rappresentazione della morte di Gesù secondo la cosiddetta «teoria del sosia», una teoria di stampo gnostico, probabilmente desunta dalle comunità cristiane marginali con le quali Maometto era venuto a contatto.

Gesù, dunque, secondo questa tesi, sarebbe stato crocifisso solo apparentemente. In realtà, là sulla croce Dio lo sostituì in modo prodigioso con un altro ebreo, forse Giuda o Simone di Cirene (il Cireneo) o un altro uomo. Ecco quanto si legge nella stessa sura IV: «Essi pretendono di aver ucciso il Messia, Gesù, figlio di Maria, mentre non l'hanno né ucciso né crocifisso, ma ne hanno avuto solo l'illusione. Coloro che discutono e dubitano sul tema sono senza certezza e insegnano congetture. La verità è che non fu ucciso, ma Dio potente e sapiente lo elevò a sé» (vv. 157-158). Con questa rappresentazione di Gesù Cristo, è chiaro che il divario tra gli «uomini del Libro» – come vengono chiamati nel Corano i cristiani (e gli ebrei) – e i musulmani sia molto netto e incolmabile, al di là della comune fede nell'unicità divina, nella trascendenza e nell'escatologia.

La possibilità di un dialogo l'ha, invece, formulata il Concilio Vaticano II, quando si è rivolto «con stima ai musulmani che adorano l'unico Dio, vivente e sussistente, misericordioso e onnipotente, creatore del cielo e della terra, che ha parlato agli uomini. Essi cercano di sottomettersi con tutto il cuore ai decreti di Dio, come si è sottomesso anche Abramo, a cui la fede islamica volentieri si riferisce. Benché essi non riconoscano Gesù come Dio, lo venerano però come profeta e onorano la sua madre, la Vergine Maria, e talora la invocano con devozione. Inoltre attendono il giorno del giudizio quando Dio retribuirà tutti gli uomini risorti. Essi stimano anche la vita morale e rendono culto a Dio, soprattutto con la preghiera, le elemosine e il digiuno» (*Nostra Aetate*, n. 3).

Il Gesù «indiano»

Si sa che un Vangelo apocrifo arabo del V-VI secolo presenta i Magi come discepoli dello zoroastrismo. Questa ipotesi mi ha riportato alla mente una lettura del passato, secondo la quale i rapporti di Gesù con l'Oriente sarebbero ben più consistenti di quanto appaia dai Vangeli canonici. Ancora una volta di mezzo ci sarebbero, dunque, quei Vangeli apocrifi censurati dalla Chiesa ufficiale dei primi secoli. Attraverso essi avremmo un'altra versione non tanto dei Magi – cosa irrilevante – ma della stessa fine della vita di Gesù, se è vero che in Kashmir si venera anche una sua tomba.

La questione di un Cristo «orientale» o, più precisamente, «indiano» non si basa di per sé sui Vangeli apocrifi antichi, successivi a quelli canonici e spesso meritevoli di attenzione critica (un esempio, per tutti, è il già da noi citato *Vangelo di Tommaso* costituito da 114 *lóghia* o «detti» di Gesù, alcuni presenti nei quattro Vangeli, altri a essi ignoti ma spesso storicamente attendibili). La vicenda è ben diversa. Se, ad esempio, si entra in Internet, ci si imbatte in decine e decine di pagine su quella che di solito è chiamata *The unknown life of Jesus Christ*. Ebbene, questa «ignota vita di Cristo» sarebbe stata scoperta da un russo, tale Nicolas Notovitch, che nel 1890 avrebbe trovato in un monastero buddhista tibetano un antico manoscritto contenente il racconto – per altro piuttosto confuso – di un viaggio di Cristo in India con sua madre Maria. Questo racconto fu poi progressivamente ampliato a opera di altri autori che ricorrevano a testi di tradizioni indù e musulmane dai contorni sempre incerti e fluidi e dalla documentazione del tutto inverificabile, stando almeno a seri criteri di critica storica e letteraria.

Il succo di questo dossier piuttosto evanescente, trasformato anche in un romanzo da Richard G. Patton sotto il titolo emblematico *L'autobiografia di Gesù di Nazaret e gli anni mancanti* (s'intende rispetto ai Vangeli), si commenta da sé. Morto solo apparentemente nella crocifissione, Gesù per altri sedici anni avrebbe viaggiato in Turchia, Persia e persino in Europa occidentale (già che c'erano, alcuni hanno aggiunto l'esistenza, non verificabile, di altri testi che introducevano persino l'Inghilterra, ove Cristo avrebbe piantato una quercia sacra) per approdare infine in India, venerato come un profeta. Là sarebbe morto e sepolto: a sessanta chilometri a sudest di Srinagar, in Kashmir, si erge una costruzione chiamata Aish Muqam, letteralmente «il luogo di Gesù», ossia la sua tomba, che conserverebbe tra l'altro anche il bastone da viaggio suo e di Mosè.

Che ci siano tracce di presenze cristiane in quella regione a prevalenza musulmana è abbastanza scontato, dato il passaggio di carovane di mercanti cristiani e musulmani, legati entrambi a Cristo sia pure a livelli diversi. Non si deve neppure dimenticare che là giunsero anche i primi missionari cristiani: essi lasciarono segni della loro presenza che, come spesso accade, furono poi sottoposti a derive sincretistiche e a degenerazioni leggendarie. C'è, inoltre, da segnalare un dato interessante che riguarda, questo sì, i testi apocrifi cristiani antichi. Uno di tali scritti, gli *Atti di Tommaso*, narra il viaggio missionario di questo apostolo in India, ove ancor oggi esistono comunità cristiane che a lui si riferiscono e che conservano dei loro riti specifici. Esiste, perciò, in quelle terre un'antica attestazione cristiana.

In conclusione, le leggende a cui sopra si accennava possono essere fiorite su un terreno ove la presenza cristiana era piuttosto variegata e mescolata con altre religioni. E, come spesso avviene, il fiume delle tradizioni aveva trascinato con sé i materiali più disparati, accrescendoli, mutandoli e creandone di nuovi. Alcune persone o gruppi occidentali di tendenza esoterica hanno poi pensato di gettarvisi sopra e, con le spezie del misterico e del magico, hanno confezionato un prodotto testuale adatto al palato un po' grossolano di chi confonde religiosità e magia, spiritualità ed esoterismo, mistica e miracolismo, storia e fantasia.

Indice dei nomi

Arnoldo Mondadori Editore S.p.A.

Questo volume è stato stampato
presso Mondadori Printing S.p.A.
Stabilimento Nuova Stampa Mondadori - Cles (TN)

Stampato in Italia - Printed in Italy